贏得同事尊重與升遷成功

白曉亮 著

職場策略溝通

從理解到實踐，精通每一次職場對話

深度解析溝通心法，揭示職場成功的關鍵，提供實用且精準的溝通指南

透過案例和實踐經驗，使理論知識與實際操作緊密結合

結合古代智慧與現代科學，使溝通技巧的應用更深更廣

溝通不僅是資訊交流，更是真摯的心靈對話

U0087544

目錄

序言

溝通，貫穿於我們的一生；溝通，決定著我們的事業成敗。

溝通不是招安勸降，溝通也不是把自己的觀點強加給別人，溝通難與溝通的可貴就在於如何以善待人、以理服人、以誠感人、以情動人、以利誘人、以心化人。溝通可以幫你解決生活中出現的各種矛盾，輕鬆地駕馭生活，從而擁有健康的身心、和諧的家庭、滿意的工作、和諧的人際關係和成功的人生。溝通在我們的思想中、生活中、交往中、工作中、管理中無處不在，可以說，人生的過程，就是溝通的過程；溝通的良莠，寫照我們人生的喜憂。

我是一名企業管理者，也是一名企業培訓師。我沒有把所謂的各種頭銜和各種成果放在這裡誘人喝采，為這本書助威，只是想把一個真實的本我和真實的溝通拿出來與你分享。分享，是最幸福、最有價值的事。我的人生比較坎坷，回顧起來，都是一些活生生的案例。我從事管理、培訓和諮商業 15 餘載，收穫了「理論與實踐互動、做人與做事互聯、圖文與哲理並茂、深刻與幽默並行」的培訓風格；收穫了「泛舟滄海，立刻崑崙」的人生追求和信條；收穫了這溝通的「六脈神劍」、服務的「天龍八部」和管理能力的「十面埋伏」，這三方面，可謂是我人生的三大財富。經過沉澱、反思和凝練，決定先把這本呈現出來與你分享。

本書以實用和好用為目的，內容自成體系，分名相、擅術和運勢三個部分，選擇起來目標明晰，閱讀起來輕鬆愉快，應用起來指導性強。從科學性、藝術性和實戰性的角度，闡釋基本原理、使用的技巧，尋求探索出新的溝通思想、方向及方法，切實有效地幫你提高溝通能力。書中的心理

工具，可供你在實戰中直接拿來應用。

你購書買的是結果，也就是我勞動的結果，而不是我的勞動。勞動是沒有價值的，只有勞動的結果才能衡量出價值。這和人睡覺是一個道理：睡覺沒有價值，睡著才有價值，睡覺但睡不著叫什麼？叫失眠。失眠不僅沒有價值，而且還是一種病。

王國維老先生曾把三首詞中的三段言情寄相思的佳句賦予了更為深刻的內涵，引用到治學的三個境界 ── 第一個境界：昨夜西風凋碧樹，獨上高樓，望盡天涯路。意思是先鑽進去，身臨其境，先解決知的問題（懸思）；第二個境界：衣帶漸寬終不悔，為伊消得人憔悴。再站出來，苦苦求索，然後再解決行的問題（冥想）；第三個境界：眾裡尋他千百度，驀然回首，那人卻在燈火闌珊處。善於總結，大徹大悟，最後實現得出的問題（頓悟）。

如果你想提升溝通的能力，我也希望你不要單純的停留在學習和認知的層面，知識有用，但是不用就無用。我們的學習不應僅僅停留在看懂理論、明白內容、知道技巧這個初級層面，否則你的溝通能力提升恐怕還是遙遙無期。大膽地應用和實踐吧，讓我們在理論中學習、實踐中求知、感悟中昇華，展現溝通的三大效果 ── 做好人、做成事、做出色。當你因溝通而贏得人脈、當你因溝通而達成合作、當你因溝通而化解了危機、當你因溝通而獲得幸福、當你因溝通而實現抱負的時候，你才會有因溝通而獲得的驚喜，你才能真正感受到溝通帶給你的效用。

溝通天才都是學習應用和重複次數足夠多的人。《論語》有云：「溫故而知新，可以為師矣。」這一學習方法在今天也有不可否認的適用性。人們的新知識、新學問往往都是在過去所學知識的基礎上發展而來的。因此，溫故而知新是一個十分可行的、極具實效的學習方法。在溝通的領域

中，「熟練」和「精彩」是因果關係，高效的溝通者都是重複應用溝通技巧的次數足夠多的人，只有熟練才能貫通，熟能生巧、巧能生妙、妙能生玄、玄能生道，道能成神！不知，玄也。知者，妙哉。越是對溝通的內容熟悉，思路就越廣；越是熟練，呈現就越靈活；越是應用，效果就越傳神。

　　這是一本可以在閱讀中隨時可以自我開示的關於為人處世的書。偉大的學問往往都是始於懷疑、終於信仰的，我只是渴望透過這本書，能夠破解你對溝通作用的懷疑，建立起對溝通意義的信仰。透過掌握溝通的精髓和方法，並在實踐中靈活運用，使自己在複雜的人際環境中立於不敗之地，成為人生的終極贏家。

　　相信你會感受到溝通的神奇魔力和帶給你的巨大改變。溝通從「新」開始，只要開始，永遠不晚！

白曉亮

第一章
溝通之複雜性

共同面對的溝通障礙

　　戴爾·卡內基（Dale Carnegie）說：「一個人的成功，15％是由於專業技術，85％要靠人際關係與處世技巧。」成功關鍵的85％是依靠良好的溝通能力才能解決的，可見人際關係的重要性。如今的宅男宅女一族，更願意花費大量的時間進行休閒和娛樂，而不願意與人進行接觸和溝通，於是在職場競爭中逐漸敗下陣來。人在職場，不能很好地與人溝通，就不可能玩轉職場，更不可能在職場中「笑傲江湖」。

　　人在江湖，身不由己，樹欲靜而風不止，你想退己安人，卻未必能夠做到。為什麼？除了利益的因素外，更主要的原因是人們根本不了解你，不理解你的動機。在職場中，欠缺語言能力，溝通思維滯後，不辨溝通環境，自設溝通障礙，都是最司空見慣的，這些問題不得到改進，別說他人不理解你，自己都覺得自己溝通能力差。想要華山論劍，還是先把溝通的基本功做好才行。

語言上的障礙和理解上的困難

諸葛亮在赤壁之戰中說：「三寸之舌，強於百萬之兵。」語言是人與人交流的主要媒介，是彼此溝通的重要工具。人在職場，語言能力欠缺，別人就不能更好地理解你。讀不懂你的思想，就不能和你進行有效溝通，更不可能和你交心。疏忽了語言能力的重要性，難免會吃很多虧，受很多委屈。

職場中，往往一句不經意的話，既可能拉近彼此的關係，又可能適得其反。因說話不當，丟了飯碗和職位的大有人在。很多人不是因為專業能力不足，而是由於欠缺語言能力，喪失了很多本來可以得到的人生機會。如果一個人常常因為說錯話而得罪人，不知道自己該說些什麼、該怎麼說，那麼他在語言能力上就必須有所加強，才能改變不利的窘境。

語言能力欠缺的表現主要有兩個：不能把握說話的時機、說話不恰當、說話不適量。有聲語言的基本技巧表現在適時、適當、適量這幾個方面，適時就是說話要看準時機，適當就是說話要恰當，符合職場環境和人物特點的要求，適量就是不說多餘的話，過猶不及，很多人說話，失之於多，廢話連篇，說不到點子上。掌握了這幾個關鍵點，職場中的同事就可以很好地理解你。

1. 時機不對，只會造成反作用

什麼樣的時機，說什麼樣的話。說話要把握對時機，才能造成理想的效果，如果時機不當，語言不但沒有什麼作用，而且還會引起別人的反感。不能把握說話的時機，在職場溝通中只會帶來反效果。

　　在第二次世界大戰期間，英國首相邱吉爾（Winston Churchill）來到華盛頓會見美國總統羅斯福（Franklin D. Roosevelt），要求美國和英國共同對抗德國法西斯，並希望美國能給予物資援助。邱吉爾受到熱情接待，並被安排住進白宮。一天清晨，邱吉爾正躺在浴缸裡，抽著特大號雪茄，這時門開了，羅斯福走了進來。當時邱吉爾沒有穿衣服，肚子還露在水面上。這兩個世界大國的領導人在這樣的場景下會面自然十分尷尬。可是邱吉爾立即扔掉雪茄，幽默而蘊意深刻地說：「總統先生，我這個英國首相在你面前可是一點也沒有隱瞞呀。」邱吉爾把握時機，用幽默語言把尷尬的處境變為親近的處境，從而達到了拉近兩國關係的目的。邱吉爾用他的人格魅力和適時的語言表達獲得了美國的信任。

　　在職場中，把合適的話說在需要的時候，就是最恰當不過的。不該說話的時候不要說話，該說幽默的話的時候，也不要打官腔，賣關子，關鍵是要展現說話者的動機和誠意。語言是有有效期的，過期作廢。當你發現對方有值得讚美的地方，就要善於及時大膽地給予讚美。在別人恰逢好事的時候，及時送上一句祝福，錦上添花的價值抵得上萬金，把握住最好的時機說最好的話，必然會取得事半功倍的效果。

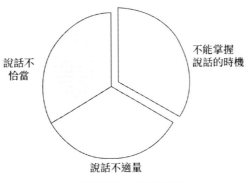

圖 1-1 語言能力欠缺的表現

2. 說得恰當，最為重要

語言的作用，在於能以恰當簡練的語言正確地傳遞資訊，獲得別人的認同。語言最怕論點不明、論據不足，讓人聽了含糊。能夠抓住焦點，讓人理解並頓悟，這才是語言的魅力所在。語言的適當表達，不僅能為對方留得情面，也會給溝通交流迎來一片新的天地、新的契機，當達到彼此基調一致的時候，就會營造出和諧的氣氛。

3. 話不在多，適量才好

話不多也不少才是最好。達到說話的目的，是衡量語言適量與否的唯一標準。一句話能達到效果，就不要用兩句話來說，兩句話能達到效果，就不要用三句話來說。有的人在自我介紹的時候，囉囉嗦嗦，說上十幾分鐘還不停，批評起來沒完沒了，這樣既影響溝通的效果，又影響自己的職業形象。適量的有聲語言還包括聲音的大小。大庭廣眾之下音量宜大一點，私人拜訪交談音量宜適中，如果是密友、情人間交談，小聲則可以表現親密無間的特殊關係。

李世民繼位後，佛道之爭非常激烈。唐太宗本十分推崇道教。當時有個名叫法琳的僧人寫了本《辨正論》，揄揚佛教。結果引起唐太宗的不滿。唐太宗一怒之下，把法琳打入大牢，並對他說：「朕聽說念觀音者，刀槍不入。現在讓你念七天，然後試試我的寶刀。」法琳頓時嚇得魂不附體。七天後，法琳面見唐太宗，說：「七天以來，未念觀音，唯念陛下。」

李世民聽後，不僅免其死罪，而且還轉變了自己的觀念，大興佛教。

關鍵時刻，話不在多，要說到點子上。法琳的高明之處在於，他用「未念觀音，唯念陛下」這八個字，把李世民比作大慈大悲的觀音菩薩，

既讓太宗殺人沒了藉口，又巧妙地讚揚了太宗，使他感到佛教於他的統治無害，反而有益，為大興佛教埋下了種子。此外，一個「未」字，一個「唯」字把李世民置於為難境地。若殺之，不靈不在觀音，而在陛下，因此要靈，只有不殺。七天想出妙語一句，如果再多說幾句話，效果就會大大減弱，就有了被殺頭的危險。

　　語言能力是人的基本能力，在職場中，提升自己的語言能力，就是提升自己的基本能力，就是提升自己的核心競爭力。提升語言能力，努力做到以下幾點是關鍵：該說話時就說話是一種水準；什麼情況下說什麼話是一種聰明；不多說話更不少說話是一種睿智；該隱藏時隱藏是一種智慧。語言能力展現了一個成熟的職場人的能力，語言能力過關，他人才能更好地理解你和幫助你，職場人生才能走得更加順利。

環境影響溝通思維

溝通思維滯後，是指溝通的時候，反應比較慢，跟不上交流的節奏，就是俗話說的「慢半拍」（溝通的時候，需要思考的時間比別人長）。時間就是金錢，在職場中，時間照樣發揮著重要作用。如果一個人溝通中反應慢，就是在浪費自己的金錢，而且對方會成為話題的製造者，自己只能作為參與者而存在，難免會被牽著鼻子走。

思維是人們行為的決定者，只有思維走到了對方的前面，才能贏得溝通的主動權。這就好比是打仗，兩軍對壘，如果己方在策略戰術方面，處處被人算計，怎麼可能贏得戰爭的勝利呢？溝通也是這個道理，快人一步，才能搶占先機，慢人一步，往往一步跟不上，處處跟不上，所以，反應的速度決定了一個人在職場中，是處於主動地位還是被動地位。

反應慢的表現有兩個：第一，跟不上講話人的邏輯，甚至聽不懂對方的講話；第二，對對方的語言不能做出有效的回應，只能作為一個很好的傾聽者，而不能作為良好的互動者存在。職場溝通，要求跟上別人說話的節奏，並且思維敏捷，反應迅速，有效給出應對的方法和策略。

1. 跟上節奏，再談效果

跟上節奏，就是別人說到哪裡了，自己的理解力也跟到哪裡。跟上溝通的節奏，別人說什麼，自己能明白什麼，這是溝通最基本的要求。溝通過程中不能開小差，也不能不用心，只了解大概而不關注細節。跟不上交談的節奏，就會錯誤地理解別人，得到錯誤的答案，從而為職場人生帶來不可預知的影響。

艾西莫夫（Isaac Asimov）是美籍俄國人，世界著名的科普作家。他從小就很聰明，在年輕時多次參加「智商測試」，得分總在 160 左右，屬於「天賦極高」之列。有一次，他遇到一位汽車技師，是他的熟人。技師對艾西莫夫說：「嘿，博士，我來考考你的智力，出一道思考題，看你能不能回答正確。」艾西莫夫點頭同意。

技師便開始說思考題：「有一位聾啞人，想買幾根釘子，就來到五金商店，對售貨員做了這樣一個手勢：左手食指立在櫃檯上，右手握拳做出敲擊的樣子。售貨員見狀，先給他拿來一把槌子，聾啞人搖搖頭。於是售貨員就明白了，他想買的是釘子。聾啞人買好釘子，剛走出商店，接著進來一位盲人。這位盲人想買一把剪刀，請問：盲人將會怎樣做？」

如果形成不良的溝通思維，會在溝通中做出錯誤的反應，就會跟不上溝通的節奏。思維要跟上講話的節奏，當然也不能像水一樣直接倒下來，而要加以思考。如果在職場交流中這一點遲遲得不到糾正，就會形成比較穩定的、定型化了的思考方式，從而影響自己的分析和判斷，將自我的認知裝上「框框」的束縛，從而帶來極為不良的影響。

2. 有效回應，主動回饋

職場中的失利，多數是由於反應慢和思維不能有效反應客觀實際造成的。思維與事物發展的情況相符，才能有效地指導行動；思維與認知事物發展的情況不符，再好的想法也難以實現。當感覺他人的講話，有可能損害公司和自己利益的時候，就要主動回饋和出擊，而不能坐以待斃。

三國時期，魏將司馬懿引大軍 15 萬向諸葛亮所在的西城蜂擁而來。當時，諸葛亮身邊沒有大將，只有一班文官，所帶領的 5,000 人馬，只剩 2,500 名士兵在城裡。諸葛亮登城樓觀望後，傳令，把所有的旌旗都藏起

來，士兵原地不動，如果有私自外出以及大聲喧譁的，立即斬首。諸葛亮自己披上鶴氅，戴上綸巾，領著兩個小書僮，帶上一張琴，到城上望敵樓前憑欄坐下，燃起香，然後慢慢彈起琴來。

司馬懿的先頭部隊到達城下，見了這種氣勢，都不敢輕易入城，便急忙返回報告司馬懿。司馬懿聽後，笑著說：「這怎麼可能呢？」於是便令三軍停下，自己飛馬前去觀看。離城不遠，他果然看見諸葛亮端坐在城樓上，笑容可掬，正在焚香彈琴。左面一個書僮，手捧寶劍；右面也有一個書僮，手裡拿著拂塵。城門裡外，20多個百姓模樣的人在低頭灑掃，旁若無人。司馬懿看後，疑惑不已，便來到中軍，令後軍充作前軍，前軍作後軍撤退。司馬懿說：「諸葛亮一生謹慎，不曾冒險。現在城門大開，裡面必有埋伏，我軍如果進去，正好中了他們的計。還是快快撤退吧！」於是各路兵馬都退了回去。

高手過招，就差一招半式，司馬懿輸給諸葛亮，就輸在這一招半式上了，他的思維相比於諸葛亮還是慢了一些，不能有效應對諸葛亮的決策和計謀。在職場溝通中，也是一樣，不要以為對方說的話，做的事都是正確的，也許那僅是欺騙你的障眼法，稍不留神，你就可能中計了。所以，科學訓練有效應對的思維，可以省去許多試探的步驟，縮短思考時間，提升效率，有效應對可能的挑戰。

3. 思維開放，隨機應變

反應慢，往往會一葉障目，不見泰山，使我們的創造能力受到束縛，從而失去職場成功的機會。所以，對思維進行有目的的訓練，突破思維的限制，使思維時刻保持在開放的狀態中，是在職場中能先聲奪人的重要方面。思維僵化，不能隨機應變，一個人不管怎麼努力工作，也還是缺一條腿，一旦遇上重要挑戰，就會敗下陣來。

一個人被困在一間著火的房子裡，他想從房門逃脫火海，可是，房門怎麼也拉不開，這時，他應該怎麼辦？報警、潑水、喊嗎？這幾個答案都不對。在困惑之餘，你是否會想到答案其實很簡單 —— 把門推開就行了。房門拉不開，因為這扇門是推開的，不是拉的。

當答案公布以後，你一定會有恍然大悟的感覺。問題是如此簡單，我怎麼沒有想到呢？因為，人們在平時交往中，往往對思維進行了多方面的限制，遇到問題的時候，就順著原來的思路想下去了，最後，答案就是「無解」。在職場溝通中，要讓思維保持開放的狀態，去體驗多個方面，不要自我設限，將思維故步自封起來。

「冰凍三尺，非一日之寒」，思維滯後，不是一朝一夕形成的，改變起來也會比較麻煩，需要樹立堅定的信心，在與人溝通的時候，有意訓練，才能取得較好的效果。跟上節奏，就是注意傾聽，積極思考，確保自己的意識不被其他注意力拉走；有效回應，就是在很好地理解對方的基礎上，給予對方的語言以有效的決策性回應，確保不被對方的決策和方法牽著鼻子走，更是要確保一系列的決策和方法對自己來講是有利的；保持開放，是先進性思維的根本性要求，一個人的思維滯後，根本原因是封閉的思維模式，保持思維的敞開性，才能更好地接納和體驗新的事物。一個人只有不斷接納和體驗新的事物，才能有不斷發展和進步的土壤（如圖 1-2 所示）。

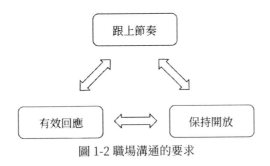
圖 1-2 職場溝通的要求

不辨識溝通環境，對話容易失焦

　　職場溝通的環境，是溝通行為進行的「場」，不同的「場」，對溝通的要求不一樣。成功的溝通之所以困難，是因為人們所處的環境不同，所持的立場各異，最終需要達到的結果也不一樣。不能辨別溝通的環境，談話就不能做到有的放矢，就會失去重點，在別人看來，自身的行為就非常突兀，就失掉了溝通的合理性和有效性。

　　環境的暗示作用對溝通特別重要，它雖然不可掌控，卻可以被有效利用。在溝通的時候，如果保持對溝通環境的敏感度，會幫助你取得意想不到的效果。例如，有些賣場燈光非常明亮，就是利用了環境暗示的作用。很多超市有窗戶也把它封起來，不讓顧客看到外面情況，進到裡面燈光非常明亮，讓客戶從早上轉到下午都不知道天快黑了，這也是環境暗示的作用。

　　溝通的環境包括溝通的場景、場面和場合。場景影響溝通的話題，場面影響溝通的心情，場合反映溝通的規格，有效利用環境也能促進溝通目的的達成。很好地辨識溝通的環境，才能很好地融入環境之中，成為其中一部分，而不是作為一名旁觀者在發言和表達意見。

1. 場景決定話題

　　溝通中的場景，是各種人事物的組成情況，它相對靜止。場景為溝通提供了豐富的素材，影響和決定著溝通的話題和形式。場景會隨著溝通的進展，呈現出對自己有利或有害的轉變。良好的溝通，不但要善於發現場景的不同之處，更要善於利用場景，變不利地位為有利地位。

　　皇帝很喜歡李白的才華，因此李白遭到宰相楊國忠的妒忌。有一天他想了個辦法，約李白去對詩，即是由楊國忠出上聯，李白需在三步之內對出下聯。李白如約而至，剛一進門，只聽楊國忠吟道：「兩猿截木山中，問猴兒如何對鋸（句）？」上聯出的刁鑽，運用諧音雙關法，罵李白是來對句的猴兒。哪知李白毫不猶豫地說：「請宰相起步，三步之內對不上來，甘願受罰。」當楊國忠剛跨步出去，李白立即指著楊國忠的腳喊道：「匹馬陷身泥裡，看畜生怎樣出蹄（題）！」

　　利用場景做文章，可以為自己的溝通及時提供素材，激發自己的靈感，隨時為自己爭取主動權。充分地利用場景，還可增強語言的表達效果，使表達效果穩健有力，變守為攻，幫助自己擺脫困境。有人說，如果你真的想做成一件事，你一定會利用環境找到一個方法；如果你不想做一件事，你一定會利用環境找到一個藉口。成功的職場人士，都是努力利用環境想辦法，不為失利找藉口的人。

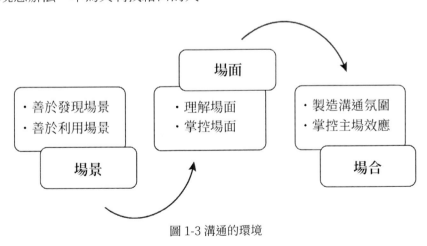

圖 1-3 溝通的環境

2.「場面話」要說得漂亮

場面，是在一定環境中相互發生關係的人們構成的生活片段，相對動態。不同的場面的溝通，面對的是不同的人，應該善於靈活使用不同的語言。人生就是一個短劇接著又一個短劇，它就像一個大舞臺，而「場面話」就是我們在舞臺上最經典的臺詞。「場面話」是人們在應對各種關係時的現象之一，說「場面話」也是一種生存智慧。與人溝通過程中，場面話可聽不可信，如果對方喜歡說場面話，要小心在漂亮言辭中暗藏的玄機。在與自我的溝通中，場面相當程度地影響著自己的心態，所以，注意對場面的理解和掌控，是至關重要的。

1952 年 7 月 4 日清晨，加利福尼亞海岸下起了濃霧。在海岸以西 21 英里的卡塔林納島上，一個 43 歲的女人準備從太平洋游向加州海岸。她叫佛羅倫絲‧查德威克（Florence Chadwick）。

那天早晨，霧很大，海水凍得她身體發麻，她幾乎看不到護送她的船。時間一個小時一個小時地過去，千千萬萬人從電視上看著。15 小時之後，她又累，又凍得全身發麻。她知道自己不能再游了，就叫人拉她上船。她的母親和教練在另一條船上。他們都告訴她海岸很近了，叫她不要放棄。但她朝加州海岸望去，除了濃霧什麼也沒看到……

人們拉她上船的地點，離加州海岸只有半英里！後來她說，令她半途而廢的不是疲勞，也不是寒冷，而是因為她在濃霧中看不到目標、水中凶猛魚類的襲擊以及搜救船和搜救人員跟隨在周圍的緊張場面。查德威克小姐一生中就只有這一次沒有堅持到底。

查德威克小姐離加州海岸只有半英里了，卻選擇了放棄。而她的母親和教練，在勸她的時候，只是告訴她，海岸很近了，不要放棄。如果他們

能夠掌握溝通技巧，並對其進行勸說，也許會是另一種情況。在這個案例中，場面話式的鼓勵並沒有造成很好的作用，可以說是既不漂亮也不實用。場面話根據具體場面，給出具體解決問題的建議，而且，場面話必須要經過溝通者的領會才能發揮作用，如果溝通者不接受，多麼美好的語言都發揮不了作用。

3. 場合決定效果

場合是指特定時間和空間的溝通氛圍，它是決定雙方溝通效果的重要因素。場合有莊重與隨便、熟悉人與陌生人、正式與非正式、歡快與悲痛、公開與私下之分。同樣的話在不同的場合說，所產生的實際效果可能完全不一樣。在什麼場合，說什麼樣的話，才叫融入環境。

我曾經認識一位管理者，他曾經在大學連續三屆獲得最佳辯手的稱號，但是在管理上卻很失敗。我分析其原因，就是他說話不分場合，以抓住人的缺點和漏洞為目標，言辭尖刻。因此他的人際關係非常不好，自己陷入到一種孤立無援的痛苦當中。職場溝通，必須要注意區分場合，不同的場合使用不同的表達。聚會聯歡的場合，可以運用詼諧調侃的語言調節氛圍，能使大家輕鬆快活；商務活動或會議場合則需要謹言慎行，真正以達到溝通目的為原則。一般而言，在相對正式的場合，表達都要盡量謹慎而準確，給人一種尊重對方的感覺，以免造成不好的效果。

我方相對更熟悉的場合更具「主場效應」，溝通中會使自己處於更加主動的地位。受主場效應的影響，對自己而言最佳的場合是自己最熟悉的地方，這樣的場合，對方更具有妥協性。管理者在發布指令時，會把下屬叫到自己的辦公室傳達指示，運用的正是主場效應。溝通最差的場合就是對方熟悉的領地，原因很簡單，在對方的領地，對方最容易進入「領導」

的角色。現實生活中，許多形式的溝通，多選擇公共場合來進行，這樣對雙方都比較公平，更容易被溝通雙方所接受。

一個成熟的職場人士，絕不會做環境和氣氛的破壞者，一個優秀的溝通高手，絕對是融入環境和氣氛的高 。對溝通環境和氣氛的認知不夠，難免說一些破壞環境和氣氛的話，就會顯得與環境和氣氛的不和諧。把握好環境的場景、場面、場合的特點，一個人說的話，才會成為「有根之水」，才會被他人喜歡，才會被他人接受。人們只有接受了一個人的語言，才能接受一個人。或者說，人們接納一個人，是因為他說了符合環境和氣氛的話，人們接納他，首先接納的是他的語言。

自我設限的結局

溝通需要良好的心態。溝通是開放的，不是封閉的，是接納的，不是拒絕的。當一個人能夠做到開放和接納的時候，他的溝通才是積極和具有正能量的。不會溝通，基本上都是由於心態不夠開放，拒絕完整的人格造成的。他往往是有限開放的，在一定條件下開放，在另一些條件下則封閉；他習慣於拒絕一些東西，而不是無限地去接納和領受生活的饋贈。一旦選擇拒絕和不再接納，就會在溝通中自設障礙。

自設溝通障礙的表現是主動性不夠、不善傾聽、表達不清和過於以自我為中心，它們在不同的人身上表現雖然不一樣，但基本上都是通病。這些問題，如果不能花力氣解決，不管怎麼練習溝通的能力，都很難把溝通這件事做好，只能是拆了東牆補西牆，面子上好看罷了。

圖 1-4 溝通的障礙

1. 溝通需要主動

主動性是職場溝通的基本要求，和主管溝通要主動：積極彙報，主動完成各項工作；和同事溝通要主動：尋求幫助要主動，幫助他人完成一些事情也要盡量主動，做到彼此照耀。一般而言，主動溝通，本身就是擁有

正能量的表現，主動交流的人比被動交流的人級別高、成就大。

阿明、小麗已經戀愛一年多了，有一天，在花前月下，阿明深情地看著小麗，輕輕地說：「小麗，我想親親妳。」小麗微笑著望了他一眼，把頭低下。

阿明沒動手，又把聲音提高 4 度：「小麗，我想親親妳。」小麗同樣把頭低一低。阿明急了，又把聲音提高 4 度說：「我都跟妳戀愛一年多了，我說要親親妳，妳怎麼不說話，妳聾了！」只見小麗喘著粗氣，一臉怒色：「你光說不練，你殘廢了啊！」說完一溜煙跑了。

只有想法不去行動，等於白想。但是我們不能害怕失敗而不去行動。為什麼不能做到該出手時就出手呢？其實，也許成功的所有條件已經具備了，只需要最後再突破一下，再主動一些。在職場中，也是一樣，也許只需要和主管溝通一下就可以迎刃而解的事情，很多人偏偏要繞很遠的路，這是非常得不償失的事情。

2. 不善傾聽，溝通就成了說教

那些經常抱怨人際關係不暢的人們，很大一部分原因是自己不善傾聽，但他們卻並沒有意識到這一點。傾聽不僅僅是耳朵能聽到相應的聲音，傾聽還需要透過臉部表情、肢體語言的配合，然後以有聲語言來回應對方，傳遞一種很想聽他說話的感覺給對方。傾聽，需要用心靈去感受，把對方尊為王者。如果沒有傾聽，就沒有有效的溝通，溝通就變成一種說教了。

過去有一個非常頂尖的武學大師，有很多人都去拜師學藝。有一天來了三個人向大師學習武藝。大師問：你們都來向我學習武功，那你們說是為什麼向我學習武功呢？目的是什麼呢？真正的意願表現是什麼呢？第一個人說：我是為了強健身體；第二個人說：為了減肥；第三個人說：我們的村子經常出現土匪和強盜，威脅我們的安全，我學習武功是為了保護我

的家人，和讓村子裡的人不再受到干擾。

　　大家說哪個人能學得更好啊？在大師的眼中，無疑第三種回答心胸更加開闊。任何一件事情，出發點不同，終點就會不同。做任何事情的時候，動機比做這件事情的本身還重要，不同的動機，就會有不同的收穫。關鍵是不同的動機是需要透過傾聽才能得知的。這個例子特別明顯，就是在問練武的動機，並且沒有給什麼設定的條件。在現實的溝通中，動機並不是這麼明顯地給出的。聽話要聽音，動機絕不是隨隨便便地聽，就能得到的，需要用豐富的學識和閱歷作為基礎。

3. 表達不清，再高的溝通水準也要打折

　　溝通，首先要求恰當和準確，恰當地表達事物的特徵，準確地表達溝通者的本意。其次要求表達鮮明，不能模稜兩可，不能含糊其辭。再次要求語言表達生動，可適當新增修飾性或限制性詞語。生動是以準確、鮮明為前提的。離開了準確、鮮明去片面追求生動，就會給人矯揉造作、華而不實之感。最後要求語言表達要簡明。所謂「簡明」，即語言「簡要」、「明白」。還有，語言表達要連貫。即上下句之間要有明顯的連繫，話題要統一，陳述對象盡可能保持一致，語句的組合與銜接要自然。

　　請看下面的笑話。

　　辦公室的魚缸裡養了幾隻透明的小蝦，老闆戴著眼鏡看半天，問我養的什麼？我說，蝦啊！老闆一愣，走了。我於是趕緊大聲地解釋說：蝦啊，老闆！老闆蝦啊。老闆真是蝦，於是第二天我被開除了。

　　職場中，要盡量用精準的語言，來表達特定的事情，不能用精準的語言進行表達的時候，也要盡量避免使用模糊性的語言，防止給人一種自我能力欠缺，或是不負責任的印象。在案例中，所有的問題僅僅是語言的諧

音造成的，如果當事人及時察覺到，並向老闆解釋明白，問題就不存在了。在溝通中，因為一點小事情，造成的誤解和疏遠的事挺多的。

4. 以自我為中心，是溝通的大忌

以自我為中心是一種人格缺陷，在溝通失利中會陷入懊惱和痛苦之中，從而誘發憂鬱症、焦慮症等心理疾病。每個人都不自覺的不同程度地表現出維護自我利益的趨向，在利益趨向的影響下，往往覺得別人的問題與自己無關。主觀為自己，客觀為他人是正常的，但是不要讓自我中心膨脹，否則它會淹沒了你的良知。其實，每個人都相互關聯著，付出自然就有收穫，只有先實現「我為人人」，才能最終實現「人人為我」。

心中是滿滿的自我，怎麼能去體會對方的感受呢？別人的問題與我無關，自掃門前雪，不顧及別人的感受。即使對別人造成言語傷害，也不會自覺；行為對別人造成煩擾，也不會自知；讓別人造成心理痛苦，也不會自省。總是習慣於「孤芳自賞」，不去感受別人的「良苦用心」，最後只能落得個「孤家寡人」，眾叛親離的可悲下場。

瑞典 VOLVO 總部有兩千多個停車位，早到的人總是把車停在遠離辦公樓的地方，天天如此。有人問：「你們的車位是固定的嗎？」他們答：「我們到的比較早，有時間多走點路。晚到的同事或許會遲到，需要把車停在離辦公樓近的地方。」多為別人著想時，路才會走得更遠。可以觀察吸菸的人的一個微妙的細節，如果他首先看旁邊的人是否在吸菸，然後再去決定自己是否吸菸，就是有素養的表現，否則就是一個以自我為中心的人。人在職場，不能完全掌控別人對自己的態度和做法。很多時候，適時地放下堅持自我的心態，對事物的理解也就能多出一份理性和客觀。

在一個綜藝節目裡，主持人經常與嘉賓互動，讓嘉賓回答問題。嘉賓

們憑著十分豐富的想像，往往能將答案猜得八九不離十，然而卻有一次例外。那是我們非常熟悉的東西 —— 電梯。問題是：電梯裡總有一面大鏡子，那面大鏡子是做什麼用的呢？

回答依然踴躍：

用來對鏡檢查一下自己的儀表；

用來看清後面有沒有跟進來不懷好意的人；

用來擴大視覺空間，增加空間感……

一再啟發後，主持人終於說出了非常簡單的正確答案：殘疾人士推著輪椅進來時，不必費心轉身即可以從鏡子裡看到樓層的顯示燈。原來是這樣！原本活潑亮麗、機智風趣的嘉賓們多少有些尷尬，其中有一位頗有些抱怨地說：「那我們怎麼會想到呢？」

在工作中，很多人越來越聰明，知識面的確越來越寬廣，但卻變得愈加的心浮氣躁。思考一個問題時常可以海闊天空，但無論思路延伸到多遠，往往還是從自己出發。電梯裡的這面鏡子，有人用來裝飾自我，有人用來保護自我，有人以此舒適自我……為什麼沒有想到「自我」之外的「他人」呢？答案之所以正確，正是因為其出乎人們的意料。仔細品味，不難發現，他們的出發點總是站在自己的腳下。

溝通中有一個原則，遇到任何事情，首先要想的是自己哪方面的素養欠缺，才造成了極為不利的局面。我們不可能改變世界，能改變的只有我們自己。可以改變我們的態度，改變我們看待世界的視角和方法，改變我們不良的注意力和行動力，使所有的計畫更加符合自己的規劃。主動性不夠、不善傾聽、表達不精準、自我為中心，這幾個方面都是極容易被發現的。只要將其改正過來，職場就會很快呈現出完全不同的局面。如果發現了問題卻不改變，那麼依然是自設溝通的障礙，最終失敗依然會循環下去。

第二章
溝通的重要技巧

溝通：「溝」通的人、「通」的人

　　溝通是憑藉一定的符號載體，在個人或群體中進行交流，並獲得對方理解的過程。從造字的角度看，「溝通」已經暗示了它本身的一些規律。「溝」者蓄水之渠，「通」者，通暢、疏通之意，顧名思義就是水溝疏通了。溝通不好就會「痛則不通」，溝通好了就會「通則不痛」，自我就有良好的感覺。

　　職場溝通看似簡單，實際上是非常複雜的，它不單單是理論性的知識，更是操作性極強的技藝。缺乏溝通，感情就會疏遠，很容易產生是非、爭執和誤會，帶來很多問題和「後遺症」。任何事物都遵循一定的規律發生和發展，職場溝通也有自身執行的規律。職場溝通，不靠「火拼」，靠的是對規律的掌握和運用，規律就是最大的武器，是最大的自由。

職場溝通的中心：滿足需求

　　世界遵循能量守恆定律，不管生成和消滅了多少東西，整體能量是不變的。遵循能量守恆定律的要求，人們只有付出一定的努力，才能得到一定的東西。在職場中這個規律依然成立，不付出就不能得到，不耕耘就沒有收穫。想讓他人怎樣對待自己，自己首先也要如此去對待他人，想要薪資提升，首先要把事情做得比他人好，想升遷，先要把自己的能力和素養提升上去，想要和諧的人際關係，就要主動去關心和幫助他人。

1. 現實呈現

　　一般而言，溝通不是僅僅說說話，話話家常而已，它肯定會影響到現實層面上來。職場溝通肯定會帶來現實層面的巨大變化，這種變化，開始看起來不起眼甚至根本是看不到的，但隨著溝通的不斷發展，就會發生令人驚奇的巨大變化。

　　小李一直喜歡喝 100 塊一斤的茶葉。一家新開的茶店，小李每次去買茶葉，老闆都送他半兩好茶。小李將好茶備著用來待客。一天閒來無事泡壺好茶，竟喝上癮了。喝完免費的好茶，小李便不願喝 100 塊一斤的了。但是，不管他買多貴的茶葉，老闆總送他半兩更好的。半年下來，小李花在茶葉上的錢已經是原來的十倍了！

　　小李經常和老闆交往，於是漸漸地被影響了，開始僅僅是一包茶葉的問題，半年以後，小李喝的一包茶葉已經漲了十倍的價格。可見，和誰交往，和誰溝通，對一個人的現實有很大的影響。如果說一般溝通具有隱蔽

性特點的話，那麼職場溝通的顯性作用更加強大，溝通的好壞過了一段時間一定會在現實層面顯化出來。

2. 欲取先予

在古代行善積德被認為是改變命運的好辦法。善思善行能夠讓自己的信念更加堅強，堅強的信念可以吸引美好的事物。所以，行為決定人的命運，欲取必先予，福來必先福往。現在人都浮躁，有的人聽天由命，有的人覺得一切事情都在自己掌握中，忙忙碌碌，其實還都是在命運裡打滾。你怎麼對別人，最終就是你收穫的果。在現代，發自內心的量力而為的行善積德，依然是改變命運的方法，只不過人們換了各種名字對它進行了不同的表達而已。

明武宗正德初年，安徽商人王善到四十歲還沒有兒子。有個看相的人，看人的禍福非常準確。他一看見王善就憂愁地說：「你還沒有兒子吧？」王善說：「是的。」看相的人說：「你不但會沒有兒子，而且到了十月，更有大災難。」王善認為他的話很靈驗，急忙到蘇州去收取財貨，然後回去。

當時正值梅雨季節，河水猛漲，不能行船，只得暫時住在客店內。到晚上時，天空放晴，他到河邊去散步，看見一個少婦投河自盡，他馬上呼叫漁船：「誰能救起這個人，我出二十兩銀子。」船夫紛紛去救，終於把少婦救了起來。他便把二十兩銀子給了船夫。

王善問少婦為什麼要尋短見，少婦回答說：「我丈夫外出做工，我在家中養了一頭豬，準備用來償還田租。昨天把豬賣了，不料收的錢全是假銀子。既怕丈夫回來責罵我，再加上家中貧困，就不想活了，因此便投河自尋短。」王善非常同情她，問她一頭豬值多少錢後，便給了她雙倍的錢。

少婦回家時，在路上遇到丈夫，便哭著把這件事告訴了他，丈夫非常懷疑。晚上，夫妻兩個一道前旅店去找王善，想問個究竟。到旅店時，王善已經關門睡覺了。丈夫叫妻子敲門。王善問是誰，少婦應道：「我是今天投河的那個女人，特來致謝。」

王善厲聲說：「妳是個少婦，我是個孤身的外鄉人，晚上怎麼能隨便見面呢？快快回去！如果一定要來，明天早晨與妳丈夫一同來。」「我們夫婦都在這裡。」王善便披上衣服起來，當他剛剛走出房門時，只聽房中「轟」的一聲。他們驚慌地進去一看。原來店房的後牆因久雨而倒塌，床鋪已被壓得粉碎。他這時如果不起床，肯定要被壓死。這對夫妻感嘆不已，道謝後便離去了。

王善在回家的路上，又遇到那個看相的人。他一見到王善就驚奇地說：你滿臉陰德相，一定是做了有大陰德的事情。不僅免除了災難，而且將獲得不可限量的福報。」後來王善果然一連生了十一個兒子，其中有兩人登第，王善一直活到九十八歲才去世。

在古代，行善積德，改變命運，是個基本的常識，但在現代卻未必能接受。用量子力學來解釋，其實很簡單，一個是人心波動的原因，一個是念力的作用，念力根本上也是一種波動。遵循波粒二象性的原理，相似的波動只感召相似的波動，頻率相差很大的波是不能彼此感應的，所以，一個人發自真心做好事，就會感召到好的人和事聚集到自己的周圍，免去自己的災難。所謂心想事成，任何事情的成功，都需要發揮人的念力和規劃的作用，當一個人的念力是美好的時候，自然就會將世界和人生規劃成美好的一面，斷絕了不好的想法，災禍也就免除了。

職場溝通中照樣遵循欲取先予的道理，想要得到什麼，就要首先付出什麼。取和予都會在現實性層面呈現，取得多了，將來就要付出更多，否

則就得不到了。予得多了，不用擔心，將來也會自然收穫到的。溝通中，時刻想著改變命運的方法，多說別人的好處，少講別人的害處，能幫助別人就幫助別人，更會利於自己明確目標、清醒做事，更利於創造自己周邊和諧快樂的人際關係和氛圍，使自己更快的成長，不但會收穫無限的人格魅力，這也是得到更多的最好辦法。

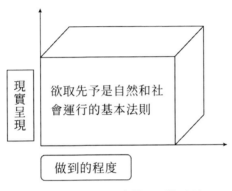

圖 2-1 取和予在現實性層面的呈現

3. 做到才能得到

欲取先予，只有做到，才能得到。知與行是辯證統一的，知道了就要去做，就要去實行。但實行並不是一蹴可及。一種模式，一種方法，往往是頭腦簡單的表現，溝通之行存在著多種方法和途徑，事物的進展，前進的道路都是一步步深入的，這就需要在知的層面上，放開自己的心，去開闊自己的思想，拓展自己的體驗。

有個思考題：五隻青蛙坐在一根木頭上，一隻青蛙想要跳走，還剩幾隻青蛙？有的回答說是還剩四隻，有的回答說一個都沒有。正確的答案是還是五隻，因為那隻青蛙只是想跳，但事實上牠並沒有跳走。答案不同的原因：在於「想」和「做」是兩個概念。如你說你想去溝通，可是絲毫沒

有溝通的行動，這不能說明你在溝通。知識不用沒用，把知識變成行動，把行動變成習慣、習慣決定命運。因為在想到與得到之間，還必有一個關鍵行為 —— 做到。

喬·吉拉德（Joe Girard）吃飯的時候，上第一道菜時，給服務員一張名片，說，我是喬·吉拉德，賣雪佛蘭汽車的；第二道菜時，還是那個服務員，他還是給名片，介紹自己，服務員說你已經給我一張了，他說，這張帶回去給你媽媽；第三道菜的時候，他還是給這個服務員名片，服務人員接過，主動說，這張帶回去給我爸爸！

商人帶兩袋大蒜到某地，當地人沒見過大蒜，極為喜愛，於是贈商人兩袋金子。另一商人聽說，便帶兩袋大蔥去。當地人覺得大蔥更美味，金子不足表達感情，於是把兩袋大蒜給了他。生活往往如此，主動得先機者得金子，步後塵者就可能得「大蒜」！

在第一個例子中，我們看到，溝通是一定要去落實的，只有去做了，才能達到溝通的效果，光想是不行的，並且是做到多少就能得到多少。在第二個例子中，我們可以看到，溝通是非常生動和活潑的，溝通的方法和途徑是無限制敞開的，只要開動腦筋和思想，一定會有驚喜發現。在第三個例子中，我們看到，溝通和銷售等領域實質上有很大的相似之處，第一個「吃螃蟹」的人，往往獲利巨大，跟進者往往僅僅得到「大蒜」而已。職場溝通，就像這幾個例子中展示出來的一樣，先到先得，後到後得，不到不得，猶豫過後，可能就會錯失良機。

只有做到，才能得到，既然欲取先予是職場溝通的法則，而且必在現實性的層面上顯現，那麼有著良好習慣和情商的人，就要主動去實踐了，當自己真的能夠從溝通和實際的作為中得到利益的時候，就是自己真正掌握了溝通這門技巧的時候。不妨試著在每一天開始的時候問自己一些問

題：我今天要做什麼？我對自己的態度該是怎樣？我應該保持什麼樣的情緒面對大家？我今天如何與周圍的人相處？我今天如何做會比昨天做得更好？每當夜晚來臨的時候，對自我進行反省和總結：我今天是否完成了我的小目標？我今天該做與不該做的事情是什麼？我今天的情緒掌控的怎麼樣？今天做的事情讓我與周圍的人都感受到快樂了嗎？我如何才能做得更好？

溝通的中心：滿足需求

溝通為什麼如此重要，溝通為什麼長盛不衰？因為每個人都有不同的需求，而滿足這種需求，溝通是可供選擇的最好的方法。如果溝通解決不了需求層面的問題，就會變成明爭暗鬥，明爭暗鬥依然解決不了需求問題，就上升到政治層面，上升到政治問題依然解決不了需求問題，就有發生戰爭的危險。職場溝通的核心價值，就是滿足彼此的需求，達到利益的最大化和雙贏的境界。

職場溝通的更高境界是：留住人、抓住心、勾住魂！你的溝通滿足了彼此需求了嗎？先思考一個問題：在釣魚的時候，魚鉤上掛的餌是我們愛吃的食物，還是魚愛吃的食物？有的人也許認為這個問題太荒唐。冷靜的思考過後，你會發現，在職場溝通當中，我們說的很多話只是自己所感興趣的，並非是對方所願意聽到的話題，也就是說你的溝通不能滿足對方的需求。

1. 核心需求是根本

職場溝通，除了夾帶著很強的目的性之外，最重要的一點就是滿足客戶的核心需要，不明白對方的核心需求就是盲目的溝通。以養花比喻，養花沒過幾天就要澆一次水，否則花就枯了，長時間不澆水它就死了。職場溝通就是「養」人，很多人不但不知道澆水，甚至都不知道他需要什麼。溝通的時候，你不用心，別人怎能動心？溝通絕不是漫無目的的聊天，它有著非常強的目的性。

　　我的一個姪子 6 歲，由於他父母工作比較繁忙，不能陪他玩。有一次我去他家，他就纏著我陪他玩。姪子說：「我們一起玩撲克牌吧。」聽到這樣的話，為了讓他能夠開心，我就陪他玩撲克牌。

　　輸贏的主動權基本上在我的手上。為了讓他開心，我選擇勝敗的次數和規律還是要考慮的。總是贏他，他一定會覺得很掃興；總輸給他，他也會覺得沒有挑戰的熱情。我選擇第一、二次讓他贏，第三次讓他輸……根據他的情緒反應，配合他的心理玩。到了我輸的時候，心想這樣他一定很開心。沒想到姪子的反應卻非常失望。

　　我們可以看出，有人陪孩子玩的時候他是很高興的，但若是沒有探索到他的需求和他真正想要的，他一樣會是不開心的。因此在溝通中關鍵的是要找到對方的核心需求，以對方的買點為核心焦點。很多時候你認為最好的並不是對方最想要的，這叫做需求錯位。在職場溝通中，我們常常是先想自己需要的是什麼，要多想對方的意願什麼樣！核心需求就是買點，買點決定了賣點。

2. 先找到客戶的「興奮點」

　　想要人們相信你是對的，並按照你的意見行事，首先需要人們喜歡你，否則，你的嘗試就會失敗。要使別人對你的態度從排斥、拒絕、漠然到對你產生興趣，接受你的批評或建議，就需要最大限度地引導、激發他們的積極情感。實際上這是一個逐步引導和激發的過程。想要在職場溝通中做到滿足他人的核心需求，就一定要做到激發對方的「興奮點」、發現對方的「閃光點」，尋找對方的「興趣點」。

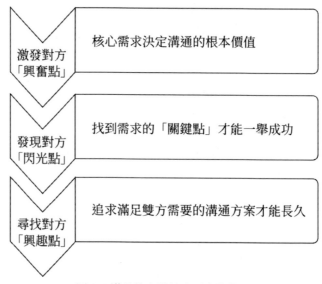

圖 2-2 滿足他人的核心需求的辦法

　　戰國時，一心想稱霸的齊宣王向孟子請教一個問題：「怎樣才能統一天下，像我這樣的人能不能統一天下？」「能。」孟子想到當時所有的國君都是愛聽頌揚的話，他略沉思了一下，說：「我聽說，有一次新鐘鑄就，準備殺大牛祭鐘，您因為看見好好的一頭牛無辜而被殺，感到不忍，結果沒殺那頭牛，是有這麼回事吧？」

　　齊宣王別提多高興了，他想不到孟老夫子也聽說了這件善事，趕緊回答說：「是有這麼回事。」孟子說：「大王，這就是惻隱之心啊！憑您這種惻隱之心，就可以行王道，統一天下。」齊宣王高興起來，他眼前充滿了希望和光明，急於聽孟子下面的話。

　　孟子接著說：「問題是您肯不肯做罷了。比如有人說，我力能舉起千斤東西，但卻舉不起一根羽毛；眼睛能看得清毫毛，卻看不見滿車的木柴。您相信這話是真的嗎？」齊宣王道：「我當然不相信這種話。」

　　孟子繼續說：「這就對了。如今您能用好心對待牛，卻不能用這種心愛護老百姓，這也同樣叫人無法相信。這就和不肯舉一根羽毛和看不見一車木柴一樣。如今老百姓之所以不能安居樂業，就是您根本不去關心的緣故，而不是能不能做的問題。所以我說，您能行王道，能統一天下，問題是您『不為也，非不能也！』」

　　孟子抓住齊宣王不忍殺牛的慈善之心，抓住並肯定齊宣王有統一天下的需求，先奉承一通。這奉承出自孟子事先的調查，使宣王自鳴得意，為接受批評創造了氣氛。然後，孟子引申出比較委婉但卻嚴厲的批評，但由於有奉承作陪襯，故能使宣王欣然接受。職場溝通中，針對對方不同的特點，抓住對方最引以為自豪的事物，最關鍵的心願，將其放在突出的位置進行溝通表達，往往能造成超乎意料的效果。

　　在鎮壓太平天國起義的過程中，一次，曾國藩吃完晚飯後與幾位幕僚閒談，評論起當今的英雄。他說：「彭玉麟、李鴻章都是人才，為我所不及。我可自許者，只是生平不好諛耳。」一個幕僚說：「各有所長：彭公威猛，人不敢欺；李公精敏，人不能欺。」說到這裡，他說不下去了。曾國藩又問：「你們以為我怎樣？」眾人皆低頭沉思。忽然走出一個管抄寫的後生過來插話道：「曾師是仁德，人不忍欺。」眾人聽了齊拍手。曾國藩十分得意地說：「不敢當，不敢當。」後生告退而去。曾氏問：「此是何人？」幕僚告訴他：「此人是揚州人。入過學，家貧，辦事謹慎。」曾國藩聽完後說：「此人有大才，不可埋沒。」不久，曾國藩升任兩江總督，就派這位後生去揚州任鹽運使。

　　尋找核心需求和關鍵點的溝通，在不同的群體如何運用呢？那就得探究不同群體和個人的需求是什麼，然後「對症下藥」，其效果才會有所保證。如與事業型的男人談成功，與平庸的男人談平淡是真，與青年女人談

打扮，與中年女人談孩子，與少年談偶像，與兒童談才藝等，因為這些都是不同年齡階段，不同人群關注的關鍵點。

3. 不求只有一方好

溝通是滿足彼此的需求，所以不能追求只有一方好，只有一方好的溝通是不能長久的。對方得不到利益，對方就會遠離你，自己也會覺得吃虧，就會遠離對方。追求雙方都好的方案，才能取得共贏的效果，只有這樣的溝通才是積極長久和可取的。

齊威王的夫人去世，孟嘗君深知大王有重立夫人的需要。孟嘗君發現齊威王對他的十個妃子都很喜愛，究竟大王更喜歡哪一位呢？為了探其所好，他想出了一個辦法：命工匠打造了十副首飾，把其中的一副打磨得十分精緻，非常容易與其他九副分辨出來。孟嘗君創造了一個機會，請大王將十副首飾賜予十個妃子，他特別留心大王將其中那副打磨的最精緻的一副給了哪位妃子。

一日早朝，孟嘗君投其所好的進言推薦立那位妃子做新的夫人，孟嘗君的推薦自然符合齊威王的心意，感嘆道：「知我者孟嘗君也！」新立的夫人更是感激他的推薦，孟嘗君這一石二鳥的做法可謂經典，自己以後的行事更是一路坦途了。

在很多的電視劇當中都可以看到如下的劇情：當一個男子追求一位寡居的女人的時候，他都會帶著女人的孩子去遊樂園、去吃美食、去度假……結果就是追求的最後一關也是孩子幫忙解決了，他會對媽媽說：「這個叔叔真好，讓他搬到我們家來住，做我的爸爸吧！」職場溝通的時候，當你了解到對方真正的需要，並自覺滿足他的時候，自然會達到彼此都好的最大值，自己所希望的也會如期而至。在實際溝通過程中，滿足別人的

需求，勝過滿足自己的需求，才能最大限度地爭取人心，當別人的心放在你這邊的時候，你的地位才能慢慢地得到改變，直至變被動為主動。

核心需求就是溝通的賣點，激發關鍵點，是找到核心需求的方法。有人根據銷售中的學問，總結出的「三十二賣」，就是溝通投其所好的經典解讀：生客賣禮貌；熟客賣熱情；急客賣效率；慢客賣耐心；有錢賣尊貴；沒錢賣實惠；時髦賣時尚；專業賣數據；豪客賣仗義；小氣賣利益；享受型的賣服務；虛榮型的賣榮譽；挑剔型的賣細節；隨和型的賣認同；猶豫型的賣保障；小型客戶賣感覺；中型客戶賣關係；大型客戶賣價值；個人銷售賣案例；組合銷售賣推崇；團隊銷售賣士氣；會議銷售賣氛圍；小型店面賣便利；中型店面賣風格；大型店面賣環境；超級店面賣人氣；技術產品賣應用；金融產品賣未來；食用產品賣安全；少年人賣時尚；青年人賣潮流；老年人賣健康。當你在職場中，一眼就能發現對方的核心需求的時候，你的職場人生將很快發生翻天覆地的變化，到時候你想平凡，老闆也不會選擇讓你平凡，他只會選擇拄著你走，如拐杖一樣。

達成共識的必要條件：換位思考

溝通的過程是達成共識的過程。我們往往習慣把自己的所想投射到別人身上，認為別人也具有同樣的特徵，比如好惡、欲望、觀念、情緒等，並不自覺地形成一種趨同的認知。實際上很多情況下，這些認知都是「自說自話」，都是沒有根據的。面對人和事物，當沒有足夠的證據時，事情完全可能不和我們所想的一樣。所以，很難說清誰是正確的誰是錯誤的，重要的是在溝通的基礎上達成理解，在理解的基礎上達成共識。

避免「自說自話」般的心理，就要學會換位思考，站在對方的立場上，想對方之所想，急對方之所急，理解對方的需要和情感。只有這樣兩個人才能在內心實現真正的溝通，也更容易達成諒解和共識。強迫對方按照自己的意願去做，就會誰也不讓步，最後不歡而散。

1. 溝通是多對象、多面性的活動

社會的觀念、道德，人際的行為、慣例，他人的評價、觀點，彼此的看法與價值觀等因素，都決定了溝通是一件有著多角度、多對象的活動，它具有多個面向的特點。溝通難就難在處理各種人物、事件時的多面性和複雜性很難把握，需要不斷揣摩並不斷實踐才能達到熟能生巧。不要認為職場中的人相對簡單一些，就忽視了溝通的複雜性，越是大公司溝通越是複雜。

圖 2-3 溝通的面向複雜性

下面是一個流傳已久的笑話。

在一所國際學校裡，老師出了一道題給各國學生：「有誰思考過世界上其他國家糧食緊缺的問題？」學生們都說「不知道」。非洲學生不知道什麼叫「糧食」，歐洲學生不知道什麼叫「緊缺」，美國學生不知道什麼叫「其他國家」，亞洲學生不知道什麼叫「思考」。

這個笑話確實令人深省，每個人的角度不同，思考和行為就很複雜，由此可以看出溝通對象的複雜性。這個例子舉的是不同國家的孩子具有不同的特點，其實每個人都有不同的愛好和需求，每個人的溝通都是獨一無二的，兩個人只有無限的相似，卻沒有完全的相同。

賣辣椒的人總會遇到這樣的問題，「你這辣椒辣嗎？」怎麼回答呢？說辣，怕辣的人立刻走了；答不辣，喜歡吃辣的立刻走了，生意還是不成。我們來看一下老闆是怎樣解決這個二律背反的難題的。

旁觀者對老闆說：你把辣椒分成兩堆吧，有人要辣的你就跟他說這堆是，有人要不辣的你就跟他說那堆是。老闆笑了笑說：用不著。說著就來了一個買主，問的果然是那句老話：辣椒辣嗎？老闆很肯定地告訴他：顏色深的辣，淺的不辣！買主信以為真，挑好付過錢，滿意地走了。不一會，顏色淺的辣椒就所剩無幾了。

又有個顧客來了，問的還是那句話：辣椒辣嗎？老闆看了一眼自己的辣椒，信口答道：長的辣，短的不辣！果然，買主就按照他的分類標準開始挑起來。這輪結果是，長辣椒很快告罄。

看著剩下的都是深顏色的短辣椒，旁觀者想：這回看你還有什麼說法？當又一個買主問「辣椒辣嗎？」的時候，老闆信心十足地回答：「硬皮的辣，軟皮的不辣！」旁觀者暗暗佩服，可不是嘛，被太陽晒了半天，確實有很多辣椒因失水變得軟綿綿了。老闆賣完辣椒，臨走時對旁觀者說：你說的那個辦法賣辣椒的都知道，而我的辦法只有我自己知道。

賣辣椒的為什麼能夠成功，關鍵就在於他把握了買者的兩個關鍵面向，需要辣的人群和需要不辣的人群，並不斷根據這兩個面向設定自己的標準，引導他們來購買。人群具有盲目性的特點，他們是以賣辣椒的人的話為標準的，所以這就成為極為成功的溝通案例。在職場中，難道不是這個樣子嗎？從對方的角度考慮問題，將他們分成不同的類別，就相對簡單一些了。只不過，職場中更為複雜，在很多情況下，你不能左右溝通的標準，更不能制定標準，只能適應標準。

在職場溝通中，換位思考的對象和角色是多種的，不是簡單的雙向線性的，還是多向非線性的，其中起著極為關鍵作用的對象，是溝通的關鍵對象，決定著溝通的實際需求。溝通的實際需求不同，決定了溝通必須換位思考，對症下藥，看菜下碟，同時，要發自真心地照顧對方的感受，不

給人勢利眼等不良的印象。就像那個賣辣椒的，他不從買者的角度考慮問題，怎麼能夠知道他們想什麼，不知道他們想什麼，買賣就做不好。溝通不看對象，不換位思考，只能說明一個人內心不敏感，對外境的辨識能力差，溝通能力一般都不會好。

2. 從「雙向」的角度想辦法很關鍵

職場溝通中，關鍵性的面向，是決定溝通效果的主要力量。在關鍵面相上，採取雙向目的思考方式更有效果。這種關鍵面向，可能是上級與下級之間，也可能是某個關鍵事情等。以下是歷史上一個制度建設的著名例證，它告訴我們，溝通只有從雙向的目的和要求去想問題，找到解決方法才會更加高效。

18世紀末期，英國政府決定把犯了罪的英國人通通發配到澳洲去。一些私人船主承包從英國往澳洲大規模地運送犯人的工作。英國政府實行的辦法是以上船的犯人數支付船主費用。當時那些運送犯人的船隻大多是由一些很破舊的貨船改裝的，船上設備簡陋，沒有什麼醫療藥品，更沒有醫生，船主為了牟取暴利，盡可能地多裝人，使船上條件更加惡劣。一旦船隻離開了岸邊，船主按人數拿到了政府的錢，對於這些人能否遠涉重洋活著到達澳洲就不管不問了。有些船主為了降低費用，甚至故意斷水斷糧。3年以後，英國政府發現：運往澳洲的犯人在船上的死亡率達12%，其中最嚴重的一艘船上424個犯人死了158個，死亡率高達37%。英國政府費了大筆資金，卻沒能達到大批移民的目的。

英國政府想了很多辦法。每一艘船上都派一名政府官貝監督，再派一名醫生負責犯人和醫療衛生，同時對犯人在船上的生活標準做了硬性的規定。但是，死亡率不僅沒有降下來，有的船上的監督官員和醫生竟然也不

明不白地死了。原來一些船主為了貪圖暴利，賄賂官員，如果官員不同流合汙就被扔到大海裡餵魚了。政府支出了監督費用，卻照常死人。

政府又採取新辦法，將船主都召集起來進行教育培訓，教育他們要珍惜生命，要理解去澳洲開發是為了英國的長遠大計，不要把金錢看得比生命還重要，但是情況依然沒有好轉，死亡率一直居高不下。

一位英國議員認為是那些私人船主鑽了制度的漏洞。而制度的缺陷在於政府給予船主報酬是以上船人數來計算的。他提出從改變制度開始：政府以到澳洲上岸的人數為準計算報酬，不論你在英國上船多少人，到了澳洲上岸的時候再清點人數支付報酬。

問題迎刃而解。船主主動請醫生跟船，在船上準備藥品，改善生活，盡可能地讓每一個上船的人都健康地到達澳洲。一個人就意味著一份收入。自從實行上岸計數的辦法以後，船上的死亡率降到了1%以下。有些運載幾百人的船隻經過幾個月的航行竟然沒有一個人死亡。

在這個例子裡，計算報酬的標準就是關鍵的面向，英國本土和澳洲，私人船主和政府組成了兩個面向，政府以在英國裝船的人數為計算標準，所以被私人船主鑽了漏洞，他們不顧犯人的死活，想方設法多運輸人，如果以到達澳洲上岸的人數為計算報酬的標準，問題就迎刃而解了。

換位思考，決定著在職場溝通中能否達成共識，溝通如果不能達成共識，往往就是無效的溝通。但職場溝通不是僅僅單人對單人式的簡單溝通，它可能是單人對多人，多人對多人的複雜形式的溝通，這就需要溝通者思維要具有多個面向，要有發散性，能夠探知不同人物的內心和性格，對症下藥，看人物採取不同的方法和策略。在這些溝通中，關鍵面向的溝通是產生決定作用的溝通，需要溝通者保持著冷靜頭腦，能夠發現哪些是個人和事件的關鍵面向，然後採取雙向目的的思考方式，滿足各個方面的需求，接著塑造自身的人格魅力，達成自己的職業理想也就是水到渠成的事情了。

獲得幫助的必經之路：主動伸手

　　一些人溝通的時候，有一個非常錯誤的心理，就是總把他人想得很骯髒，很齷齪，似乎天下就自己是清白的，高雅的。其實，大多數情況下，面對同一事件，自己怎麼想，別人大概也是這麼想的。不要把別人想歪了，互惠互利的職場、和諧的人際關係是每個人都希望得到的。

　　每個人都想幫助別人，即使有時候幫不上忙。當別人想幫助你的時候，當別人已經委婉地伸出手的時候，自己能夠察覺出來，然後含蓄地把自己的手也遞過去，就這麼簡單。

　　有些人在需要幫助的時候，再去求別人，還怕別人不方便，事難辦，同時自己也抹不開面子。其實，這是錯誤的思想，在大部分情況下，命運的安排是極為精確和提前的，在你想要其他人幫助之前，他已經提前向你伸手了，如果你習慣了拒絕，那就錯過了最好的機會。當你想臨時抱佛腳的時候，實際上，已經非常晚了。

1. 對好頻率是前提

　　只有頻率大約一致，才能接受他人的主動幫助。有人總能將人際危機化干戈為玉帛，化腐朽為神奇。原因是他們懂得如何在溝通中與對方的思想、情緒等的調子保持一致，使對方產生一種知己難求的感覺，從而使自己在交往領域裡可以「泛舟滄海」，什麼時候開口都可以獲得他人的積極回應。在這種狀態下，你不開口，別人看著都著急，於是他人就會主動來幫助你。

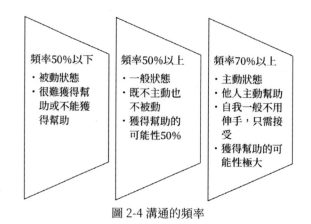

圖 2-4 溝通的頻率

頻率50%以下
· 被動狀態
· 很難獲得幫助或不能獲得幫助

頻率50%以上
· 一般狀態
· 既不主動也不被動
· 獲得幫助的可能性50%

頻率70%以上
· 主動狀態
· 他人主動幫助
· 自我一般不用伸手，只需接受
· 獲得幫助的可能性極大

　　禪師見盲人打著燈籠，不解，詢問緣由。盲人說：我聽說天黑以後，世人都跟我一樣什麼都看不見，所以我才點上燈為他們照亮道路。禪師說：原來你是為了眾人才點燈，很有善心。盲人說：其實我也是為自己點的燈，因為點了燈，在黑夜裡別人才看見我，不會撞到我。禪師大悟：為別人就是為自己。

　　我不問＋你不說＝距離；我問了＋你不說＝隔閡；我問了＋你說了＝尊重；你想說＋我想問＝默契；我不問＋你說了＝信任。想一想，後三個境界你能達到嗎？有了這種境界，你需要幫助，根本不用你去說，他人自會發現你的心聲，命運自會安排對你有利的人和事到達你的面前，這就是尊重，這就是默契，這就是信任。但是只有對好了頻率，才能接收得到，否則即便幫助來到了，自己也會視而不見，當面錯過。

　　現實中，大多數溝通在前兩個境界上，所以處處感覺是距離，處處感覺是隔閡，想讓別人幫助的時候，也找不到人。調子一致，心必親近，心若親近，言行必如流水般自然。心若疏遠，言行只如三秋之樹般蕭瑟。不怕身隔天涯，只怕心在南北。在溝通場合的氣氛和雙方情緒上，積極調整使之達到定調的和諧與一致，這才是一種積極的溝通態度。

2. 主動伸手，幫助即來

　　一定要記住，溝通是雙向的，不是單向的。第一個層次，是他人幫助你，你主動將手伸出去。第二個層次，是主動尋求別人的幫助，並積極主動地幫助他人，把禮尚往來作為人際溝通的潤滑劑。記住，如果別人幫助你，你拒絕，那麼真想求別人幫助的時候，自己也很難開口了，開口也未必會如願。溝通的效果，取決於別人對你的回應；溝通的品質取決於你對對方的回應。讚美換來的是別人的讚美，冷漠換來的是別人的冷漠。傳統的學校教育，使很多人習慣於單向溝通，就是自己需要別人幫助的時候，才去找別人，這種思維是滯後性的思維，不能塑造主動的人格，對溝通來說是不利的。

　　在某個小村莊，下了一場非常大的雨，洪水開始淹沒全村，一位神父在教堂裡祈禱，眼看洪水已經淹到他跪著的膝蓋了。一個救生員駕著舢舨來到教堂，跟神父說：「神父，趕快上來吧！不然洪水會把你淹死的！」神父說：「不！我深信上帝會來救我的，你先去救別人好了。」

　　過了不久，洪水已經淹過神父的胸口了，神父只好勉強站在祭壇上。這時，又有一個警察開著快艇過來，跟神父說：「神父，快上來，不然你真的會被淹死的！」神父說：「不，我要守住我的教堂，我相信上帝一定會來救我的。你還是先去救別人好了。」

　　又過了一會，洪水已經把整個教堂淹沒了，神父只好緊緊抓住教堂頂端的十字架。一架直升機緩緩地飛過來，飛行員丟下了繩梯之後大叫：「神父，快上來，這是最後的機會了，我們可不願意見到你被洪水淹死！」神父還是意志堅定地說：「不，我要守住我的教堂！上帝一定會來救我的。你還是先去救別人好了。上帝會與我同在的！」

　　洪水滾滾而來，固執的神父終於被淹死了。神父上了天堂，見到上帝後很生氣地質問：「主啊，我終生奉獻自己，戰戰兢兢的侍奉祢，為什麼祢不肯救我！」

　　上帝說：「我怎麼不肯救你？第一次，我派了舢舨來救你，你不要，我以為你擔心舢舨危險；第二次，我又派一隻快艇去，你還是不要；第三次，我以貴賓的禮儀待你，再派一架直升機來救你，結果你還是不願意接受。所以，我以為你急著想要回到我的身邊來，可以好好陪我。」

　　從這個例子中，我們可以看到，生命中太多的障礙，皆是由於過度的固執與愚昧的無知所造成。溝通是互動性的行為，不能沒有施動者和回應者，這兩個方面要配合起來，才能取得良好的效果。在別人伸出援手之際，別忘了，唯有我們也願意伸出手來，人家才能幫得上忙。

　　上帝是誰，上帝僅是宇宙規律的代名詞，宇宙規律是什麼，就是心性的波動，所以說，心、佛、眾生三無差別。宇宙規律一定會提前發現，每個眾生的問題，並用自己的方式提前加以幫助，為什麼有的人成功，有的人失敗，從最根本的意義上來說，僅僅是每個人主動接受命運的幫助的程度不同而已。

圓滿和諧的基礎：富有愛心

　　生命的價值在於被別人需要，就如同金錢的價值在於使用。人是需要有愛心的，在力所能及的情況下盡可能地為別人多做事情，哪怕是微不足道的小事，也是生命價值的展現。愛心是一片冬日的陽光，使飢寒交迫的人感到人間的溫暖；愛心是一片灑落在久旱的土地上的甘霖，使心靈枯萎的人感到情感的滋潤。

1. 有愛的世界才美好

　　科學追求一個「真」字；宗教追求一個「善」字；藝術追求一個「美」字。所有這些都離不開一個「愛」字。私心，必讓你威信掃地；貪心，必讓你立場錯亂；妒心，必讓你喪失理智；疑心，必使得同伴離散；粗心，必然會功敗垂成，只有愛心，可以讓我們坐擁幸福。

　　一天夜裡，一對年老的夫妻走進一家旅館。櫃檯侍者說：「對不起，我們旅館已經客滿了，一間空房也沒有剩下。」看著這對老人疲憊的神情，侍者又說：「讓我來想想辦法。」在這樣一個小城，恐怕其他的旅店也早已客滿打烊了。侍者富有愛心，不忍心讓疲憊不堪的老人深夜流落街頭。於是好心的侍者將自己的房間讓給了這對老人。當他們來到櫃檯結帳時，侍者說：「不用了，我只不過是把自己的屋子借給你們住了一晚 —— 祝你們旅途愉快。」侍者在櫃檯值了一個通宵的夜班。

　　侍者的真誠和愛心感動了兩位老者。老頭說：「孩子，你是我見到過的最好的旅店侍者。你會得到報答的。」侍者笑了笑，說這算不了什麼。

他送老人出了門，轉身接著忙自己的事，把這件事情忘了個一乾二淨。有一天，侍者接到了一封信，開啟看，裡面有一張去紐約的單程機票並有簡短附言，聘請他去做另一份工作。他搭飛機來到紐約，按信中所標明的路線來到一個地方，抬眼一看，一座金碧輝煌的大飯店聳立在他的眼前。原來，那個深夜，他接待的是一個有著億萬資產的富翁和他的妻子。富翁為這個侍者買下了一座大飯店，深信他會經營管理好這個大飯店。

這是全球赫赫有名的希爾頓飯店首任經理的傳奇故事。他樂於與仁愛之人合作，永存仁愛之心，必獲豐厚報償。

奇蹟都是由一個富有同情心、滿懷仁愛的人創造的，動人的情節和意外而圓滿的結局是愛心締造的奇蹟。

2. 愛心是人類的精神契約

愛，不僅僅是與冷漠、奸詐、殘忍、自私自利相對的一種品格，更是一種精神的契約。人來到這世間，並非孤立無關的，作為社會的動物，物質利益的來往，有法律的契約，行為生活的交往，有精神的契約。

1935 年的冬天，站在被告席上的是一個年近六旬的老太太。她衣衫破舊，滿面愁容。愁苦中更多的是羞愧的神情。她因偷盜麵包坊裡的麵包被麵包坊的老闆告上了法庭。老太太抬起頭，兩眼看著法官，說道：「我是飢餓，但我更需要麵包來餵養我那三個失去父母的孫子，他們已經幾天沒吃東西了。我不能眼睜睜看著他們餓死。他們還是一些小孩子呀！」

法官把臉轉向老太太，「被告，我必須秉公辦事，執行法律。妳有兩種選擇：處以 10 美元的罰金或者是 10 天的拘役？」老太太一臉痛苦和悔過的表情，她面對法官，為難地說：「法官大人，我犯了法，願意接受處罰。如果我有 10 美元，我就不會去偷麵包。我願意拘役 10 天，可我那三

個小孫子誰來照顧呢？」

　　一個 40 多歲的男人，他向老太太鞠了一躬，說道：「請妳接受 10 美元的判決。」說著，他轉身面向旁聽席上的其他人，掏出 10 美元，摘下帽子放進去，說：「各位，我是現任紐約市市長拉瓜迪亞（Fiorello Henry La Guardia），現在，請諸位每人交 50 美分的罰金，這是為我們的冷漠付費，以處罰我們生活在一個要老祖母去偷麵包來餵養孫子的城市。」

　　法庭上，所有的人都驚訝了，都瞪大了眼睛望著市長拉瓜迪亞。法庭上頓時靜得地上掉根針都聽得到。片刻，所有的旁聽者都默默起立，每個人都認真地拿出了 50 美分，放到市長的帽子裡，連法官也不例外。一個老婦人偷竊麵包被罰款，與外人何干？拉瓜迪亞說得明白 —— 為我們的冷漠付費。

3. 有愛的地方就是天堂

　　愛是與生俱來的，可以認為是人性的特質。哲學家說，愛是一種特殊材料製成的媒介，它使人容顏煥發，青春常在；文學家說，愛是一首激動人心的抒情詩，讓人心潮湧動，熱情澎湃；醫學家說，愛是一劑千古難覓的心理良藥，令人經絡疏通，憂愁不在；教育家說，愛是一種無與倫比的教育方法，使人學業有成，精神百倍。

　　一位行善的基督徒，臨終後想見天堂與地獄究竟有何差異，於是天使就先帶他到地獄去參觀。到了地獄，在他們面前出現一張很大的餐桌，桌上擺滿了豐盛的佳餚，地獄的生活看起來還不錯嘛。不用急，你再繼續看下去。

　　過了一會，用餐的時間到了，只見一群骨瘦如柴的餓鬼魚貫地入座。每個人手上拿著一雙長十幾尺的筷子。可是由於筷子實在是太長了，最後

每個人都夾得到，吃不到。你真覺得很悲慘嗎？我再帶你到天堂看看。

到了天堂，同樣的情景，同樣的滿桌佳餚，每個人同樣用一雙長十幾尺的長筷子。不同的是，圍著餐桌吃飯的可愛的人們，他們也用同樣的筷子夾菜，不同的是，他們餵對面的人吃菜。而對方也餵他吃，因此每個人都吃得很愉快。

天堂與地獄，只有一個字相隔，那就是愛。愛是生命的緣起，也是最終完美的歸宿。人生從愛出發，並能一路與愛相伴，生命就會獲得本質的詩意和快感。有愛的地方，就是溫暖的天堂；無愛的地方，就是冰冷的地獄。

愛心是流淌在夏夜的清泉，使燥熱不寐的人領略詩般的恬靜。愛心是一柄撐起在雨夜的小傘，使漂泊異鄉的人得到親情的庇蔭。愛心是一道架在天邊的彩虹，使滿目陰霾的人見到世界的美麗。真心的互動，就是人在天堂！守住一顆愛心對待自己的生活吧！

調整好自己的頻率，克服自己的煩惱習氣，主動接受來自命運的幫助，是一個人改正缺點，獲得成功的最好最直接的路徑，除此之外，都是繞遠的道路，只不過對比之下，又區分出繞得較近的路和繞得較遠的路罷了。閉上眼睛，和精神的高我對接，把自己想要獲得幫助說出去，宇宙就會回應你的需要。保持著自己內心的敏感，時刻關注著周圍事件的變化，當出現變化的時候，保持心的開放，去體驗新的事件，拓展新的經驗，你需要的幫助一定會在不自覺的體驗中獲得滿足。

第三章
職場溝通的重點

溝通的六識法門：眼、耳、鼻、舌、身、意

在溝通中，如能滿足對方的六識需求，一定會為良好、有效的溝通大添色彩。在視覺上，要養其眼；聽覺上，要悅其耳；嗅覺上，要誘其香；味覺上，要品其美；在觸覺上，要安其身；意覺上，要滿其意。靈活的運用「六識」可以巧妙地把握溝通的方法，從而使自己變得主動，就似和風細雨潤澤對方的心靈。

在溝通開始之前，要對自己有如下的訓練要求：桃花眼會笑；順風耳聽到；探測鼻帶尖；伶巧舌生花；肢體勤如燕；意在客為他。也就是在應用中要追求如下的境界：情人眼般的興趣；篩子耳般的傾聽；天狗鼻般的靈活；婆婆嘴般的回饋；舞蹈者般的傳情；京劇臉般的新意。

傾聽：有聽才有說

　　溝通，是一種交流思想、互傳資訊的雙方或群體間的互動過程。溝通也就是尋求理解、達成共識和統一行為。溝通的高手善於聆聽，聆聽別人說了什麼，主要意思是什麼。單方面口若懸河只能有孤芳自賞的嫌疑，為了能夠有更好的溝通效果，我們更應該學會如何去傾聽。聆聽是尊重他人的表現，聆聽是更好溝通的前提。傾聽不是簡單的聽，有著很深的內涵，需要我們在傾聽中做到察言觀色、會心達意。

　　溫莎夫人（Her Grace The Duchess of Windsor），一位傳奇般的美國寡婦，她的魅力改變了大英帝國的歷史 —— 令愛德華八世棄江山而愛美人，於是眾多文人好奇，探究其魅力何在？「當溫莎公爵講話時，溫莎夫人用右手支撐住下顎，身體微微前傾，雙眼含情脈脈地看著溫莎公爵」，試想想，有這樣一位美人脈脈含情地聽著，溫莎公爵他能不越講越起勁呢！佛洛伊德（Sigmund Freud）說：「如果你能使別人說得足夠多，他簡直無法掩飾其實質的感情或真正的動機。」

1. 傾聽是基礎

　　「聽」字裡有一個「耳」字，說明聽是用耳朵去聽的，有一個「十」和「目」字，說明聽時應用眼睛十分注意地「聽」；有一個「一」和「心」字，說明傾聽要一心一意、完全投入的去聽；「耳」旁邊還有一個「王」字，喻示是把對方當成是帝王來對待，充分地尊重溝通的對方。

　　傾聽是溝通的基礎。懂得傾聽是尊重他人、謙虛自我的表現，是人的

一種高貴品質。每個人都覺得自己所說的話值得聽，所以，傾聽是最高的恭維，是一種暗示性的讚美。年輕人喜歡展望未來，年老人樂意沉浸過去，認真地聽年輕人說話是對年輕人的鼓勵，認真聽老人說話是對老人的敬重。與人談話總是會說的喜歡會聽的。

曾經有個小國的人到大國，進貢了三個一模一樣的金人，把皇帝高興壞了。小國的人不厚道，送東西的同時出一道題目：這三個金人哪個最有價值？皇帝想了許多辦法，請來珠寶匠檢查，稱重量，看做工，都是一模一樣的。怎麼辦？使者還等著回去彙報呢。泱泱大國，不會連這個小事都不懂吧？

最後，有一位退位的老大臣說他有辦法。皇帝將使者請到大殿，老臣胸有成竹地拿著三根稻草，插入第一個金人的耳朵裡，這稻草從另一邊耳朵出來了。第二個金人的稻草從嘴巴裡直接掉出來，而第三個金人，稻草進去後掉進了肚子，什麼響動也沒有。老臣說：第三個金人最有價值！使者默默無語，答案正確。

這個故事告訴我們，最有價值的人，不一定是最能說的人。老天給我們兩隻耳朵一個嘴巴，本來就是讓我們多聽少說的。善於傾聽，才是成熟的人最基本的素養。不懂得如何傾聽，想要高明的溝通技巧，是緣木求魚，根本得不到的。

與人交流，學會做一個真正的傾聽者，流露出對別人談話的興趣。你所表現出來的對別人的投機和同情卻是他們心中最心愛、最重要的禮物。傾聽是一種情感活動，應該展現對對方充分的尊重、情感的關注和積極的回應。博得別人的歡心，是為人處世必不可少的。心中裝滿著自己的看法與想法的人，永遠聽不見別人的心聲。

2. 傾聽的層級

關於傾聽，我們要問：如果你說話時沒人聽，能說你溝通了嗎？善於溝通的人，不僅要懂得說話的技巧，更要掌握聽話的技巧。要創造有利的傾聽環境，使傳遞者處於身心放鬆的狀態。要在同一時間內既講話又傾聽，要盡量把講話時間縮到最短。要擺出有興趣的樣子，讓對方相信你在注意聆聽。要觀察對方，端詳對方的臉、嘴和眼睛，將注意力集中在傳遞者的外表，尤其要注視眼睛。一般而言，溝通有以下六個層級。

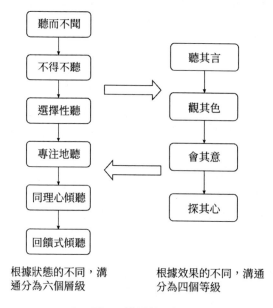

圖 3-1 溝通的層級

▶（1）聽而不聞

只是物理行為上的「聽」，雖然聽見了，但沒有入腦，不是傾聽，發揮不了傾聽的作用。

▶（2）不得不聽

也許出於對上「獻媚」或對下「擺樣」，疑惑不接受對方的觀點，卻裝作在聽。也許目光看著對方，但是眼神是迷離的，只是裝出在聽並理解的樣子，最終關鍵的內容並不記得。

▶（3）選擇性聽

感興趣的話題會博得他的注意，目光會與對方保持接觸，甚至適當會有所提問。不感興趣的話題，會顯得有些木訥。

▶（4）專注地聽

身體姿態、目光和臉部表情都很配合和主動，但內心會把內容與自己對接，考慮和關注的還是自己的事情和利益。

▶（5）同理心傾聽

用心和用腦來聽，透過理解對方的講話內容，進入對方的內心世界並產生共鳴，能做到換位思考和將心比心。

同理心，一直以來是人際溝通當中最重要、也最容易被忽略的關鍵。在人際溝通當中，應試著先將自己的想法放下，真正設身處地站在對方的立場去想一想，你會發現很多事情的溝通竟會變得出乎意料的容易。

沒有必要放棄自己的立場去迎合對方的心情。高效解決問題的準則是：立場要堅定，態度要熱情。同理心包含兩個基本的步驟：第一步，辨識出當事人的內心感受；第二步，將此辨識回饋給當事人，讓對方知道你已經明白他的感受。

▶（6）回饋式傾聽

傾聽的最高境界是在同理心的基礎上，與對方講話內容中的情緒、狀態共鳴，並表現出來，回饋給對方，使對方覺得「知己難求」。

相比較而言，回饋式的傾聽是一種暗示性的讚美，會讓他人心裡覺得十分受用。回饋式傾聽應該做到如下要領：專注的眼神，微笑的表情，前傾的坐姿，認可的點頭，共鳴的掌聲。聰明人總把自己閃光的一面表現出來，這樣就可以輕鬆地脫穎而出；而智者是讓別人把閃光的一面表現出來，展露自己的德行和高貴。

每個人都覺得自己說的話很重要。群體交流中，聰明人嘴忙，往往侃侃而談，因此是茶壺；而智者耳忙，注意聆聽別人，因此是茶杯。茶壺裡的水最終要倒進茶杯裡。溝通中，心傲是滅亡的前導，心謙是光榮的前驅，靜靜地聆聽，是對他人的尊重，也是內心謙虛的表現。

3. 傾聽的境界

會傾聽者得人心。溝通中，永遠都不要打斷對方的話；清楚地聽出對方的談話重點；適時地表達自己的意見；肯定對方的談話價值；避免虛假的反應。言談是最直接、最重要和最常見的一種途徑，有效的言談溝通相當程度上取決於傾聽。

具體應該做到以下幾點。

▶（1）聽其言

聽對方的語言不但要聽到話中之話，還要聽得出弦外之音。這樣才能曉得對方的想法和需求，才能知其本意而不會妄為惹其厭煩。

▶（2）觀其色

透過觀察言談舉止，比較準確地揣摩對方的心理活動，進而調整自己的言談內容和策略。

▶（3）會其意

用你的「回饋」告訴對方：「你說的我非常理解、非常感動……」這樣對方會感覺到被認可和尊重，才會有「自己人」的感覺，對方就會更主動積極地表達自己的內心情感。越充分地傾聽出對方的真實意圖，才會使得溝通變得越自然順暢。

美國知名主持人林克萊特一天訪問一名小朋友，問小朋友：「你長大後想要當什麼呀？」小朋友天真地回答：「嗯……我要當飛機的駕駛員！」林克萊特接著問：「如果有一天，你的飛機飛到太平洋上空所有引擎都熄火了，你會怎麼辦？」小朋友想了想：「我會先告訴坐在飛機上的人綁好安全帶，然後我背上我的降落傘跳出去。」當在現場的觀眾笑得東倒西歪時，林克萊特繼續注視著這孩子，想看他是不是自作聰明的傢伙。沒想到，接著孩子的兩行熱淚奪眶而出，才使得林克萊特發覺這孩子的悲憫之情遠非筆墨所能形容。於是林克萊特問他說：「為什麼要這麼做？」小孩的答案透露出一個孩子真摯的想法：「我要去拿燃料，我還要回來！」

溝通時，請不要把自己的想法，投射到別人所說的話上。在這個例子中，不聽到最後，你會以為孩子是個逃兵，但是他的心裡，卻是做一個勇士。在他人講一件事的時候，身為傾聽者，要耐心的聽完再決定自己的態度，而不是中途就想當然地做出評價。

▶（4）探其心

用心去感受對方的心理。要誠心，不是敷衍阿諛奉承地裝樣子；要耐心，不要打斷自以為是地下結論；要虛心，不可剛愎自用地打斷人；要細心，不能錯過話外之音。

真正有效地傾聽，到底要「聽」對方的什麼呢？注意話題的重心到底在哪裡，確認自己的意思沒有被誤導，分析對方的意見是什麼，辨別對方話語的真偽，深藏在語言後面的真實內容是什麼等，這些都是傾聽時特別需要注意的。在這個例子之中，八戒根本沒有聽明白事情究竟是什麼，就急著給出答案，結局肯定就錯誤了。

在職場溝通中，傾聽注意點錯了，整個溝通就可能都錯了。現實中很多人的傾聽注意力焦點不好，別人講對的，自己全忘了，講錯了一句，自己不但馬上發現而且還會牢固地記住。注意力的焦點就是人生的一種取向，注意好的，就會收穫好的；注意不好的，怎麼能夠成就好的呢？練就良好地傾聽境界，是改變不良的注意力的關鍵一點。

不會傾聽的人，想要說好，就猶如不會走，就想跑一樣，強行練習，都未必能收到較好的效果。在宗教修行中，第一步做到什麼，第二步做到什麼，直至最高等級做到什麼，都有明確的要求。傾聽就是溝通的第一步，善於傾聽，並且聽到別人聽不到的內容，捕捉到別人不知道的資訊，明裡的暗裡的，真的假的，虛的實的，陰的陽的，強的弱的等等，都能發掘出來，才是傾聽的高手。只有先做好傾聽的高手，才能有望成為職場溝通的高手。看看自己究竟在聽上，處於那個階段，是經常聽錯別人的話，還是經常理解不了別人的話，根據自己的階段，稍加改變吧。否則，一雙不善傾聽的耳朵，終將成為你一生的包袱。

眼睛：眼神交流不須言語

眼睛，在人的感覺器官中是最敏銳的，其作用大約占感覺領域的所有作用的 70% 以上，因此被稱為「五官之王」。人內心的隱祕，胸中的奔突，情感的起伏，總是自覺不自覺地在不斷變幻的眼神中流露出來。它猶如一面聚焦鏡，凝聚著一個人的神韻氣質。

蘇聯作家費定（Константи́н Алекса́ндрович Фе́дин）的小說《早年的歡樂》（Первые радости）中有如下描寫：「眼睛會發光，會發火花，會變得像霧一樣黯淡，會變成模糊的乳狀，會展開無底的深淵，會像火花和槍彈一樣投射，會質問、會拒絕、會取、會予、會表達戀戀之意……」

表情的變化很快，而且具有隱藏性，但不管是刻意的表達還是不經意的流露，表情都賦予了內心世界外在表現的真實性，只要善於捕捉，會成為破譯一個人內心世界的最好線索。表情偽裝起來並不容易，是最容易被眼睛發現的。

1. 表情的變化

眼神是運用眼的神態和神采來表達感情、傳遞資訊的無聲語言。在臉部表情中，眼睛是最生動、最複雜、最微妙，也是最富於表現力的。人們常說眼睛是「心靈的窗戶」。一個人一旦學會了眼睛的「語言」，好處將是很難言說的。

談話者可以透過眼睛的細微變化，來了解人的心理狀態和變化。高興時，眼睛炯炯有神，悲傷時，目光呆滯；注意時，目不轉睛；吃驚時，目

瞪口呆；男女相愛，目送秋波；強人作惡，目露凶光。也就是說，人的心
理活動都會透過眼睛表露出來，而且眼睛的特點是很難作假。

以下是人們對不同的眼神表達何種情感的總結：目光明澈表現胸懷坦
蕩；目光狡黠表示心術不正；目光炯炯表示精神煥發；目光如豆表示心胸
狹窄；目光執著表示志向高遠；目光浮動表示輕薄淺陋；目光睿智表示聰
明機敏；目光呆滯表示心事重重；目光堅毅表示自強自信；目光哀頹表示
自暴自棄。除此之外，故弄玄虛的眼神乃是高傲自大的反映；神祕莫測的
眼神則是狡猾姦淫的反映；似匣劍出鞘的灼灼逼人的目光是正派敏銳的寫
照；如蛇蠍蟄伏灰冷陰暗的目光是邪惡刁鑽的寫照。坦誠者目光像一泓清
泉，悠然見底；英武者目光如電掣雷奔，波瀾壯闊；典雅者目光似雲霧初
開，林鳥相逐；俊秀者目光如玉氣藏虹，珠胎含月；嫵媚者目光似春花始
香，夏梅初笑；豪放者目光如風雲波浪，海天蒼蒼……可見眼神的表達是
多麼的豐富多彩。

2. 透視之眼

在不經意間，外在的表情和行為經常背叛我們的內心。不管一個人多
麼善於溝通，總會有一些內容是他也無法控制的。充分利用眼睛的特點，
練就一雙「透視之眼」，看出細節，看出深意，看出真假，才能讓職場死
水變活泉，於無聲處聽驚雷，只等春來布雲雨。

▶（1）細節

表情和動作並不完全是真實的，一個微妙表情和細微動作的變化，完
全可以擾亂我們的判斷。心理學顯示，一個人微妙表情變化的持續時間最
短的只有 1/25 秒，最長也不超過 1/4 秒，因為太短暫，才容易被人忽視。

但是這短暫的表情，出賣了許多被刻意掩飾的真實情緒。表情與動作在一瞬間的反應是無法被自己控制的，只要善於捕捉，就會成為破譯一個人內心世界的最好線索。

心理學家曾經對一位精神病女患者進行了追蹤觀察。女患者向主治醫生提出出院的申請，強調自己走出了情緒的羈絆，渴望重新回到社會生活當中。心理學家在研究錄製訪談的內容時，注意到女患者的幾個輕微肢體動作和轉瞬即逝的表情有些異樣，明顯地觀察到她曾有一個瞬間的憂鬱表情，很快被掩飾的笑臉所覆蓋。根據這個定格的表情，反覆比較研究，認為女患者在撒謊，是為了騙取醫生的信任，她並沒有完全康復。事後這位女患者也坦然承認她欺騙醫生的真正動機是出院後自殺。

良好的溝通不僅僅靠語言，外在形象、肢體語言、表情、眼神甚至環境、距離等都可以成為溝通的重要組成部分。日常溝通中，只要習慣於多觀察人的表情與動作，一段時間以後，就能具有辨別微妙表情與動作的能力，從而與人進行良好的溝通。

▶（2）深意

表情和動作，所表達的內容並不是固定的，有時甚至表達完全相反的含義。笑並不一定是高興的專屬，還可能是諷刺；皺眉不完全表達憤怒，還可能是思考；撇嘴也許表達的不是不屑，還有可能是憋笑……肢體語言是人下意識的舉動，它很少具有欺騙性，但若要解讀得精準無誤，那就需要用心地觀察了。

神經語言程式學中認為眼睛的活動代表著人們不同的心理活動和狀態：眼睛向左上方看，說明是在回憶圖像；眼睛向右上方看，說明正在大腦中建立圖像，被稱之為視覺記憶和視覺建立。眼睛向左平視，說明正在

回憶聲音；眼睛向右平視，說明正在建立聲音，被稱之為聽覺記憶和聽覺建立。眼睛向左下方看，說明正在思考，被稱之為「內部對話」；眼睛向右下方看，說明正在進行情感和身體上的感受，被稱之為動覺記憶。

　　吸菸的人的肢體語言更直白，看吸菸的姿勢便能看出他的心境。如果是朝上吐菸，說明這個人頗為自信，甚至有些沾沾自喜。如果是朝下吐菸，說明心情不佳。如果常抖菸灰，說明此人神經緊張，處在一種激動狀態。如果點了菸後很快掐滅，說明此人處在激怒狀態。如果是用手指尖拿菸，一副裝模作樣的樣子，說明此人態度傲慢，根本不把對方放在眼裡。用拳頭握住香菸的人往往心裡相當緊張。

　　不同的坐姿，也表達著不同的心理活動。手腳伸開懶洋洋地坐在椅子上，說明此人相當自信，對談話對象稍有些瞧不起。如果你無法容忍這種高大傲慢的態度，可以「逼使」他改變坐姿，自然也就改變了他的心理定向。騎在椅子上，說明對方抱有敵意，或在採取一種尋釁鬥毆的自衛立場。為了「解除」其鬥志，你可以坐到他的身後，或直接站到他面前，這樣他不得不改變坐姿。習慣坐在椅子邊上，說明對方不自信，還有幾分膽怯，在做隨時「站起來」和中斷話題的準備。如果一個人用力趴著桌子坐著，說明此人對話題很感興趣，也表現出幾分不拘小節。這時你可以站起來，在屋子裡面走邊進行談話，他也就不再趴著，而且還得隨著你轉動身子。

　　有的人總結了一些人接電話的規律，雖然是詼諧調侃，但也深刻地驗證了動作表情的一些規律：拿起電話先彎腰，滿口稱是臉堆笑，對方可能是上司；掐腰腆肚笑哈哈，邊說笑話邊喝茶，可能是同級；腳踢椅子破口罵，邊訓斥來邊比劃，對方可能是下級；態度普通語調平，三言兩語把話停，對方可能是老婆；手捂話筒笑嘻嘻，低聲下氣眼迷離，對方可能是自己曖昧的人。多麼經典的領悟啊！

▶（3）真假

　　由於社會交往的複雜性，很多人在職場溝通的時候，表現的都是「臉上」一套，心裡又是一套，不善辨識的人是根本察覺不出來的。如何透過眼睛的觀察，衝破偽裝的迷霧，走入對方的內心深處，了解對方的本意，從對方的表情與動作中發現真相、看出真假是溝通中的一項很重要的能力。

　　研究顯示：當人極度興奮、激動時，瞳孔就會擴大到正常大小的 4 倍多。反之，某種憤怒和消極的心理能使瞳孔縮小到人們稱之為「蛇眼」的程度。人們還透過眼神的各種反應來窺測其內心的反應。只要善於研究眼神，是很容易從眼神中了解對方是友善的還是敵對的、是真誠的還是虛偽的、是冷靜的還是慌亂的、是專注的還是應付的、是渴望的還是排斥的……因此我們就會懂得，在電影裡看到在賭場賭博的人為什麼會戴墨鏡？大多不是為了扮酷，而是掩蓋瞳孔的變化所表達的情緒變化。

　　這個世界，戴著面具虛偽的生活著的人，從古到今，誰知道有多少呢？在現實中，為了不被騙，誰又能將心百分之百的敞開呢？從這個意義上說，每個人都在一定程度上是虛偽的。但是溝通，就是要讓模糊的變得清晰，讓真假難辨的有一個確定的結果。對於一個善於觀察的高手來說，世界是真實存在著的，不是虛偽的。

　　印度一個老和尚請客，來者盡是僧人。在座的一個獨眼和尚，忽然煞有介事地大聲說：「我看到了萬里以外的高山那邊的小河裡有一個小猴子在洗澡。你們看！」眾僧甚異之。有的人認為可能是他修行入了仙界才這樣的，但大多數人不信，不過也沒辦法否認他的眼力。其中一個聰明的小和尚決意揭穿對方的謊言。入席後，每人面前一碗飯，一盤菜，唯有獨眼和尚面前只有飯，沒有菜。小和尚從旁竊視，發現他的面容陰沉，並伴有

狐疑不定的神色。於是小和尚說：「師父怎麼不用膳呢？」獨眼和尚仍是「按兵不動」，而且漸漸怒形於色了。

小和尚思忖：如果獨眼和尚真能看得如此遙遠，那麼，他一定能看清自己面前飯碗裡面的東西。他連鼻子底下的東西都看不見，他還能看到萬里以外的高山那邊嗎？因此，小和尚對獨眼和尚說：「師父眼力非凡，為我不及，然而，令人深以為怪：師父的眼睛怎麼只能看遠不能看近呢？」並順手拿筷子一攪，飯碗裡面埋著的菜翻上來了。小和尚又加上一句反問：「你能看得那麼遙遠，怎麼看不到你碗裡的菜呢？」

誰也不能走入對方的心裡，看看他的心到底是什麼樣的，諺語說「防人之心不可無」。在溝通中，真假確實是很難辨別的，人們只明白一些大是大非性的問題，對於在細節之處，正確還是錯誤，往往分辨不清。不能看到近處的東西，就很難看到遠處的東西，做事情，要從近處做起，才能有立身之處。

眼神連接著心靈，自信的人敢看，重視眼神溝通的人會看，不善於溝通的人不敢看。在注視別人的時候，如果目光飽含真誠，就能夠迅速地打動人心。眼睛可以表達自己的情感，見到久別的情人時，即使一句話也不說，那種深邃的、深情的、驚喜的眼神注視著她，她也能從你的眼神中讀出你內心的思念之情。如果擅用眼睛「訴說」內心，就會收穫到事半功倍的效果。

口才：好運噩運用說的

　　語言，是一個人內在德行的外在表現，是人與人之間最直接的「橋梁」，是影響人們人緣好壞、事業順逆的重要因素。「口為禍福之門」，善說者，可以和睦人際關係，調和生活、工作氛圍，可以導人改過向善，激人奮發上進，可以化解紛爭，利益社會大眾。一言不當，也很可能橫結怨懟，招致今生後世的苦果。

　　一個善溝通的人，與其交往他會讓你感覺到特別舒服。無論聽到的話是「酸甜苦辣」何種味道，他們都能平緩地接過來回答，從不讓一句話落地，不讓你的心受到碰撞。就像打太極，無論什麼招式，全部是以柔克剛。就像是高手過招，化解問題於無形、無聲之中。

1. 有板有眼

　　說話要有板有眼就要注意話術、說話路徑、說話詞庫三個方面的問題。

▶（1）話術

　　話，有好聽難聽之分，有成事敗事之別，好口才要有「話術」。英國人有個良好的習慣，從來不說「你聽不聽得見」，而講「我說得是否清楚」。同樣一句話，負面說法是「他嫉妒我」，正面講法是「我可能有讓他不順眼之處」。「我不知道你說什麼」是怪對方表達能力差，「我沒聽懂」是說自己笨。「我疾惡如仇，不吐不快」，會不會是「我心胸淺窄，凡事

牢騷很多?」「眾人均針對我,故意刁難我」,可能是「我得罪四方君子,犯了眾怒?」一個人優點的反面就是缺點,缺點的反面就是優點,說話的時候切莫走入我是人非的窄巷,裡外通通是別人的不是。巧妙地承認自己的錯誤,哪怕是假的也無所謂,並不會少什麼東西。

一家銷售果汁飲料的公司,為了促進飲料的銷售,為銷售人員設計了針對不同的人的不同銷售話術。

面對孩子的話術:一瓶橙汁約等於 10 個橙子,橙汁富含維他命 C,常喝橙汁能有效提升身體免疫力。

面對年輕女士的話術:一瓶桃汁約等於 6 個桃子,桃子富含鐵,具有美容養顏作用。桃子養人,更養女人。

面對偏胖一點的女士的話術:一瓶蘋果汁約等於 4 個蘋果,蘋果是「水果之王」,常喝蘋果汁有助減肥,緩解疲勞和壓力。

面對吸菸人士的話術:一瓶梨汁約等於 5 個梨,梨具有潤肺止咳的功效。

面對老年人的話術:一瓶葡萄汁約等於 1 斤葡萄,葡萄富含花青素,具有延緩衰老的作用。

| 話術:語言的方法 | 話路:語言的路徑 | 話庫:語言的累積 |

圖 3-3 說話要注意的問題

設計不同的話術,就是為了讓不同的人群買東西。職場溝通是讓別人理解你,認同你,關鍵時候幫助你,一句話就是「買」你這個產品和服務。如果你還抱著「士為知己者死」等崇高的理想,那麼最終的結果曲高和寡,你可能面臨被開除的危險。

你是不是經常說以下的話：你想說的，到底是什麼意思呢？你想表達的核心觀點是什麼啊？你最想知道的到底是什麼？這些現象，說明你天生是情感偏好類型的人。邏輯思維並不是你的優勢，在別人的評價裡，你的條理性和明晰性是不強的。

▶（2）說話路徑

「全才不是天才，天才也不是全才」，學習並應用方法，是改善自己不足之處的捷徑。語言是有路徑可循的，好的路徑能夠提高你的語言表達層次感和清晰度，更容易被對方理解和接受，關鍵是你是否願意學習和應用。當然，由於具體情況不同，說話並沒有一套固定的模式，這要求，講話必須從實際情況出發，富有規律性和策略性。

下面是我總結的四個很簡單卻十分好用的說話路徑。

第一，表達說明的說話路徑。

主題：我認為……

原因：理由是……

說明：比如說……

扣題：總之，我的意思是……

第二，成功說服的說話路徑。

1. 建立信任：一切溝通都是從信任開始，「猜疑成本」是溝通中最大的成本。
2. 挖掘痛苦：人在急迫的意識狀態下，慌亂沒主意，容易妥協。
3. 給出方案：清楚可操作的方案最易被接受，於對方來講是「價值」所在。
4. 放大快樂：第三者的見證更有說服力。

5. 解除抗拒：抗拒只有自己可以解除，不是別人的外力所為，價值的接受是解除抗拒的終極原因。

第三，自我介紹的說話路徑。

姓名：……

身分：……

心態：……

特點：……

經歷：……

期望：……

第四，精簡演講的說話路徑。

自：我是……

主：我今天演講的主題是……

事：有這樣一件事（一個現象）……

發：由此，我發現……

行：當下我決定……

動：我做了很多……

結：因此我總結幾點經驗……

尾：相信大家……

▶（3）說話詞庫

　　說話詞庫是一個人平時累積的資訊量。在溝通過程中，最容易出現的尷尬是口誤。人在緊張的場合最容易脫口而出從而講錯話，經驗不足的人碰到這種情況，往往懊惱不已，越發緊張，接下去的表現會更為糟糕。如

果補救措施採取得當，不僅不會尷尬，反而會增色。當然，這需要靈活應變能力，更需要有豐富的語言資訊儲存。

前面錯了，後面峰迴路轉，反而可以達到出其不意的效果。語言的儲蓄越是豐富，表達起來才會靈活，才會有「信手拈來」的使用效果。內化於心，才能外化於形；達於化境，方可止於上善。語言的儲存和應變能力，在緊要關頭會發揮重要作用。儲存一定的語言資訊庫，才能使我們處變不驚，達到靈活變通、左右逢源的境界。

2. 「十有」語言

人才不一定都擅用語言，但是擅用語言的人必定是人才。好的語言可以讓別人如沐冬日暖陽。但很多時候，一句話會讓人進退兩難，一句話也足以使大家皆大歡喜。「現在說話是越來越難了。講真話，主管不願聽；說假話，群眾不高興；只有說笑話，大家都高興。」「說真話，主管不願聽」，雖然不是普遍現象，但有些上級幹部不善於敞開大門聽真話，卻是導致假話盛行的一個重要原因。

俗語說：「逢人短命，遇貨添錢。」假如你遇著一個人，問他多大年齡了？他答：「今年五十歲了。」你說：「看先生你的面貌，只像三十歲的人，最多不過四十歲罷了。」這就是所謂的「逢人短命」。走到朋友家中，看見一張桌子，問他花了多少錢買的，他答道：「花了四十元。」你說：「這張桌子一般價值六十元，再買得好，也要五十元，你真會買。」這就是所謂的「遇貨添錢」，就是所謂的說話的藝術。

以下是說話時需要注意的十條關鍵。

▶(1) 言之有信

歷史上有所成就，名垂青史的人，絕對都是做到言行一致的人。所謂一言既出，駟馬難追，不能許諾的事情一定不能輕易開口，輕易承諾別人，一定會追悔莫及。語言有信，別人在溝通的時候才能相信你，否則，無異於搬起石頭砸自己的腳。

言而有信，別人才能相信你，否則，都是一槌子買賣，時間長了，就沒有人相信你了，無異於搬起石頭砸自己的腳。

孟母不僅重視客觀環境對少年孟子的影響，而且十分注重言傳身教，以自己的一言一行，一舉一動來啟發教育孟子。有一次，鄰居家磨刀霍霍，正準備殺豬。孟子見了很好奇，就跑去問母親：「鄰居在做什麼？」「在殺豬。」「殺豬做什麼？」孟母聽了，笑了笑，隨口說道：「給你吃啊。」剛說完這句話，孟母就後悔了，心想鄰居不是為了孩子殺的豬，我卻欺騙了他。這不是在教他說謊嗎？為了彌補這個過失，孟母真的買來了鄰居的豬肉給孟子吃了。這就是「買肉啖子」的故事。

▶(2) 言之有物

溝通，說什麼很關鍵，內容要充實且有價值，說服力強，切忌空洞無物，誇誇其談。言之有物，才能讓別人留下深刻的視覺印象。

袁世凱竊取了「中華民國」大總統的職位後，每天做著皇帝夢，有一次竟在白天進入夢中，一位侍婢正好端來參湯，準備供袁世凱醒後進補，誰知不慎將玉碗打翻在地。婢女自知大禍臨頭，嚇得臉色蒼白，渾身打顫。袁世凱被驚醒，他一看見玉碗被摔得粉碎，氣得臉色發紫，大吼道：「今天俺非要妳的命不可！」因為這隻玉碗是袁世凱在朝廷王宮獲得的「心頭肉」，摔碎它，定會是死罪難逃。

　　侍婢連忙哭訴道：「不是奴婢之過，有下情不敢上達。」袁世凱罵道：「快說快說，看妳有什麼鬼話！」侍婢道：「奴婢端參湯進來，看見床上躺的不是大總統。」「混帳東西！床上不是俺，能是什麼？」奴婢下跪說道：「我說。床上……床上……床上躺著的是一條五爪大金龍！」袁世凱一聽，以為自己是真龍轉世，要登上夢寐以求的皇帝寶座了，頓時怒氣全消，一時高興便拿出一沓鈔票為婢女壓驚。

　　這位婢女之所以能化險為夷，就在於能抓住袁世凱的心理順風使舵，在語言上「投其所好」的加以修飾，便收到了「彼此都好」的結局。看到什麼只有自己最清楚，為了活命，騙一騙自欺欺人的那些人，就當是教訓他們了，也不會招惹什麼壞事。

▶（3）言之有效

　　溝通，更關鍵的是怎麼說，交流是雙向的，不要認為自己說過了，就完成任務了，甚至是覺得對方就一定會懂、會接受。語言一定要達到效果，達不到效果就是無效溝通。只有注意對方，才能有的放矢，才能言出事成。

　　林黛玉進賈府，和寶玉沒有見面之前，賈母剛見自己外孫女，正悽切悲催的時候，突然聽到走廊上傳來一陣銀鈴般的笑聲（人未先到笑先來）。王熙鳳進來見到林黛玉馬上說：「天下真有這樣標緻的人物，我今兒算看到了；況且這通身的氣派，竟不像老祖宗的外孫女，倒像老祖宗的嫡親孫女。」

　　王熙鳳誇了黛玉，黛玉肯定高興；她說不像賈母的外孫女，像賈母的親孫女，賈母聽後高興，賈母的親孫女迎春、惜春和探春都在場，嫡親孫女的那氣派自然是更勝過外孫女了，三位嫡親孫女一聽也高興，而迎春、

探春的母親也在呢，說自己閨女有氣質，兩個母親當然也會高興。王熙鳳的一句話哄得一個老祖宗、兩個當娘的、三個丫頭和黛玉七個人開心，這句話總共不到 50 個字，表現出王熙鳳是個了不起的女子。

▶（4）言之有禮

話是不能隨便亂講的，講話有很多禁區。身為溝通者應更客觀地看待周圍的事物，做到言之有禮。為了做到言之有禮，在說話的時候首先應堅守最基礎的三條底線：第一，力圖說真話；第二，不能說真話，就保持沉默；第三，無權保持沉默不得不說假話時，盡量不要傷害他人。

古人說：覆水難收。講話就像潑水，潑出去的水無法再收回，講過的話也收不回來，話要出口以前，不能不慎思。講話是一門藝術，即使講好話，也要顧慮不能「洗臉礙了鼻子」，講這個人好，得罪了另一個人。交談中，總會遇到一些不能直說、不便直說或不忍直說的話，遇到這樣的情形，就應該嘗試婉言溝通，讓自己的舌頭轉一下彎，避免傷害別人。

以下幾個方面的話，值得我們斟酌和避讓。

負氣的話不能講。人在生氣時，往往不自覺地講出負氣的話來，有時是傷害別人，有時也傷害了自己。抱怨的話不能講。經常說出一些抱怨別人的話，被別人聽到以後，借題發揮、搬弄是非，最後只有自己自食苦果，想想又何苦呢。損人的話不能講。語言損人是一時的，但自己的人格被人看輕，所受的傷害是永久的。自誇的話不能講。自我誇大並無實益，反而讓人瞧不起甚至是自我損傷，還是謙卑為好。不實的話不能講。妄語和「說謊」，會帶來的嚴重後果，這種言語是最不利於自己的。喪志的話不能講。自己不鼓勵自己的志向，反而講些喪氣的話，當然就會自甘墮落，且又「傳染」他人。機密的話不能講。我們應該養成不隨便亂說機密

的習慣，你要對外發表任何機密之前，先要想到可能引發的不良後果，知道嚴重性，就不會胡亂開口了。隱私的話不能講。每個人都有隱私，自己的隱私當然不希望被人知道，別人的隱私自己也不能講。人要互相尊重，不可以暴露別人的隱私。

▶（5）言之有趣

幽默風趣的語言是語言交流中的磁和電，能夠瞬間感染對方，能夠極大地增強溝通者的語言魅力和感染力，使對方心生愉悅，印象深刻。生活離不開幽默，不懂得幽默，就不懂得生活，自然溝通的時候，也不能夠達到最好。

漢武帝晚年時很希望自己長生不老，他對侍臣說：「相書上說，一個人鼻子下面的『人中』越長，命就越長；『人中』長一寸，能活一百歲。不知是真是假？」東方朔聽了這話，知道皇上又在做長生不老夢了。當眾位大臣附和皇上時，他卻仰天大笑。皇上見東方朔似有譏諷之意，面有不悅之色，喝道：「你怎麼敢笑話我？」東方朔恭恭敬敬地回答：「我怎麼敢笑話皇上呢？我是笑彭祖的臉太難看了。」漢武帝說：「為什麼笑彭祖呢？」東方朔說：「據說彭祖活了800歲，如果真像皇上剛才說的，『人中』就有8寸長，那麼，他的臉不得有丈把長嗎？」漢武帝聽了，也哈哈大笑起來。

東方朔是聰明的，他用笑彭祖的方法來諷刺漢武帝的荒唐，有些指桑罵槐的味道。在古代，臣子看到君王有過失，進諫時都講究說話的委婉含蓄。如果大臣有損「龍顏」，是要殺頭的。東方朔這裡運用委婉說話術，漢武帝卻是愉快地接受了他的批評和諷刺。

▶（6）言之有情

　　飽含深情的語言能進入對方的心靈頻道，能使雙方的情感產生共振。容易使對方產生知己難求、想見恨晚的情愫。工作中經常有這樣的情景：銷售經理對出門拜訪客戶的業務員說：「這是我們的頭號客戶，謹慎點，別把這個交易搞砸了。」「這是我們的頭號客戶，這也是我派你去拜訪的理由，我知道你一定可以非常專業的、有效率地辦好這件事。」這兩句話哪句會更有效果呢？

　　闖王李自成進京，視陳圓圓為「紅顏禍水」，下令勒死她。李自成的衛士剛要動手，跪在地上的陳圓圓卻對李自成發出了一陣微微的冷笑。李自成喝問她冷笑什麼，她又跪下說了一個半截話：「小女子早聞大王威名，以為是位縱橫天下，叱吒風雲的大英雄，想不到……」李自成忙問想不到什麼，她才字正腔圓地回答：「想不到大王卻畏懼一個弱女子！」李自成要求解釋，她再答：「大王，小女子也出自良家，墮入煙花，飽嘗風塵之苦，實屬身不由己。初被皇親田畹霸占，後被吳總兵奪去，大王手下劉將軍又圍府將小女子搶來，都不是小女子本意。請問大王，小女子自身又有何罪過？大王仗劍起義，不是要解民於倒懸，救天下之無辜嗎？小女子就是無辜之人，大王卻要賜死，不是畏懼小女子又作何解釋？」李自成怔住了，許久才叫她起來說話。於是，陳圓圓陳述了殺她與不殺她之間的利害得失，終於使李自成放了她。

　　在這個例子中，陳圓圓將自己的悲慘遭遇和李自成起義的目的結合起來，並巧妙地利用了激將法，表達了希望李自成不殺自己的感情，達到了曉之以理，動之以情的目的，李自成身為一位首領，卻被一個小女子理論一番，也只能放了她。

　　良好的口才，可以掌握不同階段溝通的「火候」，有利於感情的表達和交流。談情說愛就著重於談和說二字。無數的事實證明，男女之間互相懷有好感，長出了感情的幼芽，是否使它健康地生長，直到開出花朵，結出果實，如何澆灌，語言之水是其中一個重要的因素。如果語言能力比較強，就能使感情語言妙趣橫生。如果語言能力低下，有「情」不能談，有「愛」不能表，久而久之，已萌發幼芽的愛情也便枯萎了。語言的表達切忌呆滯麻木，情不由衷、晦澀不明與矯揉造作。

▶（7）言之有方

　　語言應追求三個境界：直話要轉個彎說；冰冷的話要加熱了說；批評的真話，要運用技巧說，為了不傷害別人的自尊。

　　一位作家在一所高中演講，有人問他的書引起爭議作何感想，他故意苦著臉說：「我原以為寫書是最痛苦的，現在才知道，把書賣完才是最痛苦的。」有人藉機又將問題延伸問道：「另一位作家以『我是流氓我怕誰』的大無畏精神大開殺戒，你也受到他『痛並快樂著』的評價。對此，你作何感想？」作家婉轉回答：「我可以用『我不是流氓我怕誰』來說，他說話是沒辦法還嘴的，一開始我還想還嘴，後來，我一看他的專欄『狗眼看人低』，就不說了。」這回答借用妙語、綿裡藏針，一語雙關而意味深長，同學們紛紛鼓掌叫好。

　　溝通交流時話語盡量委婉些，人情留一線，日後好見面。如在爭論中要切記，即使得理也要饒人，想讓對方意識到自己的錯誤，可以運用反向思維的方式進行批評，很多時候旁敲側擊地「批評」對方，迴避直來直去的說話方式，能夠收到「彼此都好」的效果。

▶（8）言之有利

雙方交流過程中，站在利他的角度，更易使人願意接受。產品介紹時有一個引導效應，即特點、優點與利益的引導方法。例如家電銷售人員向我們推銷冰箱，他們必然向我們介紹冰箱的特點和優點。假如你聽完他們之前的介紹，正在猶豫的時候，他們及時地告訴你這個冰箱不但省電，而且壓縮機的技術比其他同類產品的壽命要長四年，四年時間省下的電費，已經是買冰箱的錢了等等。經過如此引導，你是否已經有了購買的意願和衝動了呢？

朱元璋對解縉的才學很是賞識。一天，他突然對解縉說：「宮中昨夜有喜，你不作詩一首？」解縉立即想到可能有皇子誕生，隨即出口一句：「君王昨夜降金龍」朱元璋卻說：「生的是個女孩子呢。」解縉腦筋急轉，吟出第二句：「化做嫦娥下九重」哪知朱元璋接著說：「可惜已經死了。」解縉馬上跟進：「料是世間留不住。」這句將其不幸處理成「才下凡又走了或昇天了」，很妙。朱元璋跟著說：「已經把她拋到水裡去了。」解縉立刻吟出：「翻身躍入水晶宮。」只有龍種才會這樣，這句與第一句呼應，更妙。

又有一次，解縉與朱元璋在御花園的池塘釣魚，解縉技術好，接連釣了幾條大魚，而皇上釣了半天則一無所獲，甚為尷尬鬱悶。解縉道：「皇上，你沒發現魚也如此知禮節嗎？」皇上聽了疑而問曰：「此話怎講？」解縉道，有詩為證：「數尺絲綸入水中，金鉤拋去蕩無蹤。凡魚不敢朝天子，萬歲君王只釣龍。」朱元璋龍顏大悅：「原來如此！」解縉「馬屁」拍得好，朱元璋越發的賞識他了。

溝通中，我們努力的方向是達到動之以情、曉之以理、誘之以利的說服效果。動之以情，進入對方的內心世界，激發對方的內疚之心、同情之

心、自豪之心；曉之以理，開啟對方的理性世界，努力做到以理感人、以理服人、以理動人；誘之以利，激發對方的利益渴望，滿足對方的功能之利、生理之利、心理之利。

▶ (9) 言之有慧

閃爍著智慧的語言，才能令人心悅誠服。給出真實判斷，直接確定對方論證的虛假，以論據的真實性推出論題的真實性。如果想立竿見影，那麼正面闡述，以事實說話，一針見血，使他人難以反駁。語言中的智慧是極為豐富和富饒的，關鍵是看一個人知識和經驗掌握的程度如何。「對戰」技巧中，「以子之矛，攻子之盾」是非常常用的方法，而且能夠取得更有力的反駁和揭露效果，讓對方無言以對。

▶ (10) 言之有勇

需要據理力爭的關鍵時候，就應該適時、適度地拿出語言的勇氣，維護自己的原則和尊嚴。剛言硬語再配以縝密的邏輯、磅礴的氣勢，會凸顯語言的力度，會極大地彰顯語言的效果，讓他人留下深刻的印象，從而達到自己的目的。

一位將領治軍有方，利用基督教維繫軍心，每天早操前必問士兵：「弟兄們，我們是誰的軍隊？」官兵們照例要按他的話回答：「我們是老百姓的軍隊！」有一天，將領剛剛照例問話完畢，隊伍裡就有一個士兵突然大聲回答：「我們是外國人的軍隊！」將領勃然大怒，這個士兵面不改色，直言道：「聽外國人的話，信外國人的教，替外國人打仗，受外國人的氣，怎麼不是外國人的軍隊？」這個士兵的兩次回答都直截了當，沒有一絲一毫的含糊，令將領無言以對，但將領從心底賞識這個「冒失鬼」憨直的性

格與無畏的膽量，暗喜發現一個闖將的可造之才，不但沒有責罰他，反而提拔重用了他。這個小兵，後來成為著名將軍。

看準問題的實質和要害，以事實說話，直截了當，一針見血，以痛快淋漓的情感，乾淨俐落的語言說服對方，是每個成大事者不得不考慮和運用的方法。剛言硬語中若氣勢不充沛，真理在握卻低聲下氣，義憤填膺卻不痛不癢，胸有成竹卻患得患失，語言的效果就會「立」得不顯，「駁」得無力，從而錯失良機。

動作：肢體語言更能引起反應

　　肢體語言可以替代有聲語言表達感情。肢體語言表達感情往往是習慣用動作，諸如鼓掌表示興奮，頓足代表生氣，攤手表示無奈，捶胸代表痛苦。溝通者可以根據肢體活動表達的情緒，辨識出當事人的真實意圖，仔細觀察甚至可以分辨出一個人的出身和地位。

　　一個人走進餐廳要了酒菜，吃完發現忘了帶錢，便對店老闆說：今日忘了帶錢，改日送來。店老闆說不礙事，並恭敬地把他送出了門。此過程被一無賴看到，也說沒帶錢。誰知店老闆揪住他，非剝他衣服不可。無賴說：「為什麼那人可以賒帳，我就不行？」店家說：「人家吃菜喝酒斯斯文文，是個有德行的人，豈能賴帳。你呢，狼吞虎嚥吃罷用袖子揩嘴，分明是個居無定室無賴之徒。」店老闆透過對不同人肢體語言的分析，說得無賴啞口無言，只得留下外衣，狼狽而去。

1. 肢體語言的分類

　　有人說肢體是人第二張臉，肢體動作表達的含義相當豐富，可以大致分為四種。

▶（1）指示動作

　　指明要表達的人、事物、方向等，可以指明你我他，可以指明前中後，可以指明東南西北。表示同一意思的動作往往不止一個，以最簡單地用手勢表達「自己」來說，可以手輕按胸口、可以用食指指自己鼻子、還可以用拇指平行自指。

▶（2）象徵動作

表達抽象概念，可配合語音、語言，啟發對方的思考，引起對方聯想。舞蹈動作是深刻和形象的說明。

▶（3）情意動作

用於表達人的不同情感和心意。激情的振臂高呼、溫情的注目凝望、熱情的環抱相擁、惜情的扼腕長嘆、悲情的捶胸頓足、絕情的拂袖而去等。

▶（4）象形動作

是用來描摹，比劃具體事物或人的形貌。聾啞人交談時多用形象手勢比劃，將表達的內容形象化，使對方透過視覺接收資訊，形成原有事物的形象，達到交流的目的。

溝通中，動作範圍分為上中下三個表達區域。上區為肩部以上，多表示積極、振奮、肯定、張揚等意義；中區為肩部至腰部，表示坦誠、平靜、和氣等敘述，說明中性意義；下區為腰部以下，多表示憎惡、鄙視、壓抑、否定等貶義。

2. 肢體語言的含義

肢體表達情緒時，會有很多慣用動作的含義。諸如鼓掌表示興奮，頓足代表生氣，搓手表示焦慮等。當事人以此等肢體活動表達情緒時，別人也可由之辨識出當事人用其肢體所表達的心境。由肢體動作表達情緒時，當事人經常並不自知。實驗發現：不同受試者分別與對方陳述明知是編造的假話與正確的事實時，說假話的受試者會不自覺地與對方保持較遠的距

離，而且顯得身體向後靠，肢體的活動較少，唯臉部笑容反而增多。

以下是總結的肢體動作的含義。

▶（1）頭部姿勢

- 側向一旁：對談話有興趣。

- 挺得筆直：對談判和對話人持中立態度。

- 低頭：對對方的談話不感興趣或持否定態度。

- 常常低頭：慎重派，討厭過分激烈、輕浮的事，孜孜矻矻，交朋友也很慎重。

- 東張西望：具有社交性格的樂天派，有順應性，對什麼事都有興趣，對人有明顯的好惡感。

- 搖頭晃腦：特別自信，以至於唯我獨尊。他們在社交場合很會表現自己，對事業一往無前的精神常受人讚嘆。

▶（2）肩部姿勢

- 舒展：有決心和責任感。

- 下垂：心情沉重，感到壓抑。

- 收縮：在氣頭上。

- 聳起：說明處在驚恐之中。

▶（3）腿姿

蹺二郎腿是表示一個人不露聲色的觀望態度。不過人們往往也經常隨便這麼坐，沒有任何潛臺詞，就只是因為椅子坐得不舒服，或因為房間裡

有些冷。一個人如果蹺起二郎腿，兩手交叉在胸前，收縮肩膀，則說明他已感到疲倦和反感，對眼前的事不再感興趣了。

如果一個人坐在你的對面，翹起的腿呈一個角度，則說明他這個人很執拗，性格剛強和好鬥。如果他還雙手抱膝，則說明談話結果很難預料，因為這個人不會讓步，口齒伶俐，反應快，很難被他人說服。

如果一個人叉腿站著，說明他不自信，緊張而不自然。人們在一個陌生而不舒適的場合多半愛這麼站。

如果一個人是收緊腳踝站著，說明他在發火，並在千方百計控制著自己。

▶（4）手部動作

在耳朵部位搔癢癢或輕揉耳朵：已不想再聽你說下去。

用手指輕輕觸碰脖子：對你說的持懷疑或不同意態度。

把手放在腦袋後面：對方有意辯論。

用手擋住嘴或稍稍觸及嘴唇或鼻子：對方想隱藏內心的真實想法。

用手指敲擊桌子：對方感到無聊或不耐煩。

用手托腮：對方覺得無聊，想放鬆放鬆。

輕輕撫摸下巴：對方在考慮做決定。

手指握成拳頭：對方小心謹慎，情緒有些不佳。

手放在腰上：對方懷有敵意，隨時準備投入行動。

手握著手臂：保守派非理性的人，因為不太會拒絕別人。

把手放在嘴上：屬於敏感型，是祕密主義者，常常嘴上逞強，但內心卻很溫柔。

▶（5）15 個肢體語言提高的方法

肢體語言在溝通的過程中可以造成輔助、表達和控場的作用，具有不可低估的特殊價值。以下 15 個建議，可以提升肢體語言的使用效果。

1. 不要雙手環抱在胸前或者蹺二郎腿。
2. 保持眼神交流，但是不要盯著別人。
3. 人與人之間保持一定距離，雙腳不要緊閉，顯得有自信。
4. 放鬆你的肩膀。
5. 當聽別人發表意見的時候，輕微點頭表達對演講者的尊敬。
6. 不要作風懶惰，彎腰駝背。
7. 如果對別人的演講很感興趣，身體前傾可表達自己的興趣。
8. 微笑可以使對話環境更輕鬆。
9. 不要隨意的搔首弄姿，這只會讓你覺得緊張。
10. 保持目光平視。不要把目光集中在地上，給別人一種不信任的感覺。
11. 放慢語言速度和動作幅度可以讓你冷靜，減少壓力。
12. 不要坐立不安。
13. 與其讓你的手左右擺動或者觸碰自己的臉，不如讓你的手適當地配合你的對話。
14. 不要把手維持在胸前，盡量放在腿的兩側，否則會讓聽者覺得你顯得拘束。
15. 最後，一定要保持好的狀態和態度。

3. 表達更強烈

美國著名教育家戴爾·卡內基在說到羅斯福演講時，說他全身好像一架表現感情的機器，他滿臉都是動人的感情。這樣使他的演講更有力，更勇敢，更活躍。肢體語言的優勢就是更能吸引人的眼球，引起人們的注意力與好奇心。人的舉止、服裝、神態以及動作都會暴露一個人的品味和身分。不需要開口，走幾步或駐足一會就會知道一個人的境界有多高，這是很難偽裝的。

為了使得溝通產生共鳴，動作的反應十分重要，動作可以向對方表達自己的態度和狀態，讓彼此感覺處於同頻的狀態，這也是良好溝通的一個基礎。要想讓自己的語言，有充分的感染力和表現力，不用肢體語言是很難做到的，因為人本身就是一個整體，只有全身心地投入進去，才能贏得他人的掌聲。

4. 傳遞很全面

動作可以傳遞人的情感和意圖，如凸出下顎表示攻擊性行為；縮緊下巴表示畏懼和馴服；撫弄下顎表示掩飾不安或胸有成竹；傷心時嘴角下撇，歡快時嘴角提高，委屈時撅起嘴巴，驚訝時張口結舌，仇恨時咬牙切齒，忍耐時咬住下唇；下顎上抬，把鼻子挺出，是傲慢、自大、倔強的表現；用手摸鼻子，是懷疑對方；用手摸耳垂表示自我陶醉等。

具體來講，動作可以傳遞如下的內容。

▶（1）傳人之情

動作能夠展現一個人內在心理活動，能夠自然地表達和流露出他的真

實情感。在無聲電影時代，肢體語言是螢幕上唯一溝通的方式，因此像卓別林（Sir Charles Spencer "Charlie" Chaplin）這樣的演員就成了揣摩並施展語言技巧的先驅。他們透過動作與表情表達戲劇的情節和人的內在真實情感，能夠恰到好處的利用身體的各個部位，活靈活現地發出「訊號」，與觀眾的情感取得共鳴。

1950 年代，研究身體語言的先鋒人物艾伯特‧麥拉賓（Albert Mehrabian）發現：一條資訊產生的全部影響力中 7％來自語言（僅指文字），38％來自於聲音（其中包括語音、語調和其他的聲音），剩下的 55％全部來自於肢體動作語言。話語主要傳遞資訊，而肢體動作則常用來進行表達情感和交流，某些特定的場合，完全可以取代語言，發揮傳達情感的效用。例如一位女子完全可以不開口說話，僅利用肢體動作和「放電」般的眼神，就能夠向某位男士傳遞出她內心的情感世界和情感需求。

▶（2）傳人之意

一些動作都是事先經過深思熟慮，有所用意的，在這種情況下，分辨動作的意義就有些困難。但是，當一個人全身心地投人到溝通中去的時候，他的肢體自然會配合他的意思，做出下意識的動作，這些下意識的動作，和他要表達的意思是一樣的。在這種情況下，可以很簡單地透過動作，分辨他的主要意思。

有一次，一位教育家在大學演講。他不慌不忙地從箱子裡拿出一隻大公雞。臺下的聽眾全愣住了，他從容不迫地又掏出一把米放在桌上，然後按住公雞的頭，強迫牠吃米。怎麼才能讓雞吃米呢？他掰開雞的嘴，把米硬往雞的嘴裡塞。大公雞拚命掙扎，還是不肯吃。教育家輕輕地鬆開手，把雞放在桌子上，自己向後退了幾步，大公雞就自己吃起米來。這時教育

家開始演講:「我認為,教育就跟餵雞一樣。老師強迫學生去學習,把知識硬灌給他,他是不情願學的。即使學也食而不化,過不了多久,他還是會把知識還給老師的。但是如果讓他自由地學習,充分發揮他的主觀能動性,那效果一定會好得多!」

臺下一時間歡聲雷動,即刻領悟和意會了他的用意,也是為他形象的演講開場白叫好。

肢體動作能造成錦上添花的作用,離開了肢體動作,語言想要被他人叫好,是很困難的。這種錦上添花的動作,是完全傳達的作者的主要意思,沒有任何背離。

▶(3)傳人之養

修養是內涵的外在表現。一舉手一投足都可以詮釋什麼是高貴,什麼是優雅,所以,肢體語言能夠說明一個人的內在修養如何。修養一般是無法直接觀測的。人的內在活動會透過外在的行為表現出來,所以,心理學上透過測量和觀察人的外顯行為來了解人的內在心理。許多肢體動作,可以展現你平時生活的作風、習慣等,舉止得當,代表一個人有內涵,有教養;如果很粗魯,比如吃飯出聲很大,在飯桌上大聲說話,站沒站相、坐沒坐相,這樣的人一般一看就令人討厭,受歡迎程度就比較低,展現的個人修養就很差。

某名校的一名畢業生去一家 500 強的企業應徵,在應徵中表現突出,順利受邀參加公司高階主管在座的面試飯局。席間,他自覺言行舉止非常得體,可是應徵成功的卻不是他,他非常生氣,覺得這個應徵裡面一定有什麼「潛規則」的內幕。最終,應徵部門告訴他,他的能力確實很棒,但是被篩選掉的原因是:在那個算是應徵最終環節的飯局上,他從來沒有對

任何的一位服務人員表示過感謝！

　　這位畢業生輸在首因效應或者說是第一印象上，在飯局上，沒有展現良好的個人修養，讓人覺得不懂禮貌，不知道尊重他人，在競爭非常激烈的情況下，哪怕一個極為微小的細節，都可能讓你功虧一簣。鮮明、深刻而牢固的第一印象，會讓人形成一種固定的看法，影響甚至決定著今後雙方的交往關係。這種先入為主帶來的第一印象是鮮明的、強烈的。

　　絕大多數的人會下意識地跟著首因效應的感覺走。所以，我們若想在人際交往中獲得別人的好感和認可，就應當讓別人留下良好的首因效應。為此，初次與別人見面時，千萬要注重自己的衣著打扮，穿著要整潔，打扮應適度，言談舉止要得體，盡可能留給別人一個美好的印象。但是，偏偏一些人不諳此道，因此而吃虧。

　　肢體語言能充分配合有聲語言，形成強大的氣場，嚴肅時，不怒自威，和煦時，使人如沐春風，輕鬆快樂。很多人，忽視了肢體語言的豐富含義，使肢體語言的豐富內涵和功能發揮不出來。對於一個平時用有聲語言都有問題的人來說，讓他發揮肢體語言的效力，往往是不大能夠成功的，所以，需要在平時交流和溝通的時候，勤加練習，當語言和經驗累積到一定的程度時，肢體語言的效力，就自然可以充分地配合上去了。自己的人格、素養等都可以淋漓盡致地表現出來，氣場也就展現出來了。

第四章
職場溝通之路

溝通的效果受許多因素影響

　　溝通是主體和客體之間的過程模式，它由四個部分組成：編碼（發訊者）、通路、解碼（收訊者）、回饋，溝通過程受這四個環節的直接影響，每個環節出現問題都可能導致整個溝通行為失效。發訊者對溝通的資訊內容進行編碼，確定好表達的形式，然後透過一定的通路傳送給接收者，接收者接收資訊之後，成功對語言進行解碼，達到對方初步理解的效果，再透過不斷地回饋，重複前面的過程，達到雙向理解和採取一致行動的目的。

　　溝通的最終目的是讓對方理解自己所傳達的資訊和情感並達成行動，溝通的效果取決於對方的回應。良好的溝通要彼此互動，說的是對方想聽的，聽的是對方想說的，彼此之間自然會達成默契。要想達到優良的溝通效果，就要雙方進行有效的編碼、解碼，關注資訊交流的通路與資訊的回饋，並不斷優化這個過程。有效的溝通力是雙向的，「對牛彈琴」的責任首先在於彈琴者。

編碼：什麼造成了影響

　　編碼，通俗的理解就是語言的組織形式。你會不會說話、別人是否聽得懂你說的話，你的語言組織的合不合理。會編碼的人一兩句就能把話說完，不會編碼的人總是又臭又長，說不到點上。嚴格來講，語言所用到的字詞，每個人都差不多。人與人的差別就在於思維水準，思維水準決定語言水準。以下是影響語言編碼的四個方面。

圖 4-2 影響語言編碼的四個方面

1. 編碼的技巧

　　編碼的技巧，因人而異，很難有一個統一的模式，需要自己在實踐中總結和體會。編碼的目的，無外乎讓不同人聽懂相同的話，不同的情境給出不同的表達，以達到溝通的目的。如若素材充分、緊扣主題、條理清晰、突出重點、針對性強等，會應用到較高超的編碼技巧，反之簡單的素材和事件，編碼的要求不會太高。

著名科學家愛因斯坦（Albert Einstein）是怎麼向人們介紹那深奧的相對論成果的，他在溝通編碼的技巧運用上堪稱一絕。他是這樣介紹說明的：「假如你和一個漂亮的女孩在一起坐在沙灘上看大海，你會覺得時間跑得太快；可是如果讓你光著屁股，坐在燒紅的火爐上一秒鐘，你就會埋怨時間過得太慢。這個道理懂嗎？」「當然懂。」「這就是相對論。」愛因斯坦的一番話使周圍的人茅塞頓開。

把複雜的問題，說得簡單，是考驗一個人的水準的。同時，把簡單的問題，演繹的複雜，也是考驗一個人的水準的。這兩個方面，嚴格來說，都需要自己下功夫練習。在職場中，這樣的事情，比比皆是，出席哪個會議，總得發言一通，說得簡單了，說得沒有水準，說得複雜了，說你故弄玄虛，這個編碼的技巧，就是在讓人理解的前提下，盡量做到周道。

2. 知識的豐富程度

出色的溝通編碼，需要豐富的知識作為基礎。沒有知識作為累積，編碼就如貧瘠的土壤，難以發揮出效果。所謂「巧婦難為無米之炊」，胸無點墨，何談溝通的高雅。職場中，處處皆學問，處事練達更是大文章，只要保持著開放的態度，注意吸納，知識的累積是可以做到的。要想把語言說得漂亮，多累積一些溝通的知識，顯然有百利而無一害。

豐富的知識底蘊，才能達到編碼的藝術性和準確性。智慧一直是蘊藏在生活當中。例如，東方屬木，西方屬金，南方屬火，北方屬水，中間屬土。水火無情，是不能買賣的，所以叫買東西，不說買南北。主要的問題是，人們忽視了日常生活和知識的累積，一味地去追求高尚，結果眼皮子底下的事情都沒有做好，遙遠的事情更是不可能得到的。忽視了日常的累積，語言的編碼就不能做到爐火純青，就不能出神入化。

3. 自信度的高低

專注必成，自信必勝，信念能讓人增添無窮的力量。人生很多方面的原因，都可以歸結到自信度上面，溝通也不例外。很多人不會溝通，就是因為沒有自信，不相信自己能夠把話說好。遇到事情，提心吊膽，自亂陣腳，越發不可收拾。杜拉因說：「信念是活潑而存在著的力量，是一種最奇妙而活動著的力量，也是存在宇宙之中最不可抗拒的力量。」什麼是「信」，就是「人言」，什麼是「念」，就是今天的心，「信念」二字合起來，就是「今天我心裡對自己說的話」。不相信自己，思維自我設限，即便掌握了很多的技巧，儲備了很多的知識，也沒有辦法將語言提升到很高的水準。

羅傑‧羅爾斯是紐約歷史上第一位黑人州長。他出生在大沙頭貧民區，這裡是偷渡者和流浪漢的聚集地，在這裡出生的孩子，從小就惡習沾身，很少有人長大後獲得體面的職業。「是什麼把你推向州長寶座的？」在羅爾斯就職的記者招待會上，記者向他發問。「皮爾‧保羅。」他說了一個人們非常陌生的名字。原來，皮爾‧保羅是他小學的校長。面對大沙頭貧民窟劣跡斑斑、不聽管教的孩子們，皮爾‧保羅想了好多的辦法，可惜都不奏效，後來他發現這裡的孩子們都很迷信，於是他在上課的時候，不斷為孩子們看手相，並且告訴他們什麼樣的手相將來會是州長、議員和富翁。

羅爾斯就是校長看過手相中的一個，當時校長說：「將來你會是紐約州的州長。」羅爾斯非常激動，因為除了罵他痞子、流氓外，還從來沒有人這樣說過。從此，紐約州州長就如一面旗幟，高高飄揚在羅爾斯的信念和理想裡。就是這麼一個毫無根據的善意的謊言，使他在以後的 40 幾年

裡一直都以一個州長的身分要求自己，51 歲的時候，他真的成了州長。

你害怕什麼，下力氣改變它，這就是創造奇蹟的方法。一個人的自信與心量多大有直接關係，直接影響著溝通的成敗。敢想才會做，想贏才會拚，敢拚才會贏。心被負面的思想束縛住，心量就會變得狹窄。世上沒有不好的事，一切都是最好的安排。人的成就與你的認知相關，眼界狹窄就多學多看，心胸狹窄就嘗試著多擔當。在這個例子中，羅傑‧羅爾斯為什麼能夠當上州長，因為他相信了他能夠成為州長，這種自信持續堅持，事實才在現實層面逐漸顯化。

4. 文化背景的制約

意識形態不同，踐行的教育理念各異，就會形成人與人之間在語言、行為和價值觀上的差異。從溝通的角度而言，社會文化背景的不同，一定會產生不同的溝通形式，烙上獨特的社會文化背景的烙印，在這種情況下，溝通的方式可能完全來自背景的不同，同樣的話可能會有截然相反的效果。

文化背景決定了溝通的內容和形式，由於生存環境、教育經歷等方面的不同，個人的文化特點也有差異，就形成了各種形式的溝通壁壘。

為了有效疏通溝通的障礙，需要雙方在溝通中，盡量使用相互理解和接受的語言。原則上要做到相容和禮讓，具體要求是老讓少、男讓女、高讓低和主讓客。照顧他人的文化背景、民族習慣等，也是禮貌的要求，這不是針對單個人。如果一位老闆，連這個方面都處理不好，會被認為是沒有能力的，沒有大局意識，不善於團結他人的不稱職的老闆。

解碼：解除誤會

解碼就是怎麼理解他人的語言。對傳送者來說，必須清楚地意識到溝通的目的、使用符號的意義、傳遞路線及接受者可能做出的反應。對接受者來說，必須學會如何聽，不但能懂得資訊的內容，而且能聽出傳送者在資訊傳遞過程中表達出來的感情。要進行有效溝通，既要著眼於傳送者，又要著眼於接受者。

很多人不理解他人的話，並不是編碼的事情，而是自己不能正確地破譯。好的溝通過程不只有人會說，還要有人會聽；不但得編碼清楚，還得聽者的解碼清楚。要想解碼無誤，需要在以下三個層面加以注意。

圖 4-3 解碼無誤需注意的方面

1. 理解語言內涵

準確理解語言的內涵，是溝通的基本要求，如果內涵都理解不了，溝通必然失敗。沒見過雪的南方孩子，不知道雪是什麼東西。老師說雪是純白的，兒童就將雪想像成鹽；老師說雪是冷的，兒童將雪想像成了冰淇淋；老師說雪是細細的，兒童就將雪想像成了沙子。最後，在考試的時候，兒童這樣描述雪：雪是淡黃色，味道又冷又鹹的沙。在溝通的過程中，誰又能百分之百理解他人呢，誰又能不犯錯呢！

明代有這樣一個笑話：有一個酸秀才上街買柴。只見他走到賣柴人跟前，文縐縐地說道：「荷薪者過來！」賣柴的是個大老粗，他哪聽得懂這「荷薪者」三個字是什麼意思。但是，他聽懂了「過來」兩個字，於是，就擔著他的柴來到秀才面前。

看著賣柴人朝自己走來，秀才又咬文嚼字地問道：「其價如何？」這次又難倒了賣柴人，只見他摸了摸頭，也不知道這位秀才說的是什麼意思。但是，跟剛才一樣，這位賣柴人也只聽懂了個「價」字，於是就一五一十地告訴秀才他的柴到底賣多少錢。

緊接著，秀才又說道：「外實而內虛，煙多而焰少，請損之。」，意思是說，你的柴外面是乾的，裡面卻是溼的，這樣的柴燒起來，肯定是煙多而火焰小，請減些價錢吧。這一次，賣柴人徹底沒轍了，剛才一句話還能聽得懂幾個字。可是，現在秀才一張口，一口氣說了這麼多，他可是一個字都聽不懂啊。於是，這位賣柴人擔著柴就走遠了，任憑秀才在後面怎麼喊，都不再回頭。

這個例子中，錯誤在秀才故意說一些別人不理解的話。但從反面說，如果賣柴的人，懂一點古文，這一樁買賣不就做成了嗎。不明白秀才的話，也可以請他用白話文再說一遍。溝通中，不理解他人語言內涵的情況，應該說經常發生，需要注意傾聽，也需要耐心，不懂的時候，就該多問一問。

2. 理解對方行為

說什麼樣的語言，反映了一個人的行為模式，透過語言要理解他人的行為，在以後的交流中，才會不斷進步。如對方讓你喝水，這個行為指令是很模糊的，把水全部喝掉，會說你太貪婪；只喝一點點，會說你太做作；喝了一半，會說你很「中庸」。

在沒有掌握對方行為標準的時候，溝通很難有理想的結果。在溝通中，人們運用對方熟悉的語言、方式和習慣進行交流，這是獲得他人理解的最好良方，同時也是他人行為模式的最佳表露。理解了對方的行為模式，才能理解對方的心。

3. 理解人群特點

對於跨地區、跨地域、跨國家的溝通來說，還要理解習俗的影響。不同的人群有不同的特點，這是建立自己的歸屬感的重要方面。每個人都會形成屬於自己的溝通模式和人脈圈子。漫無目的的交流，不注意總結經驗，溝通就不能內化為自己的性格修養，也形成不了自己的人脈圈子。

一隻狼出去找食物，找了半天都沒有收穫。偶然經過一戶人家，聽見房中孩子哭鬧，接著傳來一位老太婆的聲音「別哭啦，再不聽話，就把你扔出去餵狼吃。」

狼一聽此言，心中大喜，便蹲在不遠的地方等起來。太陽落山了，也沒見老太婆把孩子扔出來。晚上，狼已經等得不耐煩了，轉到房前想伺機而入，卻又聽老太婆說：「快睡吧，別怕，狼來了，我們就把牠殺死煮了吃。」狼聽了，嚇得一溜煙跑回老窩。同伴問牠收穫如何，牠說：「別提了，老太婆說話不算數，害得我餓了一天，不過幸好後來我跑得快。」

人是聰明的動物，聰明的動物才會使用計謀。別人信口開河，你就信以為真，全然不了解別人的習俗和行為習慣，很可能就會落得像那隻狼一樣的下場。空耗了很多時間，但沒有效果，最後就得挨餓。

誤解他人的話，是溝通中的大忌。張冠李戴，在職場中，不但極為尷尬，甚至會被開除。把握語言編碼的特點，這種編碼的內涵是什麼，它反

映了對方怎樣的行為模式、行為特點，應該將其歸結到哪一類人群當中去，不斷追問，對方的心就會漸漸地全部敞開，你就能走進對方的心。以後再去溝通的時候，才能做到主動，做到舉一反三，只要自己出擊，就能有所斬獲。

通道：避免扭曲溝通的管道

　　每個人選擇的溝通管道各不相同，資訊傳遞的途徑也就不一樣。溝通的形式有口頭形式和書面形式，正式溝通和非正式溝通，個體溝通和群體溝通，會議溝通和電子媒介等方法。形式的選擇一定要最有利於傳播和理解，只要找到適宜的形式，建立完善的溝通管道，使其暢通無阻，才能將資訊及時準確的傳遞、回饋和處理。

　　不管是哪種溝通管道，都有可能遇到阻塞，疏通淤塞，避免溝通的管道扭曲，是職業溝通中極為尋常的事，尤其是在國家機關和大型的公司裡，最為常見，他們不得不經常性的開會，以解決通路不暢的問題。

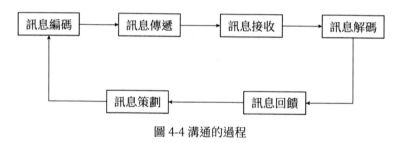

圖 4-4 溝通的過程

1. 正式管道：留住人心

　　正式管道是以達成特定目標為目的，在規定的通路內進行活動的交流。有效利用特定的通路進行資訊的傳遞，可以做到準確的接收、理解、互動，進而達到令雙方滿意的目的和讓人感動的效果。

　　我回到房間時房間煥然一新，枕頭上放著留言：「尊敬的白老師您好，很高興為您服務，在為您清理房間時，發現你愛睡兩個枕頭，所以特別為

您準備了一個具有保健功能的木棉枕頭，希望您能擁有一個好的睡眠，做個好夢！這裡的天氣比較熱，工作一天很累了吧，桌上為您準備了一杯菊花茶，但願它能消除您工作中的些許疲勞，祝您愉快、工作順心，您的服務員：丁玲、劉敏娣。」床頭櫃上還有女孩親手疊的紙鶴，還有一杯熱菊花茶。

我留了點好吃的給她們，算是對她們的謝意。回來後又發現卡片：「尊敬的白老師，這兩天還習慣吧？昨晚睡得好嗎？謝謝您給我們的禮物。其實那只是我們應該做的。當收到您的禮物時我們深感意外和激動。」我要走的當晚，女孩們書寫了一首詩：「故人西辭黃鶴樓，煙花三月下揚州。孤帆遠影碧空盡，唯見長江天際流……」

「我們知道您喜歡喝咖啡，但是您工作本來就很忙、很累，如果晚上休息不好就會影響您的身體健康。所以，請記得，晚上千萬要少喝咖啡哦！最後真誠的祝您：身體健康、一帆風順。您的服務員：丁玲、劉敏娣。」

透過這個例子，可以發現，正式管道照樣可以做到體貼入微。服務員的工作，只是按照飯店的規定做的，但是達成了感動顧客，留住人心的目的。正式管道的特點是正規化，一切語言都要符合特定的場合和目的，身為服務員，她們的工作踰越了自己的職責了嗎，顯然沒有，這也提醒我們，正式管道也要盡量人性化才有更好的效果。

2. 非正式管道：別搞不清楚狀況

非正式管道，一般指的是民間傳聞、小道消息，普通談話等形式，有的屬於「八卦」雜談，沒有真實的確定性內容。千萬不要忽視非正式管道的影響，很多重要的事情，是在私底下辦成的，到了正式管道的時候，事

情已經定下來了。尤其在法制化不健全的情況下，按規則辦事的意識並不強，按照傳統的非正式管道辦事，不但是高效的，而且必須學會。

牛耕田回來，躺在欄裡，疲憊不堪地喘著粗氣。晚飯前，主婦來餵豬，豬向前一步，說：「主婦，我向你反映一件事。牛的想法最近很有問題，你得好好教育牠。牠不願再為主人工作了，牠嫌主人給牠的工作太重太多太髒太累了。牠還說牠要離開主人，到別的主人那裡去。」得到豬的報告，晚飯桌上，主婦對主人說：「牛想背叛你，牠想換一個主人。背叛是不可饒恕的，你準備怎麼處置牠？」「對待背叛者，殺無赦！」主人咬牙切齒地說道。可憐，一頭勤勞而實在的牛，就這樣被傳言「殺」死了。

在非正式管道中，不要跟旁人抱怨，免得怎麼死的都不不知道。職場溝通和家長裡短是不一樣的，隔牆有耳，不知道什麼時候就傳到上司那裡去了，到時候只有吃不了兜著走。職場中，難以避免有「線人」和「內奸」式的人物在，更要小心才是。非正式管道本身就有失真的特點，失真的資訊被有心的人誇大之後，會被別人利用，做出錯誤的判斷。非正式管道經常會強化、弱化、曲解事實，從而使溝通面目全非，甚至引起正式管道傳遞不暢。

不同的溝通，採用的管道極為關鍵。選擇好了管道，就好比銷售人員選擇好了管道，管道是優良的，鋪貨上架就水到渠成。正式管道和非正式管道，基本上每天都在發生著，就看一個人是不是用心觀察，用心解讀。抓住細節和環節，仔細揣摩，自己的職場溝通能力、辨識能力、服務他人的能力，就能夠得到較大的提升。一旦自己感覺很不舒適，人際關係多有不和諧，就說明自己的職場溝通管道出現了問題，要引起警覺，及時發現問題，將其解決於無形之中。

回饋：溝通是有來有往的過程

回饋是資訊往返的過程。溝通要想取得較好的效果，就要不斷地根據回饋進行改正，防止溝通偏離軌道。職場溝通，需要站在一定的立場上，給對方一個回應。回應大致有五項：批評、解釋、異議、收到和認同。缺乏聆聽的技巧，往往會導致輕率的批評。任意的批評或發出不智的言論，往往是不注意提取回饋的資訊，只想控制整個場面的原因。

圖 4-5 根據回饋進行改正

1. 回饋不通

回饋不通，是指彼此不能理解。善於觀察的人都知道，貓和狗是仇家，見面必掐。貓狗在溝通上出了問題。狗族示好的表示是搖尾擺臀，而這種「身體語言」在貓那裡卻是挑釁的意思；貓們在表示友好時就會發出「呼嚕呼嚕」的聲音，而這種聲音在狗聽來就是想打架的意思。貓狗本來都是好意，結果好心都被對方當做了驢肝肺！但從小生活在一起的貓狗就

不會發生這樣的對立，原因是彼此熟悉對方的行為含義。溝通中也一樣，只有有了準確的回饋，才會有和諧的溝通效果。

在人們的調侃中，或許你聽到過一個關於「方便」的故事。

一次晚宴，一人說去方便一下，老外不解，旁人告訴他「方便」就是上廁所；敬酒時，另一人對老外說，希望下次出國時能給予方便，老外納悶不敢問；席間，電視臺美女主持人提出，在她方便的時候會安排老外做專訪。老外愕然：怎麼能在你方便的時候？美女主持人說，那在你方便時，我請你吃飯。老外暈倒！醒來後，美女主持人又對他說，要不你我都方便時，一起坐坐？老外又一次暈倒，再沒有醒來。

同一個資訊傳遞給不同的人，回饋是不一樣的。直接決定溝通效果的是內容。回饋不通的解決辦法，以準確向他人解釋自己行為含義為主。初次見面的陌生人，還是以選擇客套話和正規化的溝通方式比較好。這樣不至於引起他人的誤解。當彼此都熟悉的時候，舉手投足間就有默契，回饋不通的情況也就自然而然地消失了。

2. 缺乏回饋

缺乏回饋，就是對方僅理解了語言的一部分，還有一部分沒有理解。缺乏回饋有很強的副作用，自以為對方明白了，結果對方完全可能誤解你的意思。沒有回饋，無法進行有效的溝通。在資訊傳遞和接收的過程中，要想不出現誤解和失真，就必須重視回饋環節。

巴頓將軍（George Smith Patton, Jr.）為了顯示他對部下的關心，做了一次參觀士兵食堂的突擊檢查。在食堂裡，他看見兩個士兵站在大鍋前。「讓我嘗嘗這湯！」巴頓將軍向士兵命令道。「可是，將軍……」，士兵正準備解釋。「沒什麼。」「可是。」「給我勺子！」巴頓將軍拿過勺子

喝了一大口，怒斥道：「太不像話了，怎能給戰士喝這個？簡直就是刷鍋水！」「我正想告訴您這就是刷鍋水，沒想到您已經嘗出來了。」士兵正色答道。

聽別人說話時，不但得及時向對方回饋資訊，更重要的是要等對方講完。不等別人講完，就急於回饋結果，這是非常極端的缺乏回饋的例子。有效回饋，只有確定了對方的真正意思後，方可表達自己的意思或行動。我們經常有這樣的習慣：在還沒有真正明瞭之前，就按照經驗大加評論和指揮。反過來，如果位置對調，你會怎麼做呢？

3. 回饋強化

回饋強化是雙方在明白內容的基礎上，運用語言、動作、行為來加強內容，加深彼此的信任和理解，進而深化記憶，達到理想溝通效果。回饋強化，在溝通中發揮著非常積極的作用，不管是正式溝通，還是非正式溝通，強化回饋都是普遍應用的溝通方式。

我曾經和朋友去一家餐廳用餐，剛一進門，他們的前廳經理就迎了過來：「白老師您來了啊，哎呀，看到您太高興了，前兩天我們還提到您了呢！說這段時間您都沒有過來，我們都挺想您的，我們還準備打電話給您呢。說貴人，貴人就來了。哦，這是您的朋友吧？是您的朋友，就是我們的貴賓，來來來裡面請，我親自為你們服務！」

強化即重複某一行為，它激勵人們活動，增強人的感受。強化的方法主要有語言強化、活動強化、符號強化、接近強化與接觸強化等，它們的共同特點是，重複類似的語言、動作、符號等內容。良好的行為經過不斷強化，才能形成溝通的象徵，為他人留下深刻的印象。

4. 回饋改善

　　回饋改善是指對回饋不良資訊，對溝通進行合理完善的行為。職場中，每個人一定程度上都存在著不恰當的行為，根據對方的回饋，改正和完善自己的行為，同樣的錯誤不再犯第二次，是一個人迅速成長起來的重要途徑。

　　B 老師是一名培訓師，他講課常常提起一家飯店，只要到那個城市，他就想方設法住這家飯店，並經常向朋友推薦那家飯店。一次偶然的機會他享受到了 VIP（貴賓）待遇，從此就成了這裡的忠實客戶。B 老師為什麼成為這家飯店的 VIP 呢？他之所以有這樣的表現，就是源自他的一次抱怨，更確切地說是緣自飯店方對他的抱怨的積極回饋。

　　之前有一次 B 老師在那個飯店裡入住的時候，飯店裡面的熱水器有問題，就馬上打電話，來了一個師傅，折騰半天都沒修好，換了人還是沒修好，B 老師就很生氣，當場就把總經理叫來，「教訓」中摻雜著培訓，足足進行了 20 多分鐘。那位總經理一直在聽，然後立刻就安排換房間，而且等級升一級，由雙人房改套房。B 老師堅決不換，總經理馬上叫人拿了一盤水果上來，還幫他登記了 VIP 資格，從此，B 老師就成了這家飯店的忠實的顧客。其實，飯店並沒有任何損失，那天晚上，花了一盤水果的代價，上了 20 分鐘免費的課程，然後給了一個所謂的 VIP 資格，就得到了一個忠實顧客。

　　職場溝通與此類似，其實當他人回饋不良資訊甚至是批評給自己的時候，改正了就會贏得他人的尊敬和信賴。就像買東西，顧客在要投訴的時候，心裡是失望的狀態，這時的期望值最差。我們只要及時給予積極的回饋，表達一些尊重，略有一些誠意，顧客就會很滿意。這展現了溝通改善的重要意義。

　　溝通回饋是完善溝通效果的關鍵一步，如果沒有這個環節，大部分人的溝通不會有很大的進步。優秀的職場人士，為什麼有非常強的溝通能力，無非是熟能生巧，善於總結、回饋、改進溝通效果的原因。回饋不通和缺乏回饋是兩種不良的溝通形式，回饋強化和回饋改善是兩種優良的溝通形式。整個溝通過程，是一個不斷改正錯誤，強化優點的過程，沒有優點，就要發展出優點，並使其成為自己溝通中的標準化人格，不斷重複這一過程，溝通形象就可以重新塑造了。

第五章
職場溝通的心法

不讓情緒掌控溝通的「心法」

　　不用心溝通，形式都是蒼白的。把封閉的心門敞開，成功的陽光才能驅散失敗的陰霾。心胸寬廣，思想開朗，遇事拿得起、放得下，才能永遠保持健康的心態。積極的人，像太陽，照到哪裡哪裡亮，消極的人，像月亮，初一十五不一樣。想法決定我們的生活，有什麼樣的想法，就有什麼樣的行為，什麼樣的行為就會決定什麼樣的習慣，什麼樣的習慣也就決定什麼樣的命運。

　　一把堅實的大鎖掛在鐵門上，一根鐵桿費了九牛二虎之力，還是無法將它撬開。鑰匙來了，它瘦小的身子鑽進鎖孔，只輕輕一轉，那大鎖就「啪」的一聲開啟了。鐵桿奇怪地問：「為什麼我費了那麼大力氣也打不開，而你卻輕而易舉地就把它開啟了呢？」鑰匙說：「因為我最了解他的心。」每個人的心，都像上了鎖的大門，任你再粗的鐵棒也撬不開。唯有真心，才能將自己變成一把細膩的鑰匙，進入別人的心中，了解別人。所以溝通時，一定要多為對方著想，以心換心，以情動人。

心法 1：抱怨是毒藥

　　一個成熟的職場人士，不能讓情緒左右自己的思想和行為。失去了對自己的控制力，就容易導致失敗。善用情緒的價值和功能，才能在職場中左右逢源。情緒一旦釋放出來，就很難控制，最好的方法是在釋放前就把它控制住。沒有人願意與一個情緒化的人相處，情緒失控，是自找麻煩的愚蠢行為。

　　抱怨是極為負面的情緒之一。抱怨是心靈的毒藥，它摧毀人的意志，摧毀人的身心，削減人的熱情，降低人的身價。不管是誰，不管是在哪個行業，只要有抱怨的毛病，就很難贏得他人的尊敬，就不可能將工作做好，也不可能充分發揮溝通的積極效果。沒有哪個人願意和抱怨的人相處，沒有哪個老闆願意聽到抱怨的聲音。

1. 抱怨只能弱化自己

　　心中滿懷怨恨，總覺得他人都對不起自己，這是職場的危險訊號。它會降低對職業生涯的熱情，心有不甘，心有不滿，會挫傷人的積極性，甚至失掉信心，從此一蹶不振。職場要求人們先要付出，才能贏得相對的收入；只是抱怨，不懂得付出，很難塑造良好的溝通形象，很難改變自己的職業命運。

　　一個女孩毫無理由地被老闆炒了魷魚。中午，她坐在單位噴泉旁邊的一條長椅上黯然神傷，她感到她的生活失去了顏色，變得黯淡無光。她抱怨同事太刻薄，老闆太無理。這時她發現不遠處一個小男孩站在她的身後

咯咯地笑，她就好奇地問小男孩，你笑什麼呢？「這條長椅的椅背是早上剛剛漆過的，我想看看妳站起來時背是什麼樣子。」小男孩說話時一臉得意的神情。

女孩一怔，突然想到：昔日那些刻薄的同事不正和這小孩一樣躲在我的身後想窺探我的失敗和落魄嗎？我絕不能讓他們得逞，我絕不能丟掉我的志氣和尊嚴！女孩想了想，指著前面對那個小男孩說，你看那裡，那裡有很多人在放風箏呢。等小男孩發現自己受騙而惱怒地轉過臉時，女孩已經把外套脫了拿在手裡，她身上穿的鵝黃的毛線衣讓她看起來青春漂亮。小男孩甩甩手，嘟著嘴，失望地走了。

女孩一甩掉抱怨的情緒，立即就變得陽光和堅強起來。自己軟弱灰暗，只會讓他人覺得你可憐好欺負，自己陽光堅強，讓他人躲在角落裡欣賞不是更好嗎？生活中的失意隨處可見，如那些油漆未乾的椅背，在不經意間讓你苦惱不已，但是如果已經坐上了，就「猝然臨之而不驚，無故加之而不怒」的勇敢去面對。脫掉你脆弱的外套，你就會發現，心中還有另外一番天地。

2. 自我抱怨，傷情引禍

對於很多人而言，總覺得對方虧欠了自己，總覺得自己受盡了委屈。不妨捫心自問，自己是否也曾虧欠過別人，讓別人受盡委屈，自己是否也會成為別人抱怨的對象？抱怨，並不能解決事情，只會讓事情越變越大。抱怨表面是解了一時之氣，實際上是對自己情緒和健康的巨大傷害，長此以往會引起各種疾病。抱怨使自己的氣量越變越小，最後把自己孤立起來，落得一個自己傷害自己的境況。

古希臘常有競技比賽，吸引各地英雄豪傑參加。在一次比賽中，某人

奪得了第一名，大家給他冠軍的榮譽，為他戴上桂冠，並為他立了冠軍石碑。而第二名的人在抱怨自己之餘，十分嫉妒他，居然半夜裡偷偷跑到眾人為那冠軍所立的石碑處，想用鐵鏟子破壞它，藉以消除心頭之恨。他拚命地挖，石碑終如願倒塌下來，但恰巧壓在他的身上，把他活活地壓死了。翌日當他被人發現時，早已死亡多時。

抱怨會引起嫉妒，嫉妒能使人做出一些有違常理的愚事。放寬心情，享受生活，自然可以得到樂趣。如果在抱怨的情緒中，做出一些匪夷所思的事情來，難免為自己帶來巨大傷害，甚至是危害生命。就像挖石碑的人一樣，第二名已經很了不起了，偏偏就是自己想不開，由怨生妒，最後自我葬送。

3. 彼此抱怨，兩敗俱傷

人與人之間的關係，互相抱怨、推諉和爭鬥，只能是兩敗俱傷，唯有互相理解、相互欣賞、相互支持、相互信任，才能合作共贏。

一日，夜深人靜，鎖叫醒了鑰匙並埋怨道：「我每天辛辛苦苦為主人看守家門，而主人喜歡的卻是你，總把你帶在身邊，真羨慕你啊！」而鑰匙也不滿地說：「你每天待在家裡，舒舒服服的，多安逸啊！我每天跟著主人，日晒雨淋的，多辛苦啊！我更羨慕的是你！」

一次，鑰匙也想過一過安逸的生活，於是把自己藏了起來。主人出門後回家，不見了鑰匙，氣急之下把鎖給砸了，並順手扔進了垃圾堆裡。進屋後，主人找到了鑰匙，氣憤地說：「鎖也砸了，現在留著你還有什麼用呢？」說完，把鑰匙也扔進了垃圾堆裡。

在垃圾堆裡相遇的鎖和鑰匙，不由感嘆起來：「今天我們落得如此可悲的下場，都是因為過去，我們沒有看到對方的價值與付出，而是這山望

著那山高，彼此斤斤計較，相互妒忌和抱怨啊！」

　　人有抱怨的習慣，卻不知道這個習慣會為自己帶來許多的麻煩（如圖 5-1 所示）。人與人之間的關係，很多時候像是鑰匙和鎖的關係，是彼此配合的。一旦彼此抱怨，整體的功能就完全喪失了。夫妻相互抱怨，最後就可能離異。兒女跟父母抱怨，就可能引發矛盾，全家痛苦不堪。下屬跟上司抱怨，公司業績就會上不去。在封建社會，皇帝對喜歡抱怨的臣子不但很冷漠，甚至還可能殺之。

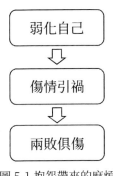

圖 5-1 抱怨帶來的麻煩

4. 改造自己，從不抱怨開始

　　想要改變自己，就要從不抱怨開始，不抱怨才能建立良好的情緒和情感。抱怨絕對不能獲得歡喜，你抱怨他人一分，他人回饋給你更多的排斥和討厭。「敬人者，人恆敬之」，同樣「怨人者，人恆怨之」。只有建立了積極健康的情感，才能將自我的注意力轉到正向的溝通上來。

　　施瓦布（Charles Michael Schwab）出生在美國鄉村，只受過很少的學校教育。15 歲那年，家中一貧如洗的他就到一個山村做了馬夫。然而雄心勃勃的施瓦布無時無刻不在尋找著發展的機遇。三年後，施瓦布終於來到「鋼鐵大王」卡內基所屬的一個建築工地打工。一踏進建築工地，施瓦

布就抱著要做同事中最優秀的人的決心。當其他人在抱怨工作辛苦、薪水低而怠工的時候，施瓦布卻默默地累積著工作經驗，並自學建築知識。

打工者中，有人諷刺挖苦施瓦布，他回答說：「我不光是在為老闆打工，更不單純為了賺錢，我是在為自己的夢想打工，為自己的遠大前途打工。我只能在業績中提升自己，我要使自己工作所產生的價值，遠遠超過所得的薪水，只有這樣我才能得到重視，才能獲得機遇！」抱著這樣的信念，施瓦布一步一步升到總工程師的職位上。25歲那年，施瓦布又做了這家建築公司的總經理。後來，施瓦布終於自己建立了大型的伯利恆鋼鐵公司（Bethlehem Steel Corporation），並創下非凡的業績，真正完成了他從一個打工者到創業者的飛躍。

從不抱怨是巨大的情感能量，足以支撐你在職場中建功立業。大多數人想要改造這個世界，但卻罕有人想改造自己。要麼去改變世界，要麼改變自己，否則就是自我折磨。當情緒低落時，不妨去訪問孤兒院、養老院、醫院，甚至再去看看火葬場，看看世界上除了自己的痛苦之外，還有多少不幸。一個女孩因為沒有鞋子而哭泣，直到她看到了一個沒有腳的人，才知道自己多幸運。改造世界不如直接改造自己，快意生活的智慧在於——它若不變，我就變。

不要整天抱怨生活欠了你什麼，實際上生活根本不知道你是誰。在包容的背後，蘊含的是愛心和堅強，是挺直的脊梁，是博大的胸懷。心若計較，處處都有怨言；心若放寬，時時都是春天，若要計較，沒有一個人、一件事能讓你滿意。人活一世，最重要的是心靈的安穩和平靜，何必跟自己過不去。心寬一寸，路寬一丈，若不是心寬似海，哪有人生的風平浪靜？

心法 2：感恩才有回饋

　　與抱怨不同，感恩是最為正向的能量，是最為積極的溝通心理。感恩不用有什麼特殊的表示，就能得到他人豐厚的回饋，是給他人最好的禮物。感恩既不同於簡單的買賣關係，也不同於普通的職務往來，它是穩定的情感關係，可以凝聚人心，可以使自己在溝通中顯得與眾不同。

　　真正的溝通是心心相印的一種活動，唯獨從心裡發出來，才能打動對方。感恩是發自內心深處的情感，很難假裝出來。所以，擁有一顆感恩之心，最容易感動對方，讓彼此的溝通和業務關係和諧而愉快。遺憾的是，在當今的職場中，越來越多的人不懂得感恩，人際關係成了簡單的機械關係，溝通的各方不免感到疲憊。

1. 習慣得到，忘記感恩

　　感恩就是對別人所給予的幫助心懷感激。感恩，是一種歌唱生活的方式。感恩，是一種生活態度。常懷感恩之心，知恩圖報，才會無愧於心。人活在世間，應該懂得感恩；如果不會感恩，活著不如死去。但快節奏的生活，舒適的經濟環境，使很多人習慣了得到，忘記了感恩。「不愛其親而愛他人者悖德，不敬其親而敬他人者悖禮」，感恩之心源於孝。

　　有個女孩跟媽媽大吵了一架，氣得奪門而出，決定再也不要回到這個討厭的家了！一整天她都在外面閒逛，肚子餓得咕嚕咕嚕叫，但偏偏又沒帶錢出來，可又不好意思回家吃飯。一直到了晚上，她來到一家麵攤旁，聞到了陣陣香味。忽然，麵攤老闆親切地問：「小女孩，妳要不要吃麵

啊？」她不好意思地回答：「嗯！可是，我沒有帶錢。」老闆聽了大笑：「哈哈，沒關係，今天就算我請客吧！」女孩簡直不敢相信自己的耳朵，她坐下來。

不一會，麵來了，她吃得津津有味，並說：「老闆，你人真好！」老闆說：「哦？怎麼說？」女孩回答：「我們素不相識，你卻對我那麼好，不像我媽，根本不了解我的需要和想法，真氣人！」老闆又笑了：「哈哈，小女孩，我不過才給妳一碗麵而已，妳就這麼感激我，那麼妳媽媽幫你煮了20幾年的飯，妳不是更應該感激她嗎？」聽老闆這麼一講，女孩頓時如夢初醒，眼淚瞬間奪眶而出！她顧不得吃剩下的半碗麵，立刻飛奔回家。

當太陽一直都在，人就忘了它給的光亮。當親人一直都在，人就會忘了他們給的溫暖。一個被照顧得無微不至的人反而不會去感恩，因為他認為，白天已經夠亮了，太陽是多餘的。職場溝通中也是一樣的道理，別讓自己習慣得到，忘記感恩，要知道老闆開公司也是不容易的，他使你衣食無憂，有了基本的生活保障，同事整天和你在一起，彼此幫助完成了很多大事，這些都是非常值得珍惜的關係，值得用心經營和付出關愛。

2. 懂得感恩，才有快樂

一個人要學會感恩，才能獲得真正的快樂。快樂也是發自內心的，它和感恩處在差不太多的頻率，當一個人懂得感恩的時候，發自內心的富足和快樂，就會流過他的心田。如果忽視了自己所有的，整天抱怨命運的不公，彷彿世界都欠他的。這樣的狀態和心理，不會有快樂和幸福可言。

感恩不但是一種積極的生活態度，也是一個正常的人所應具備的基本情感。感恩那些傷害你的人，因為他磨練了你的意志；感恩那些欺騙你的人，因為他豐富了你的經驗；感恩那些輕視你的人，因為他覺醒了你的自

尊。嚴格來講，工作和生活中的每一件事都是為了使自己更加完美而設計的。要懷著一顆感恩的心，感謝命運，感恩周圍的一切。

一次，美國前總統羅斯福的家裡遭小偷，被偷走了很多東西，一位朋友聞訊後，忙寫信安慰他，勸他不必太在意。羅斯福給朋友的回信是這麼說的：「親愛的朋友，謝謝你來信安慰我，我現在很平安。感謝上帝：因為第一，賊偷去的是我的東西，而沒有傷害我的生命；第二，賊只偷去我部分東西，而不是全部；第三，最值得慶幸的是，做賊的是他，而不是我。」對任何一個人來說，失盜是件遺憾和不幸的事，而羅斯福卻在這裡找出了三個感恩的理由。

總統被偷了東西，都能想出幾個感恩的理由，這是多麼寬廣的胸懷。看出有才能的人和普通人有什麼差別了嗎？那就是他們胸懷更廣，時刻懂得感恩。因為有了感恩的心態，他們的心每時都處於平和、富足的狀態，心中常懷歡喜，常流大愛，所以才能做出有益於國家有益於人民的事業。感恩生活，生活將賜予你燦爛的陽光；怨天尤人，最終可能一無所有！雲卷雲舒，花開花落都值得去珍惜。

3. 學會感恩，成就自己

很多人原諒別人的次數太少，原諒自己的次數卻太多。如果能以原諒自己的態度去原諒別人，就能結交更多推心置腹的朋友，以要求別人的「刻薄之心」來責備自己，就能「寡過」。經常感恩，就能練就自己的寬恕之心，寬恕之心升起來，抱怨和埋怨等負面情緒，就很難產生了。一個人能處處寬容，處處感恩，心境自然樂觀開朗。

逆境照樣要感恩，因為逆境是促進一個人成長最快的動力。感恩傷害你的人，因為他磨練了你的心志；感恩欺騙你的人，因為他增進了你的智

慧和經驗。感恩處處給你挫折或考驗的人，因為他助長並強化了你的能力。感恩遺棄你的人，因為他教導你應該自立。人生在世不可能依靠某個人，最終依靠的還是自己。一個人常常依靠別人，就會生活在患得患失中，沒有真正的快樂，所以感謝他遺棄了你，是他教導你要自立自強。一個面對傷害、欺騙，以及別人的誤解，還能平心靜氣地感恩的人，別人遲早會被你感化，因為你的修養會激起他人慚愧之心。

　　學會感恩，成就的是自己。感恩是富裕的人生，它是一種深刻的感受，它能夠增強個人的魅力，開啟力量之門，發掘出無窮的智慧。感恩能開啟對方的心門，幫助你走進他們的心裡，讓他們都接納你、理解你，最終成就你。在當今的職場，如果懂得感恩，基本素養又禁得起嚴格的考驗，不管是哪個主管，都會視你如明珠，千方百計地使你發光發亮，絕不會埋沒你。

　　開啟了感恩的門，就像推倒了幸福的西洋骨牌，一連串的好運和幸福，就會漸漸向你走來。不要讓自己的心習慣了得到，忘記了感恩，在職場中，不懂得感恩的對立面，就是忘恩負義。人們就要時常提防你，主管也不敢重用你。為什麼很多成名的人物，看起來都很不起眼，甚至連大學畢業證都沒有，卻能做出很好的成績呢。難道不是人品好，懂得感恩，懂得回報，在關鍵時刻，不自作聰明的緣故嗎？學會感恩，最終成就的還是自己。每個人手中都有一片「羽毛」，只要你懂得感恩，就會讓你變得更加美麗。

心法 3：別傻笑

　　每個人都知道微笑對於溝通的重要意義，但是你會笑嗎？僵硬的東西，是趨於死亡的東西，微笑要自然不做作。不管對誰，真誠的微笑都是美的，偏偏有些人的微笑，讓人感覺特別不舒服。如果不能將真誠的微笑給予對方，那麼就不要笑。傻笑只能讓人覺得你少根筋，並告訴對方你不是一個成熟的職場人士。微笑是陽光，親切的微笑可以縮短心與心的距離，送給別人一個真誠的微笑，它會回贈你一個明媚的春天。

1. 微笑不需要成本

　　微笑是一個簡單的臉部表情，根本不需什麼成本。微笑在交往中有一種神奇的魅力，它可以創造無限的價值，為主人帶來豐厚的回報。微笑是人際溝通中所向披靡的神奇利器，能幫助勇於追求、富有希望的人打通死路，甚至扭轉一個人的命運。微笑可以說成是「無本萬利」。善意而真誠的微笑至少有下列好處。

1. 笑能使外表更迷人，讓你更受歡迎，更具魅力。
2. 消除隔閡：人們常說舉手不打笑臉人或一笑泯恩仇。沒人會拒絕迷人的微笑，微笑是人際交往的萬能鑰匙，能拆除彼此之間的籬笆，敞開雙方的心扉。
3. 有效傳遞友善與關懷。
4. 可以消除雙方的戒心與不安，以解開僵局。
5. 能消除自卑感，並能很好地調節情緒。

6. 能感染對方也笑，拉近彼此距離，創造和諧的交談基礎。

7. 能讓對方建立對你的依賴感。

8. 能去除自己的哀傷，迅速地重建信心。

9. 是表達愛意的捷徑。

10. 會增加活力，有益健康。

11. 更多的獲取回報。

12. 能使你贏得友誼和合作。

微笑是一種神奇的電波，它會使別人在不知不覺中同意你。有部電影叫《三笑》。唐伯虎遇見了秋香，秋香對他一笑，唐伯虎著了迷；待秋香對他二笑，唐伯虎魂都掉了；秋香的第三笑，頓令唐伯虎放著畫家不當，去丞相家裡做僕人，這就是笑容的魅力。面帶三分笑禮數已先到。微笑有天然的吸引力，能使人相悅、相親、相近。溝通者要有「黏住」對方的本領，首選是微笑！

2. 放之四海而皆準

人際交往中，微笑是放之四海而皆準的「利器」，它能迅速的縮短人與人之間的心理距離，促進人與人之間情感的交流。誰善於發出真切的、自然的微笑，誰就會拉近與他人的距離，成就與榮譽就會走近他。

事實證明，微笑是一種文明的表現，它反射出一種涵養。一個微笑可以打破僵局、一個微笑可以溫暖人心、一個微笑可以淡化我們的缺點、一個微笑能帶來自信的動力、一個微笑可以凸顯個人魅力。微笑是彼此間最好的語言，微笑會讓對方不忍對你拒絕，微笑是人生中最好的名片，微笑本身就是人際溝通的祕笈。

原一平，全日本賣保險第一人，他身高不足 150，是個三四十歲的老男人，他能把保險賣得那麼好，而且專賣給家庭主婦，就是因為他把微笑運用發揮到了極致。

他每到一家就按門鈴，家庭主婦開啟防盜門從貓眼裡一看沒人就關上門。接著門鈴又響就開啟門一看，以為誰家的小孩來了，此時原一平就露出嬰兒般的微笑，這是無法抵擋的，主人就只能讓他進屋來了。然後，他那情人般的眼光，又把家庭主婦們說服了，然後慢慢聊天。一次，兩次。最後，在老婆的說服下，老公同意買了他的保險。這就是微笑的目光，微笑的眼神，令人無法抵擋。

在這個例子中，微笑成了買賣成交的魔力開關。請人幫忙時，面帶微笑，別人幾乎無法拒絕你的請求；感謝別人時，面帶微笑，別人會加倍領受你的感激之情；心情鬱悶時，微笑解除你的煩惱；開心樂意時，一個會心的微笑，會令人更加愉快。雨果說的好：「笑是陽光，它能消除人們臉上的冬色。」職場中，每個人都應當充分使用與生俱來的祕密武器 —— 微笑，在利人利己的前提下，讓事業更順暢，讓生活更美好。不妨運用真誠的微笑，仔細體會一下溝通的關係發生的變化，自己真能受益了，才能切實感受到微笑的魅力。

3. 微笑的溝通

人生最忌諱的是一臉「死相」。微笑是文明禮貌服務之標、是主動熱情待客之表、是密切人際關係之方、是提高經濟效益之寶，這就是微笑的溝通實質。展現真誠的微笑，可以說成是人際關係相處的一項重要而有效的準則。

▶（1）文明禮貌服務

即恆定文明禮貌與服務的標準和象徵。日本新大谷飯店特別培育了關於微笑的文化，形容微笑是「通向五大洲的護照」；泰國曼谷東方大飯店甚至把「笑容可掬」列入了他們的服務規範。

▶（2）主動熱情待客

即表情、表達、表現，是心靈美的反映，是對賓客情感的表達，是自己內在修養的外在反射。

▶（3）密切人際關係

即調理人際關係的祕方。

無限親和力：微笑可使賓主之間相悅、相親、相近。

巨大感染力：只要微笑常駐心間、常駐容顏，即使是流氓，也可以馬上變成紳士。

迷人的魅力：讓人分泌一種麻醉性的快感荷爾蒙，使人判斷力遲鈍，可以消除你的緊張和雙方的敵對。

美妙的社交語言：溝通人的心靈、縮短人際的距離、密切彼此關係、增進相互情義的極好潤滑劑。

▶（4）提高經濟效益

即提高經濟效益和自身價值的法寶。因為人們都知道「出門看天色，進門看臉色」，經營者更是深諳「誠招天下客，客從笑中來」的理念，並不斷改進服務的品質，在各種細節和文化上做足了功夫。

很多人在溝通中輕視微笑的作用和價值，認為它微不足道。在真正的

商戰中，只要把任何一項服務模式，做到極致，讓別人根本無法和你比肩，那麼這項服務就會成為你的招牌，就會形成你的口碑。溝通中也一樣，不是微笑的作用小，而是很少有人明白其中的道理，把這件事情當做一件大事，認認真真地去做好。想像一下，該笑的時候，你笑了嗎，該笑的時候不笑就是沒有情趣，自然不能引起他人的好感。

4. 訓練「五個結合」

微笑的訓練方法很多，比如說喬・吉拉德每日對鏡訓練微笑，在掌握微笑的標準後，強化微笑的習慣；日本航空的新進員工，單就微笑的訓練就要持續半年之久；沃爾瑪對員工的微笑要求的標準是：微笑時要露出 8 顆牙齒；在每天的晨會、晨練微笑等。

微笑的訓練應該堅持以下幾個結合。

1. 與心結合：微笑是一個人的內心世界對外部事物愉悅的一種自然表露。心在人際溝通中是總樞紐、總機關，口笑心不笑，很容易被認為是虛假的感情。

2. 口中唸「一」：微笑正是處於含蓄、得體的狀態之中。這種狀態下，嘴巴呈現的是最為自然的美，且不會暴露自己的五官缺陷。

3. 口眼結合：與眼形和眼神的結合，會使微笑更加的傳神、自然。

4. 與神情、氣質結合。就是表情完全反映情感和氣質，不使臉部表情和內在脫節。

5. 與語言的結合。微笑和語言結合，才能給人更加親切的感覺，否則就會顯得僵化。

6. 與儀表舉止結合。微笑和動作語言結合起來，才能顯得舉止得宜。

　　沃爾瑪有一個非常有名的「三公尺微笑」原則：它要求員工做到「當顧客走到距離你三公尺範圍內時，你要溫和地看著顧客的眼睛向他打招呼，並詢問是否需要幫助」。同時，對顧客的微笑還有量化的標準，即對顧客微笑時要露出「八顆牙齒」，因此如果是女性員工自然在這方面很有優勢。事實上，沃爾瑪目前在將近 10 萬員工中，有 60%、70% 的員工是女性，有 40% 的管理層是女性。女性去工作，可以發揮女性溫柔的特質，更多地去關心顧客。

　　「三公尺微笑」原則就展現了五個結合，比如說與眼結合，與口結合，與語言結合，與儀表舉止集合等都在其中得到了很好的展現。在職場中，只要做到了五個結合，就掌握了微笑的核心技巧，只要稍加練習，就能在實戰中，如魚得水，應對自如。人人都有一件「微笑」的武器，但是只有會用的人才能發揮作用，不會用的人，只能別在腰間，做個沒有實際用處的飾品。

　　工作的煩惱、繁雜的人際關係以及生活的瑣事，經常偷走微笑。境由心造，面由心生，為了防止微笑丟失，應該調整好心態，並學會對外感恩，對內激勵自己，寬容他人，喚起自己內心深處真誠的微笑。微笑無本萬利，放之四海而皆準，不懂得微笑的祕訣，就是懷玉夜行。微笑必須發自內心，「六個結合」是微笑訓練的方法，如果你的微笑並不美觀，那麼試著結合「六個結合」，訓練一下吧，相信能取得很好的效果。在這個世界上，還沒有什麼事情，是沒經過學習就可以得到的，微笑也一樣。

心法 4：要有幽默感

　　幽默是最有效的溝通手法，也是溝通的最高藝術境界。在人際交往中，是否能夠運用幽默，運用多少幽默以及效果如何，是衡量一個人溝通能力的重要標準。歐美一些國家將幽默感作為衡量一個人是否有良好修養的表現，如果一個人被說成是「沒有幽默感的人」，無疑是對這個人最大的打擊和侮辱。

　　凡有幽默素養者，都是聰敏穎悟的。他們會用幽默解決一切困難問題，而把每一種事態安排得從容不迫，恰到好處。幽默，似閃電溢出的火花，是瞬間的靈思、高度的機敏，能贏得別人的好感，捕獲更多的理解和支持，擁有了幽默這個「法寶」，就擁有了受益終身的無價財富。

1. 幽默的載體是極高的智慧

　　幽默是一個人對有趣、可笑事物的一種愉悅心理反應，是一種親切、輕鬆的感覺。反之，一個消極悲觀、心胸狹窄的人是與幽默無緣的。幽默不是低階、庸俗的「葷段子」，也不是油腔滑調的自我賣弄，更不是為了自我愉悅的嬉戲逗樂。幽默能為別人帶來快樂，營造愉悅的氛圍，讓彼此放下心中的芥蒂。

　　一天夜裡，一個小偷鑽進巴爾札克（Honoré de Balzac）的房間，在他的房間裡慌張地亂翻。巴爾札克被驚醒後悄悄地坐了起來，他點亮燈，然後微笑地說：「尊敬的先生，別浪費力氣了，我白天已經很仔細地找過了，

都沒有找到錢，現在，天這麼黑，你又這麼急，就更別想找到了。」小偷看著平靜的巴爾札克，乖乖地退了出去。

幽默是一項高階的藝術，需要「表演者」傾情盡心的演出，也需要聽眾會心的欣賞。幽默的境界是笑而不俗，雅而不膩。巴爾札克將自己的人生智慧和閱歷，以及其幽默的方式表現出來，小偷聽著都要笑了，恐怕要和他做朋友。好的幽默都是充滿人生智慧的，它會令你心動，令你心悅誠服，甚至恍然有所感悟。

2. 幽默的外在表現是優良的修養

既不中傷別人，又能很好地保護自己。幽默以「委婉」的方式「穿透」別人的自大與自負，使溝通得以順利地進行，使參與者都不會感到太過為難。一個修養不好的人，運用幽默是不太容易的，因為他們的話更多的是給人難堪，讓別人下不了臺。這種方式和幽默的精神背道而馳，嚴格來說是嘲笑。

南非前總統曼德拉（Nelson Rolihlahla Mandela）的幽默和風趣，來自他坎坷多難的人生歷程，這個南非的民族鬥士，被關押在荒涼的羅本島上28年與人世隔絕，他正是在漫長的牢獄生活中錘鍊培養成了樂觀豁達風趣的品格，從而使自己笑傲苦難。

曼德拉有一次在全非洲領導人參加的重要會議上演講，因為年紀大了不小心把講稿的頁次弄亂了。這本來是一個很尷尬的事情，但是曼德拉卻出口不凡：他一邊整理講稿一邊風趣地說：「你們要原諒一個老人把講稿的頁次弄亂，不過我知道在座的有一位總統，也曾經把講稿弄亂，但是與我不同的是，他沒有發現而是照樣往下唸。」會場頓時響起經久不息的掌聲，因為演講中斷而帶來的尷尬也煙消雲散。

到演講結束的時候，曼德拉又幽默了一次。他說：「感謝大會授予我卡馬勳章，我現在退休在家，如果哪一天缺錢花了，我就拿到大街上去賣，我知道在座的有一個人一定會花大價錢買的，他就是我們的總統姆貝基（Thabo Mvuyelwa Mbeki）。」姆貝基和在座的所有的人都被曼德拉的幽默而感動，他們起立為曼德拉鼓掌，目送這位風趣的老人退場。

在例子中，曼德拉隨意自然的拿自己和同事作為笑料，博人一笑的功夫，渾然天成。好的幽默一定展現著主角優良的教養和瀟灑的人生態度。一個人的修養怎麼展現，不全是靠做好事來展現的，修養不好，僵硬地去做好事，也可能適得其反。好的修養，完全可以透過幽默來展現，沉默寡言，不會交往，可能會落得一個人品好、人老實的名聲，但人們心底，還是會認為，你的修養有所欠缺，未盡完美。

3. 幽默的狀態是高尚的情操

情操，是指由感情和思想綜合起來的，不輕易改變的心理狀態。幽默的狀態是一個人高尚和自信的人格追求。幽默的語言可以化解生活中的失意，生活中的每一處細節，只要我們願意，它就會給予最佳的餽贈。人們為了讓他人高興，讓自己舒心，很多情況下都會主動和積極地運用幽默，表達對他人的喜愛和敬意。

幽默自己：啟功大師 2005 年去世，在他的妻子於 1975 年病逝不久，也就是他 66 歲時，自撰墓誌銘：「中學生，副教授。博不精，專不透。名雖揚，實不夠。高不成，低不就。癱趨左，派曾右。面微圓，皮欠厚。妻已亡，並無後。喪猶新，病照舊。六十六，非不壽。八寶山，漸相湊。計平生，諡曰陋。身與名，一齊臭。」沒有人像啟功那樣，提前 27 年用搞笑的打油詩幫自己蓋棺定論，鐫刻墓誌銘。

　　幽默病痛：啟功大師晚年患有頸椎病，嚴重頭暈去了醫院，在醫院閒來無事，竟為這頸椎病賦起詞來——〈沁園春·病〉：「舊病重來，依樣葫蘆，地覆天翻。怪非觀珍寶，眼球震顫；未逢國色，魂魄拘攣。鄭重要求，病魔足下，可否虛衷聽一言？親愛的，你何時與我，永斷牽纏？多蒙友好相憐，勸努力精心治一番。只南行半里，首都醫院，縱無特效，姑且周旋。奇事驚人，大夫高叫：『現有磷酸組織胺。別害怕，雖藥稱劇毒，管保平安。』」

　　幽默能使世界充滿歡樂，擅用幽默的人不僅受人喜愛，還能獲得別人更多的支持和擁護。國學大師啟功先生，擅幽默不僅讓專家點頭，更贏得百姓的鼓掌。從他對自己和對病痛的幽默當中，那種笑面人生、坦蕩的胸襟可見一斑。敢拿自己幽默讓別人笑的本事，不是人人都有的，如果不具備良好的情操，是不會這麼做的。在溝通中，一般人都是拿別人來幽默，一旦自己被幽默了，要麼感覺面子上掛不住，要麼就是悶地裡去生氣，這都是沒有良好情操的表現。

4. 幽默的作用

　　大部分國家都不把幽默列為辦事不可靠的表徵，相反認為懂得幽默的人更有本事。幽默能消除尷尬和隔閡，化解和緩衝矛盾。幽默能帶給人們輕鬆和歡樂，改善人際關係或擺脫困境；幽默可以創造社會環境的輕鬆和諧；幽默展現睿智，能夠帶來好人緣、好心情和好運氣；幽默能使溝通時事半功倍等。

　　幽默的主要作用如下。

▶（1）解除矛盾

運用幽默的溝通方式，可以比較委婉地調和雙方的分歧，即便是有爭議和批評的地方，也不至於傷及感情和自尊，在愉快的氛圍中彼此都能夠取得滿意的結果。在職場中，懂得幽默，有利於更好的避開隱蔽的陷阱和暗瞧，將矛盾化解於無形之中。

▶（2）緩解尷尬

溝通中難免遇到尷尬的情況，巧妙地利用幽默，可以調節氣氛、化解尷尬，要不然自己就會處於非常難堪的境地。面對尷尬，無須沮喪和惶惑，運用幽默的方式來表達，更會凸顯自己的豁達，給予製造尷尬的對方一定的回擊，給自己一個積極的心理暗示，從而撈回一些面子。

▶（3）化解衝突

在某些情況下，無論如何解釋、道歉，都只能受到尖銳的批評，甚至會引起顧客的憤怒。但是，幽默可以幫忙，可以把你從困境中解救出來，使衝突得以緩和。當你遇到急迫而又棘手的問題時，懂得隨機應變，以恰到好處的一句幽默的話，能令你立於不敗之地。當然，幽默如若運用不當，也會適得其反，不但破壞人際關係的和諧，更可能激化矛盾，造成人際交往新的危機。

▶（4）融合情感

幽默可以使彼此感情更加融洽，它消除了彼此的隔閡，讓對方放鬆了戒備心理，甚至可以使其真正的從心裡接納你。溝通的最高境界，其實就是贏得心理和情感的認同，只要有了這一點，人際交往中的任何事情都可以迎刃可解了。

▶（5）恰當反擊

面對挑釁，可以利用「以彼之道，還施彼身」的方法給予其恰當、有力的反擊。幽默就是極好的一種方式。恰當的反擊不是侵略別人，而是適時、適當和適度的維護自己的尊嚴。幽默是修養的一種外在表現，只要保持自己的風格與風度，掌握好分寸，就不會導致過度傷人的情況。

在溝通中，忽略了幽默的作用，語言就成了乾癟和晦澀的告白，少了感動他人的靈動和觸發心底共鳴的情愫。在職場中，其實大可不必極為拘謹，放開自己的性格，給他人一個本真色彩的自己，大膽地用語言秀出來，可能更容易被大家接納和認可。越是優秀的人，使用幽默的技巧和頻率就越高，這和他們的修養是有連繫的。上到國家元首之間，下到辦公室，不懂得運用幽默是很難和他人處得非常好的。

幽默展現的是健全的人格、豐富的人生閱歷、積極的人生態度。幽默不但是讓對方開心，也讓自己開心，它會增強自己的信心和辦事的能力。在溝通中，如果能有效地應用幽默，所發揮出來的作用是不可估量的。一個才疏學淺、舉止輕佻的人不可能具有幽默。想掌握幽默的藝術，需要不斷地提升自我，具有淵博的學識、豐富的社會閱歷，同時培養自己敏銳的洞察力、放射的思考力以及豐富的想像力。透過不斷地修練自己的情商、建立自己的自信，讓良好的文化修養作為助力，透過精妙的語言和優秀的表達能力來不斷詮釋幽默的魔力。

心法 5：適時的讚美

為他人喝采是每個人的責任，不懂鼓掌的人生太過狹隘。一讚值千金。

讚美不僅可以滿足人對榮譽感和成就感的追求，還可以活躍談話氣氛、拉近彼此之間的感情。「責人十過，不如讚人一長。」想要獲得人的接受和好感，首要的就是讓對方在心理上與你親近，而讚美這項說話的藝術，是讓對方接受你的「直達車」。

我的太太不大會烹飪，但她喜歡看韓劇，有時投入進去，就忘記了一切。而當我回到家中的時候，總是希望她更多地關心我，當然更希望回到家中就能嘗到太太為我烹製的美味。為了改變這一切，每當她看韓劇的時候，我都會和她一起看一會。藉此機會表揚她的選擇正確，隨著她一起「共情」劇中的「喜怒哀樂」，並隨時對她加以讚美「咦，妳的髮型怎麼和那個主角的髮型那麼相似呢？」、「她穿的那身衣服不如妳穿著耐看啊」、「哇，看那個大醬湯真美味啊，如果妳來做，肯定會比這個更好吃」。

有一個週末，太太就做了一份韓式大醬湯給我，儘管味道一般，我還是一飲而盡。之後，我經常看到她查閱關於大醬湯的做法，並在那裡凝神思考。再之後，在我想吃的時候，就會隨時享用到。每次太太都會甜蜜地坐在餐桌對面報以微笑，一邊提醒我慢著點喝，一邊極具「殷勤」地為我及時添湯。

讚美是樂觀面對生活所不可缺少的，是自強、自信、自我肯定的力量源泉。高情商的人善於讚美別人，它可以使人積極向上並能使人自覺克服缺點。一聲讚美，受益一生；一時讚美，受益一世。讚美甚至可以改變和

影響一個人的一生。「你若讚美，便是晴天」，對方就會以百倍的熱情奔著你讚美的方向走去。

1. 需要注意的四個關鍵

恰當的讚美，是人生中最令人欣然接受的禮物。當你用心觀察他人的優點，並給予真誠的讚美時，雙方的友誼便在一言一語中悄悄地建立起來了。不過，讚美也不是亂來的，不恰當的讚美，不但無法打動人心，反而給人拍馬屁、阿諛奉承的感覺，效果反而不好。所以，讚美也需要遵循一些基本規律，以下是讚美的時候需要注意的四個關鍵。

圖 5-2 讚美的四個關鍵

▶（1）真誠的發心

讚美必須是真誠的，這是讚美的先決條件。只有名副其實、發自內心的讚美，才能顯示出讚美的光輝和魅力。

其一，讚美的內容應該是真實的，不能無中生有。更不能將別人的缺陷、不足作為讚美的對象。否則，讚美會招致他人的反感，甚而造成彼此間的隔閡、誤解，甚至反目成仇。

其二，讚美要真正發自肺腑，情真意切。言不由衷的讚美無疑是一種諂媚，最終會被他人識破，只能招來他人的厭惡和唾棄。

讚美不完全是技巧，更重要的是真誠，技巧只是輔助的。投之以誠，發自內心的容易讓人接受。如果不是發自內心的，聽者就會覺得很虛偽。怎麼辨別發心的真誠與否呢？從內容上分析，真誠的是發現，虛假的是發明。

齊景公貪戀喝酒，連喝七個晝夜也不停止。大臣弦章上誅說：「君王已經連喝七個晝夜了，請您以國事為重，趕快戒酒，否則就請先賜我死。」晏子後來覲見齊景公，齊景公便向他訴苦說：「弦章勸我戒酒，要不然就賜死他。我如果聽他的話，以後就恐怕嘗不到喝酒的樂趣了；不聽他的話，他又不想活，這可怎麼辦才好呢？」

晏子聽了便說：「如此看來，你是真心愛惜大臣，弦章遇到您這樣寬厚的國君，真是幸運啊！如果遇到夏桀、殷紂王，不是早就沒命了嗎？」此後，齊景公果真戒酒了。

大臣弦章是以真誠感動齊景公，沒有什麼出奇的溝通技巧和謀略。喝酒過量確實有損健康，戒酒順遂了忠臣的心意又保護了自己的健康，齊景公何樂而不為呢。

▶（２）適當的舉例

只有具體和符合實際的讚美，才能讓對方感覺到真實。空洞的讚美不但沒有任何意義，還容易讓對方覺得自己在敷衍。讚美要具體，要聚焦，不要泛泛。只有讚美到點子上，才能令對方產生真實感和信任感，特別涉及視覺、聽覺、觸覺、嗅覺、味覺的描述，更是如此。

區域性的讚美等於對整體的肯定。具體化讚美要展現三個要素：說明

自己很喜歡、表達對自己的影響很大以及使自己的感覺很美好。怎樣才能具體呢？應該指出具體部位、具體事件，說明具體的特點。

比如說：「你的笑容很迷人」、「你的頭髮好飄逸」、「你的語言總是那麼嚴謹得體」、「你的提包真的很別緻」等，這說明你對對方非常了解，對其長處和成績既看重又羨慕，讓對方感覺真摯和可信。

1975 年，卓別林在英國白金漢宮被伊麗莎白女王封為爵士。儀式開始，卓別林非常興奮的時候，女王這樣讚美他說：我觀賞過你許多電影，你是一位難得的好演員；可是這位偉大的藝術家似乎對這個讚美並沒有什麼特別的感覺。後來有人問過卓別林當時的感受，卓別林的回答當時讓人感到很是驚訝，他說：「女王陛下雖然說她看過我演的許多電影，並稱讚我演得好，可是她沒說出哪部電影的哪個地方演得最好。」當女王得知了卓別林的感受後，為自己沒有說出具體的細節感到特別的遺憾。

▶（3）表達的尺度

讚美要有個尺度。沒有針對性和尺度適當的讚美，很容易引起對方的反感。讚美時不可虛誇，讓人覺得逢迎拍馬。讚美表達要調整角度、掌握尺度，既讚美了對方，也保證了自我的適當。適當的表達能夠讓你左右逢源，魅力陡增。

讚美要讚到點上。好鋼要用在刀刃上，找準對方的讚美點，往往能夠深得人心，與人共事就會收到意想不到的好的效果。學會尋找讚美點。只有找到對方閃光的讚美點，才能使讚美顯得真誠，而不虛偽。具體的讚美點，可以在如下幾個方面去發現和挖掘：

外顯的硬體，如：穿著配飾、儀容儀表等、工具用品等顯露在外的特點；內涵的軟體，如：氣質風格、學識閱歷、談吐修養等內在的修養特質；

關聯的附件，如：社會關係、職業特點、能力愛好等間接相關的特性。讚美要及時。他人遇到好的事情或變化，要第一時間送上讚美。及時送上讚美才是錦上添花，不及時的讚美顯得畫蛇添足，費力不討好。

生人看特徵，熟人看變化！第一次見面，尋找最閃光的特徵，第二次見面學會尋找對方新的變化。讚美各種女人，漂亮的讚她是美女，不漂亮的讚她有氣質；有才氣的讚其才女，沒才氣也不要緊，讚其淑女；瘦了讚其苗條，胖了讚其豐滿；高的讚她亭亭玉立，矮的讚她小巧玲瓏⋯⋯

▶（4）新意的角度

換個角度去讚美，效果會更好。對專業人士的讚美，盡量避開他的專長。愛因斯坦說過，別人讚美他思維能力強，有創新精神，他一點都不激動，身為大科學家，他聽膩了這樣的話，但如果讚美他的小提琴拉得不錯，他一定會興高采烈。

一位同事認真地問女同事：「妳的雙眼皮真漂亮，在哪做的？」同事吃了一驚，但很興奮地說：「哪裡，誰說我的雙眼皮是做的，我是天生的。」無意中，這位同事給了她一個絕妙的讚美：妳真是天生麗質啊。

讚美對方最得意，而別人卻不以為然的事，可以最大限度地獲得對方的認同感。一般而言對方炫耀的地方即是自己在意的，放心地去讚美，對方多半都會接受。如果對方把你看成知音了，表示你的讚美已經到家了。

2. 巧妙讚美的四個方法

讚美是一種聰明的、隱藏的、巧妙的諂媚。讚美就是施與他人，使人受用的溝通行為，目的是予人玫瑰，手留餘香。每一個靈魂，都需要讚美，每一朵鮮花，都需要綻放。讚美，就像陽光，可以驅散心中的陰霾。

就如雨露，滋潤乾渴的心田。就如淨水，洗滌濁世的塵埃。為了使自己的讚美更加巧妙，他人更加受用，以下是總結的讚美的四個方法。

▶ (1)「貶低」自己，抬高他人

降低自己不是自卑，恰恰是自信。自謙是修養，恰當地自嘲一下，不但不損自己的形象，反而對方會覺得你心態好，容易和人相處，沒有什麼架子。往往名人，都有這份信心，而且經常性地願意自嘲一下，以拉低自己的高度，這樣溝通的時候，顯得極為和諧。

自謙的尺度掌握如何，往往直接影響讚美的效果。恰如其分、點到為止的語言才是真正的讚美。使用過多的華麗辭藻，過度的恭維、空洞的吹捧，只會使對方感到不舒服。假如你的一位朋友歌唱得不錯，你對他說：「你唱歌真是全世界最動聽的。」這樣讚美只能使雙方都難堪，但若換個說法：「你的歌唱得真不錯，很有韻味和個性，」他一定很高興。讚美之言不能濫用，自謙一旦過頭變成吹捧，不但不會收穫交際成功的微笑，反而要吞下被置於尷尬地位的苦果。

▶ (2) 似是而非，先抑後揚

似是而非就是選一個更親近的人，與要讚美的對象放在一起，可以突出讚美的對象。如果初次接觸，不好比較，可以按類別進行分類。「我對人人都一樣，你也不例外」「我很少認可別人，你是例外」。哪句對方聽了會高興，顯然是第二句，它讓對方感到自己與眾不同，有種唯其獨尊的感覺。

看似否定當下，實則是對其肯定的、真實的讚美，似有明修棧道暗度陳倉之意境。讓對方聽起來不但受用，而且還會有出其不意的驚喜感覺。

在使用這個方法時，也要注意拿捏好火候，否則，會有物極必反的拍馬之嫌。

先抑後揚是前後句抑揚頓挫、正反面相互呼應的讚美藝術。為了使得效果顯著，在能夠有效控制局面的基礎上，前面可以抑得很低，後面揚得高才有比較，才會更有效果。

一財主為其母擺壽宴，多次邀請唐伯虎，唐伯虎推辭不得，只得出席。席間，財主請唐伯虎為其母題詩以賀，唐伯虎在眾人面前更不好推辭，乃乘酒興揮筆寫了第一句：「這個婆娘不是人，九天仙女下凡塵，生下五男都是賊，偷得蟠桃獻母親。」賓客們掌聲雷動，財主五兄弟眉開眼笑。這個「馬屁」拍得可謂驚險刺激而絕妙，所採用的就是先抑後揚的方法。

一句話說得人跳，一句話說得人笑。唐伯虎把兩者巧妙地組合在一起，即出乎意料，又在情理當中，可見他高度運用語言讚美藝術的能力。日常的溝通交流當中，要想吸引別人的注意，獨具個人特色和魅力，切不可人云亦云，拾人牙慧，須勇於突破舊的藩籬，有「語不驚人死不休」的出新精神，才能達到口吐蓮花、字字金玉的美妙境地。

▶（3）間接讚美，更加受用

很多人背後不是讚美別人，而是傳播小道消息、流言蜚語，這是非常不明智的。背後讚美別人，不要在乎別人是否聽到，這沒有關係，關鍵是用心做人。別人聽不到也無所謂，聽到了就會更加珍惜你這位朋友！一般而言，在職場中，在背後讚美別人的話，都會傳到對方耳中，這是職場溝通的特點，不能不引起警覺。

林肯（Abraham Lincoln）在南北戰爭開始時起用了一個平民將軍——格蘭特（Ulysses S. Grant）。時間不長，有好多人建議撤掉格蘭特的軍職，理由是說他言語粗俗，而且是個酒鬼。林肯不以為然，而且讚美格蘭特說：「格蘭特總是打勝仗，要是我知道他喝的是哪種酒，我一定要把那種酒送給別的將軍喝。」格蘭特聽說後，非常感動，後來在戰爭中屢立戰功。後來成為了美國第十八任總統。

要想讓對方感到愉悅，就更應該採取這種在背後說人好話的策略。好話說在人背後最有效。按照一般的理解，當面說的壞話不算壞話，背後說的好話才是好話。所以人們更容易相信背後的好話，會更加欣賞那些在背後說自己好話的人。背後讚揚是一種至高的技巧。

▶（4）獨闢蹊徑，曲徑通幽

讚美別人時就要讓被讚美者打心眼裡高興，才會有更好的效果。就像送禮物要送對方不但喜愛而且需要的東西。要先了解對方此時需要什麼，此時正處於什麼樣的精神狀態，然後設法滿足他的需求。

有個男孩追求「系花」，寫了一封信給她，短短的三句話就俘虜了「系花」的芳心。信中的三句話是這樣寫的：他在信的關鍵處打出三個問號——難道你是天上的仙女嗎？為什麼要來到人間？又為什麼偏偏與我相遇？

獨闢蹊徑的讚美，能使對方產生一種遇到知音、知己難求的感覺。這位「系花」每天聽到最多的應該就是來自於別人對她的外表的讚美，然而漂亮、身材氣質都已經是公認的了。她內心更渴望的是聽到別人讚美她有才華、有成就之類的語言。男孩靠著獨闢蹊徑、別具一格的讚美贏得了她的芳心。

　　不要跟在別人後面，人云亦云。要去挖掘別人一些不為人知的優點。第一個形容女人為花者是聰明人，第二個再這樣形容就一般了，第三個純粹就是笨蛋。指出對方不容易發現的優點，需要我們具有良好的觀察力和洞察力，也需要創造性，還要有良好的語言組織能力。

　　在溝通中，得體的讚美能使別人獲得自尊心和榮譽感的滿足，從而有效地削弱牴觸與對立的情緒，增強彼此的親近感。看到別人優點的人，才會進步得更快，總是挑別人缺點的人會故步自封。讚美的四個關鍵點是真誠的發心、適當的舉例、表達的尺度、新意的視角，讚美是發自內心的，才能真正打動對方；適當的舉例，掌握表達的尺度，才能使表達更加形象，並且不觸動對方的底線；新意的視角可以使自己的表達給以驚喜，更能拉近彼此的心理距離。巧妙讚美的四個方法是：貶低自己，抬高他人。溝通中的優勢感每個人都需要，適當自嘲一下，抬高他人，是獲得他人近親感的必要條件，總給人別人不如自己的感覺，對方就會疏遠你；似是而非，先抑後揚。找個比較的對象，看似貶低，實則是為了突出後面的內容，往往可以造成出其不意的效果；間接讚美。讚美不宜太直接，否則就有可能成為奉承，讓別人覺得討厭；獨闢蹊徑，曲徑通幽。選擇別人不大會讚美的角度，但確是當事人極為在意的東西來讚美，往往更能收穫對方的尊重。

第六章
職場溝通的境界

心智模型和僵化思維影響溝通

    究竟是什麼影響了溝通能力，即使付出巨大努力，還是不能獲得明顯的提升？不良的心智模型隱藏在內心的深處，僵化思維表現在交流的過程中。在它們的影響下，提升溝通能力，非常難以保持。於是，很多人對此心灰意懶，覺得提升溝通能力太難了。只要明白了心智模型和僵化思維的特點，對症下藥，根據自己溝通中的毛病採取適當的措施，輕鬆地提升自己的溝通能力還是可以做到的。

心智模型

同樣一個事件，人們的看法為什麼不一樣？根本原因是心智模型不同。維納斯在樂觀主義者眼裡是美麗的，在悲觀主義者眼裡是殘疾的，在現實主義者眼裡是美麗且殘疾的。通俗的理解，心智模型是指成長過程中，不同的經歷、教育、環境的影響，所導致的應對事件時產生的情緒和情感。心智模型是感性的，藏在內心極為深處的地方，不易被察覺，但在相當程度上決定著人們的行為動機。不同的心智模型對問題的定義、假設和結論是不一樣的。

某大學流行迷你裙，而且有越來越短的趨勢，老師覺得不雅，校長也覺得不妥，貼布告下令禁止，大家議論紛紛。

中文系的布告欄：幾千師生齊爭吵，只因裙子太短小。具體情況怎麼樣？布告欄裡有報導。

美術系的人說：維納斯證明 —— 適度的缺少會顯得更加的美麗。

法律系的人說：法律禁止的只是原告由迷你裙所萌發的邪念，所產生的犯罪行為，而非被告所穿的迷你裙。

經貿系的人說：不管校方推銷有色眼鏡給所有男生，還是推銷黑色長襪給所有心智模型女生，我們都想入股。

生物系的人說：人與猩猩的根本區別不是裙子的長短，而是看見長裙或短裙能否做不同的想像。

體育系的人說：只有穿長褲的守門員而沒有穿短褲的鋒和衛，還能叫做足球隊嗎？

政治系的人說：從長裙到短裙再到迷你裙，這恰恰是民主集中制最有力的展現。

公共關係系的人說：降低談判對手的目光這正是我們四年寒窗苦讀所追求的。

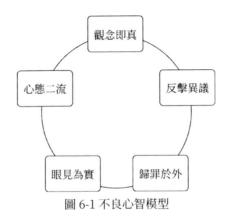

圖 6-1 不良心智模型

1. 觀念即真

「我的認知和觀念就是真實的、存在的」，這是限制人們行為改善的最重要心智模型。人們都信奉自己的觀念，很難承認事情是自己對真實現象的一種主觀臆想和解讀。就像一部歷史書的真實性，永遠不等同於各個時間段的真實歷史。

在波多黎各的國家美術博物館門口，掛著一幅魯本斯（Sir Peter Paul Rubens）的畫作——〈西門與佩羅〉（*Cimon And Pero*）。畫中一位年輕的女人不知羞恥般的露著胸部，一位衣衫不整的老人吮吸著她的乳頭。首次進入博物館的人，看到這幅畫，大多數都表示驚訝，有些人嘲笑和諷刺。怎麼能把這樣的畫掛在博物館門口？但是這個國家的人，都在這幅畫的面前肅然起敬，甚至是感動得流淚。

145

露著胸部的年輕女人就是他的女兒，衣衫不整的老人就是她的父親。畫中的西門是為波多黎各的獨立而奮戰的英雄，卻被國王監禁在監獄裡。

同樣的一個事件，為什麼人們的看法不一樣？原因就是各自的觀點、角度不同，也就是心智模型的不同。維納斯在樂觀主義者眼裡是美麗的，在悲觀主義者眼裡是殘疾的，在現實主義者眼裡是美麗且殘疾的。

有效的化解和應用心智模型，在人際溝通的過程中，能夠及時有效地破解障礙。會使我們有更好更快的發展，讓溝通變得更加輕鬆和愜意。常見的不良心智模型有五類。

被判「禁食」刑。老人臨終前女兒在哺乳期來監獄探望父親，看到父親瘦弱的身軀，解開自己的衣裳，將自己的奶給予父親。這幅畫表達濃濃的父女之情和愛國的情懷，這個國家的人以這幅畫為驕傲。

同樣的一幅畫，有些人譏諷和嘲笑，有些人卻把它稱之為「聖畫」。不知道的人被自己以前觀念所欺騙，認為其內容下劣，知道的卻認為內容極為高尚，反映了崇高的道德情懷。事實和真實不一定都是相同的，自己很容易受以前觀念的影響，而對事物做出錯誤的判斷。但是當知道「真實」情況之後，我們的思維方式就會改變。

2. 反擊異議

不同意見，是對「我」的挑釁和不敬，「我」需要對之進行有效的應對和反擊，很多人習慣這麼認為。這多數提出不同的意見的人，不但不是挑釁與不敬，而是別人渴望求知的回饋，同時是自己獲得改善與成長的機會。並不是隨便誰都願意提意見給你的，和你關係沒有很好，根本不會在別人進步問題上多花時間。

一位老師在講授「兩點間直線最短」的概念給學生聽。一位學生這個時候舉手請教老師:「老師,那為什麼兩點之間直線最短呢?」老師聽後轉瞬間大怒,答道:「你去扔骨頭給狗,看看牠是直接撲向骨頭,還是繞著地球跑一圈再奔向骨頭?」

其實這是個真實的故事,類似這般的真實故事在我們讀書的年代時有發生。為什麼老師發怒?其原因應該只有兩個:其一,認為學生的問題是異議,是對老師權威的挑釁;其二,這樣的問題,老師也不會,回答不了!本來沒有對錯,從追求真理的角度,學生是對的,還應該鼓勵,但如果是從溝通的角度來理解,就不正確了。

學生問的是基本原理的論證,其實,在人類社會中,包括在職場中,人們都只是知道怎麼做是好的是對的,並不能從形而上學的角度給出為什麼這麼做是對的,如果你個人習慣上在這個方面反擊別人,那就去做哲學家或者神學家吧。在溝通中,只需要知道怎麼做是對的,怎麼做是對自己有利的。很多情況下,打破砂鍋問到底,反擊的不是別的什麼東西,而恰恰是溝通和交往的一些基本道理。

3. 「歸罪」於外

自己做錯了事情,拿別人說事,嫁禍於人,來掩飾自己的過失,而不重視自我方面的成長和改變,這是典型的歸罪於外的心智模型,認為一切不如意都是外界環境造成的,把自己弄得像委屈的樣子。把責任歸咎他人和外部的現象,會使自己忽略和放棄了自省。一定要記住,當我們用一個手指在指點別人的時候,還有三個手指正指向我們自己。

在一次企業季度績效考核會議上,行銷部門經理 A 說:「最近的銷售做得不太好,我們有一定的責任,但是主要的責任不在我們,競爭對手紛

紛推出新產品，比我們的產品好，所以我們也很不好做，研發部門要認真總結。」

研發部門經理 B 說：「我們最近推出的新產品是少，但是我們也有困難呀。我們的預算太少了，就是少得可憐的預算，也被財務部門削減了，沒錢怎麼開發新產品呢？」

財務部門經理 C 說：「我是削減了你們的預算，但是你要知道，公司的成本一直在上升，我們當然沒有多少錢投在研發部了。」

採購部門經理 D 說：「我們的採購成本是上升了 10%，你們知道為什麼嗎？俄羅斯的一個生產鉻的礦山爆炸了，導致不鏽鋼的價格上升。」這時，A、B、C 三位經理一起說：「哦，原來如此，這樣說來，我們大家都沒有多少責任了。」人力資源經理 F 說：「這樣說來，我只能去考核俄羅斯的礦山了！」

多麼鮮活的案例，看看故事，再想想自己，是不是該改變一下思維方式了？世界是普遍連繫，想要找藉口，不斷地推辭，八竿子打不著的原因，也能將它深刻地連繫起來。銷售最後和礦山爆炸連繫了起來，豈不是很可笑嗎，但是人們就是經常性的使用這種思維。

在國內，當小孩子摔倒在地哇哇哭的時候，照顧孩子的家長就會用腳踩地，當孩子不小心撞到桌子上大哭起來的時候，照顧孩子的家長就會用手用力地拍打著桌子……他們哪會想到，那樣做傳遞給孩子的頭腦中的是多麼可怕的訊號，原來摔倒和撞到都不是我的原因，是地和桌子的錯啊！時間久了，慢慢的逐漸就會形成「都不是我的錯」的歸罪於外的、不願意負責任的心智模型，隨著潛意識的形成和價值觀的深化也就決定了孩子一生的命運。

4. 眼見為實

受「眼見為實，耳聽為虛」的長期教化和影響，很多人形成了「我親眼看到的還會有錯？」這樣的心智模型。極為相信自己所看到和聽到的東西，缺乏深層次的分析，對事情的本質不了解。其實，在職場中，很多騙人的障眼法，故意試探別人的招數也不可計數，小心行得萬年船，現象的背後要多想想它的原因是什麼，再決定自己的行動。

孔子和他的弟子們周遊到陳國和蔡國之間的時候，窮困不堪，斷糧七日，連野菜也吃不上，只好在大白天睡覺。顏回討來一點米，把它放在鍋裡煮。飯快熟了，孔子看見顏回抓鍋裡的飯吃。過了一會，飯熟了，顏回請孔子吃飯，孔子裝著什麼也沒看見的樣子說：「剛才我夢見祖先，要我把最乾淨的飯食送給他們。」顏回連忙說：「不行，剛才有灰塵掉進鍋裡了，把飯弄髒了一些，我感到丟掉了可惜，就用手把它抓起來吃了。」孔子聽了感慨地說：「我所相信的是自己的眼睛，但眼睛看到的還是不可相信；我所依靠的是自己的腦子，但腦子有時也靠不住。你們要記住，了解一個人確實不容易啊！」

這個故事給我們的啟示是：要真正識別一個人、正確判斷一件事，都是很不容易的，不能輕易地把自己的「親眼所見」或「親耳所聞」作為結論。應該時時刻刻注意超越自己的心智模型，多加分析、試探和總結各種行為的含義，才不至於做出錯誤的判斷或結論。人際交往中，多給別人機會解釋，多些向別人解釋的耐心，這樣人生會少很多遺憾。不問、不說、不解釋這不是有「個性」，是對他人不公平，對自己不負責的表現。

5. 心態二流

世界上最高峰的名字叫什麼？喜馬拉雅山的聖母峰，大家都知道，第二高峰的名字是什麼？絕大多數人的回答是不太清楚，這就是第一效應。

這就要求在職場溝通中，要走在前列，站穩腳跟，搶占先機，才能賺足「眼球」。做第二也行，第三也行，但是二流的心態是絕對要不得的。

受「人外有人，天外有天」一類思想的影響，以及百年封閉落後為國民帶來的集體的二流心態，很多人缺乏生活的鬥志和信心。表現是，經常在做事的時候習慣性的存在畏難和退卻的心理，缺乏超越自我的激情，卻有著甘居人後的「泰然」，不思進取。《大笑江湖》的主題曲「天下第二也挺好」，即是一種社會情緒投射的流行產物。

一位音樂系的學生走進練習室。在鋼琴上，擺著一份全新的樂譜。「超高難度……」他翻著樂譜，感覺自己對彈奏鋼琴的信心似乎跌到谷底。指導教授是個極其有名的音樂大師。授課的第一天，他帶了一份樂譜給自己的新學生。樂譜的難度頗高，學生彈得生澀僵滯、錯誤百出。學生練習了一個星期，第二週上課時正準備讓教授驗收，沒想到教授又給他一份難度更高的樂譜，「試試看吧！」上星期的課教授也沒提。學生再次掙扎於更高難度的技巧挑戰。第三週，更難的樂譜又出現了。這樣的情形持續著，學生每次在課堂上都被一份新的樂譜所困擾，然後把它帶回去練習，接著再回到課堂上，重新面臨兩倍難度的樂譜，卻怎麼樣都追不上進度，一點也沒有因為上週的練習而有駕輕就熟的感覺，學生感到越來越不安、沮喪和氣餒。

學生向鋼琴大師提出何以不斷提高難度的原因。教授沒開口，他抽出最早的那份樂譜，交給了學生。「彈奏吧！」他以堅定的目光望著學生。

不可思議的事情發生了，連學生自己都驚訝萬分，他居然可以將這首曲子彈奏得如此美妙、如此精湛！教授又讓學生試了第二堂課的樂譜學生依然呈現出超高水準的表現。演奏結束後，學生怔怔地望著老師，說不出話來。「如果，我任由你表現最擅長的部分，可能你還在練習最早的那份樂譜，就不會有現在這樣的程度。」鋼琴大師緩緩地說。

人，往往習慣於表現自己所熟悉、所擅長的領域。面對困難，始終潛意識地存在著「二流心態」，但如果我們細細檢視，將會恍然大悟：看似緊鑼密鼓的困難挑戰，不知不覺間形成了今日的諸般能力。人有無限的潛力，很多人不是不會溝通，是被溝通嚇住了，談虎色變，不願意改變自己，所以導致溝通能力始終上不去。

心智模型，潛藏在心靈的最深處，以極為隱蔽的方式存在著。不良的心智模型會造成溝通能力的落後，給職場帶來很壞的負面影響。常見的不良心智模型有：觀念即真、反擊異議、歸罪於外、眼見為實、二流心態等，這些都需要在溝通的過程中，加以對治和改變。心智模型的改變，是根本性的改變，只要心智模型改變了，其他的改變就隨之而來。比如一個不願意溝通的人，經過一些大事件的打擊之後，變得樂意溝通了，溝通能力的提升就會非常迅速。

僵化思維難以根除

　　心智模型形成之後，會不斷強化並逐漸形成一個人的僵化思維，指導人們的思考和行為。僵化思維是指人們從固定的角度來觀察、思考、判斷和接受事物的思維習慣，是先前的活動造就的特殊的思維準備狀態。僵化思維並不一定是個貶義詞。當僵化思維如與認知事物發展的情況相符時，就能有效的指導行動，反之會為自己平添諸多障礙。

　　科學的分辨、使用和改進僵化思維，可以省去許多摸索、試探的步驟，縮短思考時間，提升效率。在日常生活中，僵化思維可以幫助人們解決每天碰到的75%以上的問題。但是僵化思維不利於創新思考，不利於創造。僵化思維往往會讓我們一葉障目，不見泰山，使我們的創造能力受到束縛，從而失去成功的機會。常見的僵化思維有以下四類

圖 6-2 常見的僵化思維

1. 書本定式

　　書本定式，是指思維和行為受書本的影響很大，喜歡按照書本規定的方式來處理事情。美國著名作家馬克‧吐溫（Mark Twain）有一次在演說中罵道：「美國國會中有些議員簡直就是狗娘養的！」在寫檢討時，他鄭重宣告：「美國國會中有些議員不是狗娘養的。」按照美國的法律，無法追究他了。這些智慧，怎能是書中可以解讀得了的？

戰國時趙國名將趙奢之子趙括，年輕時學兵法，談起兵事來父親也難不倒他。但他只知道在紙上健談，卻不善於變通。後來他接替廉頗為趙將，在長平之戰中，白起一到長平，便布置好埋伏，故意打了幾陣敗仗。趙括不知是計，拚命追趕。白起把趙軍引到預先埋伏好的地區，派出精兵切斷趙軍的後路；另派騎兵，直衝趙軍大營，把四十萬趙軍切成兩段。趙括這才知道秦軍的厲害，只好築起營壘堅守，等待救兵。秦國又發兵把趙國救兵和運糧的道路切斷了。趙括的軍隊，內無糧草，外無救兵，守了四十多天，兵士都叫苦連天，無心作戰。趙括帶兵想衝出重圍，秦軍萬箭齊發，把趙括射死了。趙軍聽到主將被殺，也紛紛扔了武器投降。四十萬趙軍，就在紙上談兵的主帥趙括手裡全部覆沒了。

思路決定出路，不換腦子就換胃。為什麼教科書汗牛充棟，而高明者卻鳳毛麟角？為什麼學富五車、飽讀經書的人未必就是優秀的成功者。為什麼有些人，做事總是得心應手。而有些人做事，卻總是處處受阻，舉步維艱。書本知識與客觀現實之間存在一段距離，兩者並不完全吻合。於是，就有了書呆子、教條主義等說法，他們都會品嘗到「紙上談兵」的苦果。

2. 經驗定式

年長的人，經常說一句話：「我過的橋比你走的路還多」。要知道過去橋是獨木橋，過去的路是小泥路。現在，過去走的橋早就拆光了，路也有了高架路，時代在變，環境在變，觀點也要跟著變。假如觀點不變的話，過去走的橋沒有了，新的橋就可能過不去。

小男孩問爸爸：「是不是做父親的總比做兒子的知道得多？」爸爸回答：「當然啦！」小男孩問：「電燈是誰發明的？」爸爸：「是愛迪生。」小男孩又問：「那愛迪生的爸爸怎麼沒有發明電燈？」生活中有很多類似的

奇怪現象，喜歡倚老賣老的人，特別容易栽觔斗。權威和經驗往往只是一個經不起考驗的空殼子，尤其在現今這個多元開放的時代。

不是說經驗不對，是要多去嘗試新的事物，累積新的經驗，革新就的經驗，否則就會在溝通中慢慢地失去優勢。溝通也是需要累積經驗和知識的，否則就沒有共同語言，說不出高明的對他人有意義的語言，別人也不可能尊重你。不要局限於既有的溝通經驗，否則也容易被他人掌握一定規律，從而在溝通中設計一些對自己的職業發展不利的方法和規則。

3. 從眾定式

從眾定式就是人們所說的「隨波逐流」，別人怎麼做，我也怎麼做，別人怎麼想，我也怎麼想。比如某個人在人行路上，故意「哎呀」一聲，隨後仰望天空，周邊的人有相當大的比例都會仰頭望天，儘管他們也不知道有什麼值得或需要看的東西。這種現象，在心理學領域，也被稱之為趨眾心理。

有個老太太坐在馬路邊望著不遠處的一堵高牆，總覺得它馬上就會倒塌，見有人向那邊走過去，她就善意地提醒道：「那堵牆要倒了，遠著點走吧。」被提醒的人不解地看著她，大模大樣地順著牆根走過去了，那堵牆沒有倒。老太太很生氣：「怎麼不聽我的話呢？！」又有人走來，老太太又予以勸告。三天過去了，許多人在牆邊走過去，並沒有遇上危險。第四天，老太太感到有些奇怪，又有些失望，不由自主便走到牆根下仔細觀看，然而就在此時，牆倒了，老太太被掩埋在灰塵磚石中，氣絕身亡。

原本她是危險的提醒者，看著那麼多的人走過去都沒有事情，自己的好奇心作祟，也想試著和大家一樣在那裡走過去，這就是從眾定式為老太太帶來的悲劇。如果你的列車行進在錯誤的軌道上，那麼你到達的每一個車站都是錯誤的。職場上，要說完全不從眾，也是不可能的，但是心裡要

明白，哪裡有危險，哪裡有利益，哪裡是適合自己的方向，哪裡是不適合自己的方向，否則也難免遭受危險。

4. 麻木定式

麻木定式，就是一件事反覆做得次數多了，但認知並沒有獲得相應的成長。麻木就是說人的思維已經處於不求進步的狀態，沒有比較重大的事件的影響，一般不會改變原來的行為，就是完全被原來的思維方式控制住了，認可原來的思維和行為，不想做出任何形式的改變。

生活中太多的意識形態和似是而非的道理一直惶惑著我們，致使我們的思維在相當程度上變得僵化，使得前進的行動丟失了智慧的「導航」。麻木就會被動，被動就會捱打。就像獅子媽媽對孩子說：「你必須跑得快一點，再快一點，你要是跑不過最慢的羚羊，你就得餓死」一樣。

如果在職場溝通中，也被麻木僵化思維控制了，那麼做什麼都打不起精神，不會做出什麼突出的成績。人的一生想要成功，就要不斷地突破，突破自己各個方面的瓶頸和缺陷，但在麻木僵化思維的控制下，任何方面的突破基本上都是不可能的，他們更傾向於習慣性的等待，而不是主動的改變和創造，哪個老闆喜歡這樣的員工呢？

思維決定了行動，行動決定了一個人在職場上的效率。不良的思維方式，對職場的危害巨大，它會讓一個渴望突破的人，無法獲得滿意的成績。想要有所作為，就要善於改變自己，善於打破固有思維方式的束縛，從而取得職場上大的發展。書本定式、經驗定式、從眾定式、麻木定式等都是人們比較容易犯的錯誤，每個人的表現有不同程度上的差異，可以針對自己在職場上最薄弱的環節，加強練習，使自己的思維發展更大均衡，在溝通中的核心競爭力就會提高。

改變不良心智模型的五個循環

　　某人為了讓不同國家的人去做事，採取了不同的方法。他對德國人說：「這是命令。」對美國人說：「這是自由的需要。」對英國人說：「這是紳士行為。」對日本人說：「此事有利可圖。」對中國人說：「這是為了國家的榮譽。」果然，所有的人都奮不顧身、勇猛異常地完成了任務。心智模型是一種客觀的心理存在，它影響著人們的覺知、解析、思辨和行為，沒有絕對的對錯、好壞之分，「盂圓水圓，盂方水方」。

　　如果環境與心智模型不相容，那麼所做的觀察、思考和行動，就會處處碰壁。心智模型藏而不顯，既不易被發現又易於被盲從，更容易植根於人的內心世界。如何改變和改善，並會有益於自己呢？以下改善心智模型的五個循環方法，本質上是一個認識自己和改造自己的過程。

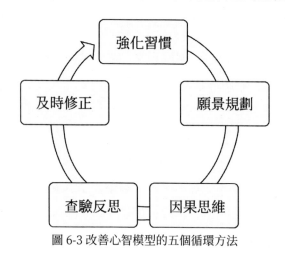

圖 6-3 改善心智模型的五個循環方法

1. 強化習慣

心智模型深藏於潛意識當中，想讓其更替、蛻變和深植，必須加強訓練並形成一種習慣。匯入一些刺激，會強化記憶，使新的價值和信唸得到增強，但只有強化到潛意識的深度，才能造成穩定、持續的作用。當習慣被強化到一定的程度，就會迫使心智模型發生根本性的改變，成為自己心靈直覺的部分。

老鷹是所有鳥類中最強壯的種族，根據動物學家所做的研究，這可能與老鷹的餵食習慣相關。老鷹一次生下四五隻小鷹，由於牠們的巢穴很高，所以獵捕回來的食物一次只能餵食一隻小鷹，而老鷹的餵食方式並不是依平等的原則，而是哪一隻小鷹搶得凶就給誰吃，在此情況下，瘦弱的小鷹吃不到食物都死了，最凶狠的存活下來，代代相傳，老鷹一族越來越強壯。

老鷹延續種族的方法，就是強化循環的方法，從而把有利於種族繁衍的優勢保持下去。每個人都時刻受著心智模型的影響，如果不能駕馭它，就會被它左右。善於駕馭它，我們才會成為自己的主人。在溝通中，只有將優點強化下來，才能養成自覺的行為和習慣。

2. 願景規劃

願景規劃，即是給自己確切目標，規劃達到目標的措施和路徑。不斷強化願景督促一個人不斷進步，改掉不良的心態和習慣，從而建立比較健全和優良的心智模型。一個人有一個美好的願景，就會在職場和生活中充滿希望，久而久之就會透過不斷的努力將這種心態在內心定格。每個企業也都有不同的企業願景，久而久之就形成了不同的文化治理模式。

157

某化妝品牌剛剛進入亞洲的時候，有一位銷售總監，銷售量連續幾年名列亞太地區第一，而且他手下沒有人另立山頭跟他唱反調。

他就是應用了願景效應。

為什麼這個人能夠幾年做到亞太銷售第一，而且沒有競爭對手呢？他專挑什麼人送傳單呢？女的不要，要男的、文化程度國中以上的不要、城市裡面長大的小孩也不要。挑選的這些人如果在當地，只能是原先在工地上做事的，到了這裡就不一樣了，他就會跟他們說：「從今天起，你們已經是白領人士，以前都是藍領，而且薪資是每月 3,000 加成」，這些人一聽就高興了。這些業務員積極，比老闆的要求來得早，走得晚，他們心想每一張傳單不是傳單，而是肉包子，一個 25 元，又能買一個肉包子。

然後專挑那種實際年齡 52 歲看上卻像 25 歲的人來講課，這種人有幾個特徵：需要做的事很少，有襯托外在美的內在氣質。這種人在大學裡面最多，結果他就召集人到學校去找那種老師，往講臺上一站，很有說服力，然後介紹企業的產品，一講完下面的人就心動了，去買吧。接下來就是臨門一腳的時候，就專挑百貨商場幫人家做銷售的小女孩，她們很厲害，能夠眼觀六路，耳聽八方，一看就知道你是哪一類型的人。什麼人該推銷 500 元的，什麼人該推銷 20,000 元的，見人行事，成交很是順利。

此銷售總監的每個措施目的性都非常明確，並且也明白每個措施為什麼要如此做的原因和意義。這是一般形式的一種願景，根據自己的願景去制定措施和規劃，要將每個措施為什麼如此的原因弄清楚，如果弄不清楚，就會陷入麻木定式裡面去，不可能做出正確的規劃。溝通中，也是如此，明確自己要達到什麼要求，然後弄明白為什麼要這麼做的原因，再去制定詳盡的規劃，並付諸實施，效果就會上一個臺階。

3. 因果思維

因果思維是以結果為導向的思維方式，一切行為都要為結果服務和負責。思維的改變可源於內省，也離不開外界刺激的因素。比如人們常講的一句俗語「不撞南牆不回頭」，只有遭遇了這個並不美好的結果，人們才會重新思考為什麼結果是這樣的。

有三個人要被關進監獄三年，監獄允許他們每人一個要求。美國人愛抽雪茄，要了三箱雪茄；法國人最浪漫，要一個美麗的女子相伴；而猶太人說，他要一部與外界溝通的電話。

三年過後，第一個衝出來的是美國人，嘴裡鼻孔裡塞滿了雪茄，大喊道：「給我火，給我火！」原來他忘了要火了；接著出來的是法國人，只見他手裡抱著一個小孩子，美麗女子手裡牽著一個小孩子，肚子裡還懷著第三個；最後出來的是猶太人，他緊緊握住監獄長的手說：「這三年來我每天與外界聯絡，我的生意有增無減，我打算送你一輛豪車，以表我的謝意！」

因果思維是溝通的，「導航，只有在確定了結果和方向之後，我們才不會走冤枉路，才不會迷失方向」。

4. 查驗反思

查驗反思就是反推或假設，思考和行為是否恰當，結果是否會達到預期。任何一項行為，都不會馬上實現結果。在結果尚未出現的時候，將不正確的行為找出來，加以改正，就可以將行為調整到較優良的路線上，從而避開各種危險。

話說商紂剛繼王位的時候，並無荒淫之象，大家都認為他是個明主。

可是有一天，在朝堂上議事完後，他忽然拿出一雙別人製作的象牙筷子，請大臣們觀看。大臣們看後，都覺得做得精緻大方，雕花鏤雲，頗為美觀，為此感到高興。紂王的叔父箕子看了這雙筷子後，像見了鬼一樣，嚇得半天說不出話來。

退朝之後箕子向求見的大臣們說：「我看到了這雙象牙筷子，就擔心紂王會變壞呀！」眾臣不解，說一個堂堂國王，怎麼能會從一雙象牙筷子變壞呢？箕子這才又向眾臣們敘說起他自己的看法來。箕子說，列位想想看，這樣好的筷子，紂王肯定不會把它放在土製的碗罐上，那會顯得難看，也太委屈了這象牙筷子。它該配上一些玉製的碗碟，才顯得好看。有了玉筷、玉碗碟、玉杯，吃什麼呢？用這些精美的器具必然要在這樣的碗碟裡裝上犛牛、大象、金錢豹的胎來吃才感到有味。如果這樣長久下去，人們就會對他不滿而進行斥罵，他就會對不滿者鎮壓，必然變得殘暴。那時候，你我還能站在這朝堂上嗎？果然，沒過幾年紂王就建了肉林，懸肉其中，旁邊設上炮烙。由於紂王荒淫無道，他最終被武王逼上虎臺，失去了江山。

一雙象牙筷子，竟斷送了一代江山，如此教訓不能不謂之沉痛而深刻。那麼，人們不禁要問：一代帝王為什麼能毀於一雙象牙筷子呢？關鍵不在於象牙筷子本身，而在於統治者的頭腦想什麼，崇尚什麼，他個人又是如何對待象牙筷子之類物品的。

查驗反思可透過接觸新的環境和學習，去思考別人為什麼溝通比我好？為什麼別人的人際關係比我好等，這些環境的要素，也會構成了對一個人反思的刺激。從而實現對自己真實、客觀的評價，找出自己溝通中存在的不足之處，痛定思痛地認知自己需要改善的要點，從而結合結果導向為自己製造危機和動力，切實提高自己的溝通能力。

5. 及時修正

及時修正，就是根據發現的問題，及時改正自己的缺點。措施和行為是否有效和適用，形成了一種原動力。如果不想讓一個人傷心，行為導向確定以後，就要奔著這樣的目標，用換位思考的習慣來處理問題。當發現自己在溝通中，經常讓別人傷心的時候，就要加以反省和改變，以免使自己的溝通處處碰壁。

一位女士不停地述說自己的苦難，沒完沒了。禪師打斷她的話說：「妳的苦還真多呀！」女士：「別人訴苦最多需要三天三夜，我訴苦需要三年！」禪師：「那是什麼時候的苦？」女士：「前幾年的。」禪師：「那不是過去了嗎？為什麼還緊抓不放呢？」又問：「妳拉出的糞便臭不臭？」女士：「當然很臭啦！」禪師：「現在糞便在哪裡呢？」女士：「早已經被水沖掉了。」禪師：「為什麼不把它包起來放在身上？見到人就拿出來告訴別人：我被這東西臭過？」

女士：「那多噁心！」禪師：「對呀！苦難也是一樣，它已經過去了。回憶和訴苦就如同把糞便拿出來向人展示，既臭自己又臭別人！聽懂了嗎？」女士：「聽懂了！」禪師：「那以後妳還要不要訴苦？」女士：「不要了！」禪師：「記住，越訴苦越苦，越抱怨越怨。」女士大悟。

這就是心理的調節和修正，苦難的事情已經過去，還依然固守以前的自己，心態決定狀態，只會繼續苦難。溝通絕對不能抱怨，過去的事情就讓它過去，把心安住在當下，處理好自己當下的事情，為未來做好一定的打算和準備，及時修正自己的言行，完善自己的人格，讓自己更加完美，才是明智的職場人士。

　　改變不良的心智模型，需要付出決心和毅力，並適當地運用一定的方法。五個改變不良心智模型的循環方法，即強化習慣、願景規劃、因果思維、查驗反思、及時修正，所謂循環就是每個方法不是取得好的效果後就可以停止的，改變心智模型必須要不斷重複不斷強化，直到這種行為內化為自己的習慣，不需要思考就可以給出答案的時候，才算取得了成功。潛意識的心智是一切理性思考的來源，決定著人們在溝通中的邏輯思維。

打破消極僵化思維的五項技術

打破消極僵化思維，也要遵循一定的方法和原則，才能造成更好的效果，否則就不知道往哪裡用力，費了很大的精力，不但沒有突出的效果，還會回到起點上。消極的僵化思維一旦顯現出來，就要當機立斷地給予適當的糾正，阻止錯誤繼續發展。注意迴避形成的負面、消極的僵化思維，以及時、靈活、有效的思維狀態應對消極思維的影響，可以造成一定的作用。以下是打破消極僵化思維的五項技術。

圖 6-4 打破消極僵化思維的五項技術

1. 做對的自己

如果你不滿意自己的環境，想力求改變，則首先應該改變自己。即「如果你是對的，則你的世界也是對的」。假如你有積極的心態，你四周所有的問題就會迎刃而解。我們每個人都有兩面鏡子，一面是玻璃鏡子，它的作用是用來正衣冠、正容貌的。還有一面鏡子，看不見，摸不到，深藏在你的心中。它的作用是用來「正心」的，這面鏡子叫「心鏡」。改變不良的思維模式，就是要做對的自己。

一位佛友打電話給師父抱怨道：「為什麼我努力了還是得不到？唸經行善了但命運卻不變？」

師父：「我寄五百塊錢給你好不好？」

佛友：「師父，你的錢我怎麼敢拿呢！」

師父：「我是要你幫我辦一件事。」

佛友：「師父，你說辦什麼，我絕對幫你辦好！」

師父：「幫我買一輛汽車。」

佛友：「（驚訝地）師父，五百元怎麼能買到汽車呢？」

師父：「你知道五百元買不到汽車！可是世上有太多的人都在絞盡腦汁，想付出一點，就得到很多。」

想一想自己有沒有犯過這樣的錯誤，付出一點卻想收穫許多。我們常常用「心鏡」去照別人，看別人這也不是，那也不行，由此產生了諸如「歸罪於外」、「自我感覺良好」等不健康的心理。把鏡子轉向自己，一事當前，先照照自己的心態正不正，反思自己的責任或過失，經過這種修練，再看事物，就會採取截然相反的態度。

2. 摧毀與重建

在摧毀的基礎上，方可重建他人的認知，方可重建自己新的形象。不將自己不良的認知和形象摧毀，新的認知和形象就建立不起來。能夠把人限制住的，只有人自己。

人的思維空間是無限的，像迴紋針一樣，至少有億萬種可能的變化。也許我們被困在一個看似走投無路的境地，也許我們正圍於一種兩難選擇之間，這時一定要明白，這種境遇只是由我們固執的定式思維所致，勇於摧毀和重建，一定能夠找到不止一條跳出困境的出路。

3. 倒掉壺中之水

古人云「虛懷若谷」，無論一個人學識有多高，若想吸收進新鮮的東西，必須從頭學起，拋卻成見，才能進入新的境界。越是學識淵博之人，越是謙虛好學，善於溝通，正像聖經所言：「學的越多，越感到自己的無知」；相反，越是才疏學淺之輩，越是妄自尊大，不愛學習，不愛溝通。兩種不同的僵化思維，決定了兩種人不同的命運。

南隱是日本明治時代著名的禪學大師。一天有一位大學教授慕名前來問禪，剛落座便滔滔宏論。南隱往這位教授的杯子裡倒茶，水已溢出杯子，而他依然往裡倒。大學教授連忙喊道：「滿了！滿了！」「是啊！你的心一如這隻杯子一樣，已經裝滿了你自己的東西，如不先倒空，我如何向你說禪？」

南隱一語點破了禪機，這啟示我們，當心空了的時候，善意的溝通和言語才會會流過你的心。溝通中自以為是的人太多了，他們溝通分明是顯擺自己的豐富學識，要知道溝通很多時候，並不是為了一個結果，而僅僅是為了說一說共同的話題而已。

4. 多個角度去做事

「一花一世界，一葉一菩提。」面對問題和事情，轉變角度、多個角度思考和行動，有助於打破我們的僵化思維，收到更好的效果。如果事事都依循慣例，思維僵化，結果毫無例外地還是原來的自己。要明白一切改變都從態度和思維的改變開始的。比如，以前，人們總是把猛獸關在籠子裡，供人們觀賞，效果較差，後來把猛獸在自然中放養，使猛獸的生存需求與人的觀賞與驚險刺激的需求最大地得到了滿足，價值從而得到充分展現。

一老人家門口，忽然來了三個半大不小的男孩子，他們把幾個破垃圾桶踢來踢去，每天一放學就到，老人受不了這些聲響。怎麼辦？如直言相

斥，孩子們則會更加調皮難纏。

老人沒有這樣做，老人對他們說：「我很喜歡看你們玩，如果你們每天來玩，我每天給你們三人一塊錢」。三個男孩很高興，更加起勁地表演他們的足下功夫。過了三天，老人憂愁地說：「我的收入減少了一半，從明天起，我只能給你們5角。」小男孩很不開心，但還是答應了這個條件。每天下午放學後，繼續去進行表演。一個星期後，老人愁眉苦臉地對他們說：「最近沒有收到養老金匯款，對不起，每天只能給兩角了。」「兩角？」一個男孩臉色發青，「我們才不會為了區區兩角錢浪費寶貴時間為你表演呢，不做了。」從此以後，老人又過上了安靜的日子。

換個角度思考和做事，你的感受會別有不同，你會發現過去從來沒有發現過的認知和方法。生活與工作中的事，不也是如此嗎？不是難以改變，重要的是要知道從哪裡改變和是否願意改變。職場中的溝通和做事，也是這個道理，不懂得變通，人的思維就會越來越僵化，靈活思維怎麼得到，就是多角度思考，方方面面想得特別周到而已。

5. 逆向思考，推陳出新

年齡大的人喜歡走老路，不容易接受新的事物和思想，往往失去了思考和創新的能力，失去了競爭力。殊不知，用老的思想看待新的事物，說明自己的思維已經淹沒在思想潮流之中了！

一幢高樓就要完工了。但當工人們準備安裝電梯時，發現電梯太大，工程師認為：擴大電梯道在技術上是行不通的；電梯公司指出：更換要花費好幾個月時間。似乎沒人知道該怎麼辦？這時路邊一個小孩說：把電梯裝在樓外面。觀光電梯就這樣誕生了。「如果想找到一種解決問題的辦法，問問專家吧；但如果想找到100種辦法，問問傻瓜吧。」有時知識多

了，反而局限了人們的想像力。要知道，任何真正的突破都是對傳統思維的反叛，對原有模式的背離，對社會適應的突破和對民眾習慣的挑戰。

參選總統的時候，美國總統羅斯福的宣傳冊剛印好，突然發現有一張相片的版權屬於一家照相館所有，他們無權使用。美國是一個法制很健全的社會，哪怕曾經做過總統，如果違法，人家照樣可以起訴你。因為時間很緊迫，去和照相館協商，要麼會獅子大開口，要麼會被拒絕使用。如果毀掉重印，時間也來不及了。競選辦公室打破平時的僵化思維，運用逆向思維想了一個方法：他們寫了一個書面通知給這家照相館，上面說總統競選辦公室正在印一個宣傳冊，要選最精美的總統的照片放在其中，貴照相館有一張也在備選之列，由於有幾家照相館都同時擁有精美的總統照片，而宣傳冊只能夠刊登一張，所以決定拍賣刊登權，價高者得。貴照相館如果有意向，請在三天之內把你們競拍的標書和支票寄到競選辦公室來。結果兩天之內，競選辦公室就收到了那家照相館的投標書和支票。

在這個例子中，思維方式完全逆過來了，由購買他人相片，變成了他人花錢刊登照片，這是一個根本性的改變，取得的效果也是極其的好。這個例子給溝通的啟示是，在一般的溝通中，只要勇於改變思維模式，突破僵化思維，根據具體的條件創造性地想出新的辦法，任何問題都能夠迎刃而解。

打破消極的僵化思維，對於改變不良的注意力和提高溝通能力來說，是極為關鍵的部分，這個部分做不好，前期提升溝通能力所付出的努力和辛苦有反彈的危險。打破消極的僵化思維的五個技巧是：做對的自己、摧毀與重建、倒掉壺中之水、多個角度去做事、逆向思考，推陳出新，這是被實踐反覆證明的較為有用的方法。不過即便如此，由於僵化思維的頑固性，也還是需要付出強大的心理和頑強的毅力，在衝破消極僵化思維的道路上，才能有所收穫，否則，很多都是用土塊去壓草，難以有大的改變。

第七章
職場競爭中的溝通

職場達人的必備生存技能：溝通

　　身在職場，溝通是基本的存活術，不溝通必輸無疑。職場中上下左右的關係，看似簡單，其實都是來自不同星球的「物種」，不可避免地存在矛盾，面對相同的問題，各自的想法、主張和行為都會有所不同。關鍵這裡面有太多的技巧，不熟悉的人，稍不留神就要跌倒在裡面，尤其是在商戰之中，不懂溝通簡直就是自尋死路。職場中的管理，溝通發揮的作用極大，即便是再好的制度，溝通不利，也只是個花瓶和擺設，根本發揮不了應有的作用。

在職場中不懂溝通無法獲得認同

溝通能力強的人，更容易升遷。古代更注重一個人的德行，現代人更在乎一個人的溝通能力。溝通能力弱，小的職位都很難得到。現代職場是一個崇尚能力的時代，不懂溝通，別人自然認為你能力低下，除非你出的「工作」很好，否則就不會被認可。那些只知道埋頭苦幹的人，只能保住職位，想升遷太難了。職場中善於溝通，有很多好處。

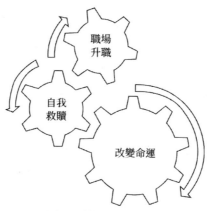

圖 7-1 職場溝通的好處

1. 善溝通，方能自我救贖

職場風雲，瞬息萬變，哪個上去了，哪個下去了，你剛唱完我登場。有的公司，一年之內，副手就換好幾次，可見職場震盪之劇烈。職場關係，看似簡單，就那麼幾個角色而已，實際上只要涉及利益的事情，都是盤根錯節，充滿著恩恩怨怨，小磕小碰的地方只會多，不會少。

在複雜的職場，你靠什麼立足，只能靠自己的能力，你靠什麼自我救贖，只能靠溝通而已。你會說話，就可能大事化小，小事化了；你不會說話，即使做得很好，也會有人找你的麻煩。整天提心吊膽的，結果一碰上點小事，就會變成大事，甚至牆倒眾人推。

某人在屋簷下躲雨，看見觀音正撐傘走過。這人說：「觀音菩薩，普渡一下眾生吧，帶我一段如何？」

觀音說：「我在雨裡，你在簷下，而簷下無雨，你不需要我渡。」這人立刻跳出簷下，站在雨中：「現在我也在雨中了，該渡我了吧？」觀音說：「你在雨中，我也在雨中，我不被淋，因為有傘；你被雨淋，因為無傘。所以不是我渡自己，而是傘渡我。你要想渡，不必找我，請自找傘去！」說完便走了。

第二天，這人遇到了難事，便去寺廟裡求觀音。走進廟裡，才發現觀音的像前也有一個人在拜，那個人長得和觀音一模一樣，絲毫不差。

這人問：「祢是觀音嗎？」

那人答道：「我正是觀音。」

這人又問：「那祢為何還拜自己？」

觀音笑道：「我也遇到了難事，但我知道，求人不如求己。」

佛學充滿著智慧，這個例子很簡單，就說了一件事，迷時他渡，悟時自渡。不用太複雜的例子，就能明白，不會溝通就只能等著別人來救自己，可是真的有人救得了你嗎？救得了一時救得了一世嗎？

靠人終究有被人厭煩的時候，所謂父母不愛無意之子，即便是親戚，除了感情之外，也要靠禮尚往來的好處來維繫，更不用說嚴酷的職場了。當感情上不能給予他人慰藉，利益上不能帶給他人好處時，即便基本的能力很強，照樣可能無法自保。

2. 不懂溝通，很難升遷

溝通，能讓職場修起巴別塔，能讓職場之路走得坦坦蕩蕩。領而導之，帶領著大家走上正確的道路而已，主管靠什麼，靠能力，靠才幹，靠知識，但東西都要靠口才來表現，沒有口才，這些優秀的東西，都可能被埋沒。主管地位怎麼確立，靠績效和管理。管理的重頭戲是什麼？開會，不會說話，當著大眾講話，開口就說錯話，這樣的人，能力再高，也很難升遷。

愛諾和布諾同時受僱於一家店鋪，拿著同樣的薪水。可是一段時間以後，愛諾青雲直上，而布諾卻仍在原地踏步。布諾到老闆那發牢騷。老闆一邊耐心地聽著他的抱怨，一邊在心裡盤算著怎樣向他解釋清楚他和愛諾之間差別。

「布諾」老闆說話了，「你去集市一趟，看看今天早上有什麼賣的東西。」布諾從集市回來向老闆彙報說，今早集市上只有一個農民拉了一車馬鈴薯在賣。「有多少？」老闆問。布諾趕快又跑到集市上，然後回來告訴老闆說一共有 40 袋馬鈴薯。「價格是多少？」布諾第三次跑到集市上問來了價格。「好吧，」老闆對他說，「現在請你坐在椅子上別說話，看看別人怎麼說。」

愛諾很快就從集市上次來了，向老闆彙報說，到現在為止，只有一個農民在賣馬鈴薯，一共 40 袋，價格是 xx；馬鈴薯品質很不錯，他帶回來一個讓老闆看看。這個農民一個鐘頭以後還會運來幾箱番茄，據他看價格非常公道。昨天他們鋪子的番茄賣得很快，庫存已經不多了。他想這麼便宜的番茄老闆肯定會要再進一些的，所以他不僅帶回了一個番茄做樣品，而且把那個農民也帶來了，他現在正在外面等回話呢。此時，老闆轉向布諾說：「現在你知道為什麼愛諾的薪水比你高了吧？」

溝通能力強是只會說話的問題嗎？從這個例子裡就可以明白，溝通能力反映的是一個人的思維能力和辦事的能力，絕對不要認為溝通就是騙騙別人，糊弄一下。後者為什麼能夠升遷，因為他是用心去做每一件事。善於溝通本質上就是用心做事，所謂用心做事就是做事時，加入智慧，加入對事的長遠打算，加入對事的一步一步地思考和謀劃。

3. 想要改變命運，就要主動溝通

人們每天都在交流，大量的資訊是透過交流得到的。這些資訊裡面其實包含了對人的發展非常重要的內容，有關於情感的，有關於成功的，有關於美食的，有關於健康等等，所有這些東西組合在一起，就是一個人完整的人格。自己是什麼樣的人，自然就會和什麼樣的人交流，從而形成連繫彼此的人脈圈。交流形成人格，人格又促使自己加入了與自己性格類似的人脈圈，這個圈子決定了一個人命運的高度。

過去有一個人是每天靠修輪胎為生的修車工。修了幾年的時間命運沒有任何改變。但他的內心深處渴望有一天能夠成功，事業能夠發達。但是很多年過去了，命運還是沒有發生改變。

有一天他突然發現對面有一個算命大師，專門占卜人的前途，設計人的未來，於是他去找大師算。問大師我能成功？5 年之後我的命運可不可以改變？10 年以後我的人生可不可以經營得更好？算命大師看他這麼渴望成功的樣子，左一算，右一算，說，恭喜你，你能夠成功，因為你是拿破崙（Napoléon Bonaparte）轉世。

他想，拿破崙橫掃歐洲，攻無不克戰無不勝，如果我有拿破崙的命，那我就一定能夠成功。所以，回去之後開始收集拿破崙自傳，學習他成功的信念和方法。持續改變和提升自己。終於 5 年之後他成功了。為什麼能

夠成功、命運會發生改變，他發現是算命大師的一句話而徹底改寫自己的人生和歷史。所以他帶著萬分感恩的心態去找這個算命大師。

他開著豪車，帶著自己的員工，終於找到了大師。他壓抑不住內心萬分的感動，走上前去跪了下來，說：「大師，我要感謝你！」大師說：「我好像不認識你啊？我有什麼值得你感謝呢？」他說：「大師，難道你忘記了嗎？我原來是對面修車鋪的修車工，就因為你的一句話徹底地改變了我的命運，所以讓我今天成功了。」大師說：「噢，我想起來了、想起來了。」他說：「大師，我有一點不太明白的是你為什麼 5 年前就知道我是拿破崙轉世，並且能夠成功呢？」大師說：「非常非常簡單，因為你當時拿著破輪胎來找我算命，所以我就說你是『拿破崙』的命了！」

在這個例子裡面，有兩點是值得注意的，一是相信什麼就能實現什麼，二是交流和溝通，可以改變命運，改變人生。想一想，對我們影響非常深的經驗和智慧，有多少是從與他人的溝通和交流中得到的？非常多的人生智慧和經驗，只有透過與他人的溝通和交流才能得到，不與他人溝通，就好比是一潭死水，慢慢地就喪失了生氣。個人的事業成功在初期主要依靠自身的教育背景和職業能力，上升到中高期時就會遇到人際溝通的天花板。

打破這個天花板，就要靠「辦公室 EQ」。身為下屬，要吸引老闆的目光，溝通是很重要的方法。溝通有時能造成預想不到的效果，尤其是人與人有了誤解甚至是隔閡的時候。這時溝通的藝術就顯得非常重要。就算面對上司的冷淡態度，你千萬不可意氣用事、橫眉冷對或無動於衷，積極的態度應該是心平氣和地找上司進行溝通。

不會溝通，就不被認可，這是值得所有職場人士為之警醒的，尤其是那些剛剛邁入職場的人們，一切都是新鮮的，懵懵懂懂，動不動就要給老

鬧個臉色看，稍微有點對不起自己的地方，就要辭職。其實，在什麼地方，在什麼單位，都是無所謂的，只要自己的能力提升了，溝通能力提上來了，到哪裡都是閃閃發光的金子。相反，不會游泳，僅僅是不斷地換泳池，最終，自己的溝通能力還是提升不上去，走了一圈，一切還得從頭再來。

在管理中缺乏溝通就沒有執行

當今的管理者就如同戰場上的將軍一樣，是群雄之首，是激勵下屬的核心，更是決定成敗勝負的關鍵。管理者鏗鏘有力的言辭會激勵下屬，並與之達成共識；管理者有的放矢、言之有物，會使得上下團結。在工作中，話不精準、言語不當，引發的衝突比比皆是。好心卻被下屬誤解，善意被懷疑，不會溝通的管理者，其結果只能是事倍功半。

沒有溝通，何談執行？沒有溝通，管理就會「寸步」難行。溝通的世界新形勢 —— 不是盲目地奮鬥和勤勞敬業就可以生存；不是毫無頭緒地行動和實踐就可以發展。特別是面對新時代的挑戰和一日千變的生活狀態，做人做事的規律和方略都需要與時俱進。在以下環節中都離不開溝通。

1. 溝通是執行的管家

管理中，很多人都感覺執行是件很難的事情。與其說是執行難，倒不如說是溝通難，因為溝通的效度決定著執行的意願和力度，有人說：「溝通是執行的『管家』」，這句話不無道理。

溝通，是執行的靈魂，是實現工作目標、提升工作績效的最佳橋梁。企業在經營管理和日常事務中，由於人與人之間、部門與部門之間缺乏溝通和交流，常常會遇到一些摩擦、矛盾、誤解甚至是衝突。這將影響到企業的氛圍和成員的士氣以及工作的效率，使企業的工作任務難以有效執行，人為消耗成本增大，甚至導致企業死亡。溝通貫穿於執行的意願、內

容、方法、流程和標準的全過程中，是管理執行的核心。在管理中，溝通就好比人的血脈，假如溝通不暢，就像血管栓塞，導致嚴重的後果。

我在飯店做總經理時，有一次發現大廳的大理石地面始終達不到飯店所要求的衛生標準，督促相關部門，還是沒有改善，於是我決定親自到現場了解情況，探索問題所在，尋求解決之法。大廳的清潔阿姨是一位來自農村的、教育程度不高的人，但是工作還是很投入的。當被我問到為什麼衛生達不到飯店的要求標準之後，這位阿姨很困惑和委屈地說出了一句令人哭笑不得話：「這個地面，比我家都要乾淨，還要做到什麼樣子呢？」看吧，她把自己家的清潔標準強加給飯店了，這到底是哪裡出現問題了呢？

執行之所以出現了問題，關鍵的所在就是沒有在執行之前，與其溝通工作的職責範圍、工作的流程方法以及最後所要達到的標準。這些方面如果存在問題，執行的人會感覺到茫然和無所適從，因此說，沒有溝通，哪有執行？

2. 達成共識，必須溝通

我們平均把 80% 的時間用在了溝通上，而人際間的問題 80% 以上都是由於溝通的無效而引起的。溝通是我們最為困惑的問題，把溝通能力提升起來，它的力量會讓你感到驚嘆和折服。溝通不準確，共識就建立不起來。只有達成了共識，才能建立企業願景，才能凝聚人心，才能讓他人為了公司的利益，主動加班，不計較個人的得失。

三兄弟在曠野打獵，個個強弓硬弩，技術很好。正在打獵的時候，他們發現天上飛來一群大雁。三兄弟張弓搭箭正要射的時候，老大說了句不該說的話：「好肥的雁啊，紅燒的味道一定不錯！」老二就說：「你會不會

吃啊？現在都講究什麼？燒烤！紅燒怎麼可以！當然是烤著吃，多放點孜然和辣椒，味道才叫好呢！」老三說：「你們兩個得了吧，會不會養生啊？這個季節要進補，什麼最補？燉湯啊！這雁明擺著燉湯最好。」三兄弟發生了激烈的爭論：老大說一定要紅燒，老二說一定要燒烤，老三說必須燉湯。三人爭得面紅耳赤，大雁卻早已經飛走了。

在這個例子中，因為沒有達成共識，最後一場空，什麼也沒有得到。人類有共同的語言、思想，合作起來，力量會超過「上帝」，如果沒有交流的順暢和溝通的和諧，人類就不可能完成一項任務，更別說在征服自然的過程中取勝了。溝通就是為了解決問題，只有有一個彼此可以認可的共識，才能讓彼此的溝通繼續下去。

3. 溝通回饋執行的效果

溝通要達到較好的效果，需要不斷根據回饋進行改進。重點是確定和強化流程與標準，如出現偏差及時進行修正或對執行者進行必要的輔導。

管理執行的過程決定了執行的正確方向、品質和程序。對過程進行有效的監督，是達成什麼樣的結果標準的「導航儀」，不能跑偏和失控。目標和計畫制定好後，不是管理者就可以不管了。員工完成業績就獎，沒完成就罰，恰恰相反，更要重視過程的及時回饋和輔導。回饋的目的是發現問題，進行輔導，「授人以漁」。

沒有回饋和輔導就沒有目標的完成。回饋就是將下屬的工作狀況與設定的目標比較，並將比較的結果告訴下屬，使下屬自己糾正偏離的行為。而改正最終是由下屬自發地、主動地實行的。輔導就是幫助下屬提高工作能力。回饋和輔導的方法本身說明上司在下屬達到目標的過程中，不再處於核心的、主導的指揮者位置，而是站在下屬的旁邊。

4. 五段溝通，搞定執行

　　無效管理的現象，本質上都源自溝通的問題。以下歸納執行中不可或缺的五段管理溝通，可以作為管理者無堅不摧的執行利器，充分應用到管理工作當中去，在過程管理與績效控制方面會收到神奇的效果。

▶（1）使命不高：領悟價值

　　只有懂得了每項工作的重要使命和意義所在，執行者才會領悟自己的價值所在和所做事情的所在價值。執行者就認為自己所做的事情是重要的，自己的使命感會陡然增加，就會提升執行的激情和效果。

　　故事的主角是一個利用假期到東京帝國飯店打工的女大學生。女大學生在這個五星級飯店裡所分配到的工作是洗廁所。當她第一天伸手進馬桶刷洗時，差點當場嘔吐。勉強撐過幾日後，實在難以為繼，決定辭職。但在此關鍵時刻，大學生發現，和她一起工作的一位老清潔工，居然在清洗工作完成後，從馬桶裡舀了一杯水喝下去。大學生看得目瞪口呆，但老清潔工卻自豪地表示，經她清理過的馬桶，是乾淨得連裡面的水都可以喝下去的。

　　這個舉動給大學生很大的啟發，令她了解到所謂的敬業精神，就是任何工作，不論性質如何，都有理想、境界與更高的品質可以追尋。假期結束，當經理驗收考核成果，女大學生在所有人面前，從她清洗過的馬桶裡舀了一杯水喝下去！她喝下去的是自信、是完美的追求、更是一種職業的使命和責任的擔當。畢業後，這名大學生果然順利進入帝國飯店工作。

▶（2）結果不明：明確標準

　　無論苦幹、巧幹，做出成績的員工才會受到眾人的肯定。企業重視的是你有多少「功」，而不是有多少「苦」。結果不明的對治方法是明確結

果的標準。為什麼必須明確結果標準，因為員工做事開始時都想把工作做好，也不是不聰明，但往往因為不清楚想要的結果是什麼樣的標準，導致無功而返。

老媽叫孩子去買醬油。孩子買了一瓶醬油就回來了。老媽大叫：「一瓶醬油，怎麼夠，秋季醃菜我至少要三瓶。」孩子接著去買三瓶醬油回來。老媽一看，尖叫：「我要的是海鮮醬油。」孩子接著去買，買了三瓶海鮮醬油回來，老媽罵道：「買個醬油跑了三次，才買好？」孩子回道：「你又沒有說要多少，要什麼樣子的。」

一個買醬油的小事，孩子跑了三趟，老媽氣了三次。原因就是因為沒有明確結果標準，孩子會認為，老媽連個事情都交代不清楚，讓我瞎忙！

▶（3）職責不清：專人專責

有責任，才有責任感。只有賦予了確切的責任，執行者才會知道自己應該擔當的是什麼，否則就會形成「明哲保身，但求無過」的思想，容易產生「事不關己，高高掛起」的冷漠態度，甚至會引起「溝壑難平」的更多欲望。

孩子明天就要參加畢業典禮了，想著怎麼也得把自己打扮得精神點，把這一美好時光留在記憶之中。於是高高興興上街買了條褲子，可惜褲子長了兩寸。吃晚飯的時候，趁奶奶、媽媽和嫂子都在場，孩子把褲子長兩寸的問題說了一下，飯桌上大家都沒有反應。飯後大家都去忙自己的事情，這件事情就沒有再被提起。

媽媽臨睡前想起兒子明天要穿的褲子還長兩寸，於是就悄悄地一個人把褲子剪好疊好放回原處。半夜裡，狂風大作，窗戶「咣」的一聲關上把嫂子驚醒，猛然醒悟到小叔褲子長兩寸，自己輩分最小，怎麼著也是自己

去做了，於是披衣起床將褲子處理好才又安然入睡。奶奶一大早醒來的時候也想起孫子的褲子長兩寸，馬上快刀斬亂麻。最後孩子只好穿著短四寸的褲子去參加畢業典禮了。

這條褲子的命運，往往就是一項工作任務的命運！很多事情常有「空白」和「重疊」的現象發生。空白，就是一項工作找不到負責的人。重疊，就是一項工作不止一個人負責，有時候甚至是由兩個及兩個以上的人來負責，看似負責的人多，事實上卻又沒有人來負責。究其本質原因，就是沒有專人負責所帶來的結果。

▶（4）輔導不夠：過程監控

目標和計畫制定好以後，不是管理者就可以不管了，員工完成就獎，沒完成就罰，恰恰相反，更要重視過程的及時回饋和輔導。回饋的目的是發現問題，輔導的作用是「授人以漁」。就像培養孩子一樣，考好了高興，考不好就打他，中間的過程由他「信馬由韁」嗎？顯然不是。

有一個小和尚擔任撞鐘一職，半年下來，覺得無聊至極。有一天，住持宣布調他到後院劈柴挑水，原因是他不能勝任撞鐘一職。小和尚很不服氣地問：「我撞的鐘難道不準時？」老住持耐心地告訴他：「你撞的鐘雖然很準時，但鐘聲空泛、疲軟，沒有感召力。鐘聲是要喚醒沉迷的眾生，因此，撞出的鐘聲不僅要洪亮，而且要圓潤、渾厚、深沉、悠遠。」

管理執行的過程是至關重要的，它決定了執行的正確方向、品質和程序。對這個過程進行有效的監督和及時發現問題進行輔導，是達成什麼樣的結果標準的「導航儀」，萬萬不能跑偏和失控。回饋就是將下屬的工作狀況與設定的目標比較，並將比較的結果告訴下屬，使下屬自己糾正偏離的行為。

▶（5）幹勁不足：強化激勵

溝通激勵，是執行動力的源泉。對執行者工作的即時激勵、有效激勵，是一種確切的訊號，能使所有人知道企業倡導什麼、想要達成什麼。對執行者的工作表現，給予認可與準確的讚美，能使執行者更願意執行、更樂於執行。

有效的激勵會點燃員工的激情，促使他們的工作動機更加強烈，讓他們產生超越自我和他人的欲望，並將潛在的巨大動力釋放出來，為企業的遠景目標奉獻自己的熱情。不能讓激勵變成福利，福利和激勵，雖只有一字之差，但意義完全不同。有些企業把激勵當成了福利，作用就會差之千里。

在管理中，有效的監督便是上級肯定下級的一種表現。當人們知道自己的工作成績有人檢查的時候會加倍努力。沒有有效的監督，就沒有工作的動力，人們只會做好上級檢查的工作。五段管理法，是管理中消除無效溝通的利器，熟悉並運用，可以大幅提升溝通的效益。管理的主體是人，客體也是人，要真正達到調動員工的工作熱情，就要良好地運用起你手中的監督機制，調動好你的指揮棒，建立一個有效的監督機制，讓員工「動」起來。

在團隊中不溝通就像一盤散沙

良好的溝通能力是團隊建設的關鍵。一個團隊中,主要領導者的溝通能力,在相當程度上決定著團隊建設的成敗。團隊是多人互動的場所,離開了溝通寸步難行。一個組織的活力和競爭力,取決於它的凝聚力,而凝聚力的建立要靠溝通來解決,基本上每個公司都要企業文化建設,目的就是給大家一個溝通的機會,讓組織更加有活力。

精細節化管理會越來越流行,項目小組等靈活完成任務的方式,更有利於團隊的發展,而這種靈活的管理方法,只有在溝通不斷加強的基礎上才能實現。無論是一個單位,還是更大範圍的組織,有效溝通能夠使組織成員之間清楚了解組織的目標,並制定實現此目標的步驟,確定各自在其中的角色和定位,促進成員之間更好地理解和合作,從而實現組織的目標。

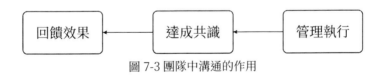

圖 7-3 團隊中溝通的作用

1. 建立領導力,靠溝通

實現有效溝通,對提升領導力具有重要意義。領導力是領導者引導團隊成員實現組織目標的能力。有人說,管理者 50% 的時間用在溝通上,而管理中 50% 的問題是由溝通障礙造成的。要想被他人理解,獲得他人的幫助,獲得他人的追隨,只有實現了有效溝通才能解決。方法和決策,如果

不被其他人理解，就不可能建立有效的領導力。充分了解溝通的重要性，並實現在組織內部的有效溝通，是建立領導力的基礎。

為了更好地解決這個團隊溝通的問題，企業主管建立多種制度化的正規管道，保證每一名員工能夠直言不諱，保持高效良好的溝通。建立完善的溝通機制，加強團隊員工的溝通，採取開放的溝通政策，員工可以根據個人情況選擇不同的溝通方式發表自己的意見。

在這個例子中，為了提高領導力，採用了開放式的溝通政策，建立了多種制度化的溝通管道，造成了很好的效果。領導力是一項綜合能力，而有效溝通是提升領導力水準的一個重要方面。身為新上崗的主管，理解影響有效溝通的因素，並能與各層次的人實現有效溝通，是極為重要的。

溝通中包括人的理念、夢想、經歷、狀態、感覺、印象等，個人空間、肢體動作、姿態、臉部表情和目光交流是一體的，一旦講話和身體語言不一致，人們寧可相信他們所看到的、所感覺到的，而不是所聽到的。如果說領導力的本質是身心靈的一致性，語言、行為、感受和意圖的一致性，那麼想要展示這種一致性，只有透過溝通才能達到。

2. 凝聚組織力，離不開溝通

很多企業在創業之初為了生存，溝通極為順暢，彼此之間不計較個人得失，組織的凝聚力非常強，然而一旦企業發展了，領導者之間誰也不服誰，沒有一個領袖能把大家的想法統領起來，在策略目標和發展願景上沒有辦法達成共識，最高領導者都不能掌控。隨著公司組織凝聚力的下降，企業便很快衰落了。

從前，有三個和尚路過一個很破的廟宇，他們決定重修這個廟宇。

甲和尚就開始悉心唸佛，乙和尚便很辛苦地修補廟宇，丙和尚則外出

化緣，擴大這個廟宇的影響。不久，廟宇有了名氣，香火旺盛起來。但是這個時候，他們卻開始爭吵起來，每個人都說廟宇的興盛是因為自己的原因，開始搶功勞，結果廟宇就在爭論當中很快又衰落下去。

對於一個組織而言，團結是非常重要的。身為經理人，想要激勵員工，自己首先要行得正。光說不練，沒有辦法達到激勵效果。經理人邊說邊做，員工們就會效仿，企業就會大有希望。團結是組織生命力的靈魂，沒有團結，組織就是一盤散沙，沒有凝聚力的組織，很容易被打敗，也很容易自我走向毀滅。

提升組織的凝聚力，關鍵是建立良好的協調機制，協調機制的重點是溝通的建設。在團隊合作上，溝通主要展現在縱向的上下級及橫向同級成員間的相互交流上。良性的溝通事實上往往建立在項目組內部良好融洽的人際關係上。上下級互相尊重，而同級人員則相互信任，而不是鉤心鬥角。同時在加強溝通時，要避免溝通過度，即過於頻繁的團隊會議會導致溝通效率的低下以及時間的浪費。

3. 完成任務目標，要加強溝通

完成任務，靠的是良好的團隊合作。團隊合作有三個基本因素：分工、合作和監督，人少的時候，比較容易滿足條件，一旦超過三個人，矛盾馬上就會凸顯出來。解決這些矛盾，只有在各個環節加強溝通，才能實現。

同樣完成一個專案，缺乏團隊合作還不如個人獨立工作。因為他們之間，形成不了默契的契約，彼此存在掣肘和消耗。由於個人的能力有限，在實施一個項目時，如果需要成立一個專案小組，那麼就要保證這個專案小組能夠和諧地進行合作，決定了這個專案能否成功。

職場競爭中的溝通

　　美國惠普公司創造了一種獨特的「周遊式管理辦法」，鼓勵部門負責人深入基層，直接接觸廣大員工。為此目的，惠普公司的辦公室布局採用美國少見的「敞開式大房間」，即全體人員都在一間敞廳中辦公，各部門之間只有矮屏分隔，除少量會議室、會客室外，無論哪級主管都不設單獨的辦公室，同時不稱呼頭銜，即使對董事長也直呼其名。「周遊式管理辦法」打破各級各部門之間無形的隔閡，促進相互之間融洽、合作的工作氛圍是提升了工作效率。

　　完成專案，單打獨鬥、個人英雄式的閉門造車越來越不可取了，反而團隊的分工合作方式正逐漸被各企業認同。在工作中人為地設定屏障分隔，關閉辦公室的門，就會製造不平等的氣氛，關閉了彼此合作與心靈溝通的大門。對一個企業而言，最重要的一點是營造一個快樂，進步的環境：在管理的架構和同事之間，可以上下公開、自由自在、誠實地溝通。

　　溝通不順，團隊無法了解員工的工作進度，就無法發出指令。在團隊中人們需要彼此合作，交流自己的需要、對他人的感受、增加自己的知識等，所有溝通都會或多或少地影響到組織。在一個團隊中，領導力靠溝通，凝聚力離不開溝通，完成項目要加強溝通，如果溝通是有效的，它能提高人們的工作績效和滿意度。開放式的溝通往往好於受到限制的溝通，人們可以更好地理解自己的工作並體驗更多的參與感。

在商業競爭中溝通不利就會潰不成軍

一個企業不懂得商業競爭的重要性，就會被各種明爭暗鬥的勢力所擊垮。千萬不要認為經營一個企業，做好經營就萬事大吉了，經營企業需要極高的綜合素養。溝通力就是關鍵因素中的一種，從某種意義上說，溝通力也是商業競爭的重要形式，溝通不利，就會被一擊即潰，和簽訂喪權辱國的條約，沒有什麼兩樣。

圖 7-4 商業競爭中的溝通力

1. 商業，沒有硝煙的戰爭

商業競爭是指以經濟方式爭奪市場，是資金累積的手法和方式。商業就是戰爭，戰爭是商業競爭的一部分，也是人類利益和活動的衝突。如何打好當今條件下的現代商業競爭，是每一個企業老闆要考慮的，不光是戰術問題還需要很高的策略思維。

個人電腦在剛問世的時候，就是一個玩具，計算能力非常差，連外殼都沒有，也沒有今天的顯示器，跟當時的大型主機根本不能比。當時幾家做大型主機的公司都得出結論：個人電腦這玩意不可能成氣候。當工程師向 DEC（Digital Equipment Corporation，美國數位設備公司）公司的創始

人肯尼思‧奧爾森（Kenneth Harry "Ken" Olsen）展示個人電腦的初期設計時，奧爾森問道：「人們為什麼需要擁有自己的電腦呢？」等到他同意開發個人電腦的時候，他和另一位工程師曾拆開個人電腦一探究竟，結果他對其內部結構冷嘲熱諷。但個人電腦第一次給了所有的使用者一個衝擊：只要花 1,000 美元，就可以在家裡有一臺自己的電腦。它在人性上打動了消費者，它不需要做十大功能，不需要每個功能都吸引消費者。只要一個功能打動人心，就會有消費者用你的產品，你就贏得了市場。個人電腦經過幾十年不斷改進，今天已經成功地顛覆了傳統的大型主機，IBM（International Business Machines Corporation，國際商業機器公司）只能表示遺憾了。

這是 IBM 策略營運的失敗，結果還不算太壞，那些因為一個項目，一項技術研發，一個決策失誤而導致企業破產倒閉的也是屢見不鮮的。不要只認為商業是賺錢的地方，這裡也是消耗財產，讓你捲鋪蓋走人的地方，它不放一槍一炮，卻足以摧毀一個國家的經濟命脈。

2. 商業談判，溝通就是實力

在商業談判中，有形無聲的語言是溝通的基礎，它是商業談判的前奏，是溝通必不可少的環節，也是促成商業談判成功的因素之一。在商業談判中，溝通就是硬實力，沒有道理可以說的「有道理」，沒有根據可以說的「有根據」，可以讓壞的事情變成好的事情，可以讓好的事情錦上添花。相反，如果溝通不利，本來可以辦成的事情，也會被放置。商業談判中，溝通力就是一個公司核心實力的展現。

1986 年，日本一個客戶與某外貿公司洽談毛皮生意，條件優惠卻久拖不決。轉眼過去了兩個多月，一直興旺的國際毛皮市場貨滿為患，價格

暴跌，日商再以很低的價格收購，對方吃了大虧。據記載，一個美國代表
被派往日本談判。日方在接待的時候得知對方需於兩個星期之後返回。日
本人沒有急著開始談判，而是花了一個多星期的時間陪他在國內旅遊，每
天晚上還安排宴會。談判終於在第 12 天開始，但每天都早早結束，為的
是客人能夠去打高爾夫球。終於在第 14 天談到重點，但這時候美國人已
經該回去了，已經沒有時間和對方周旋，只好答應對方的條件，簽訂了
協議。

　　日方採取了拖延戰術，拖延談判時間，穩住了談判對手。在談判中日
方沒有急於將談判的事項第一時間放在談判桌上，而是先帶著談判對手到
處遊玩，參加各種宴會，這一方法不僅拖延了時間，而且軟化了人的心
理。日方緊緊抓住了對方的心理，美國人急於回去，已經沒有時間和日方
周旋，另一方面，也會不好意思拒絕對方的要求，畢竟「吃人嘴軟，拿人
手短」，美國人已經違背了商業談判的原則，他沒有把公私分開，沒有把
立場與利益分開，私誼是公事的輔佐，而公事絕不能成為私利的犧牲品，
這關係到一個談判者的根本素養，談判人員應該充分了解對方信譽，實力
乃至實施談判者的慣用手法和以往實例。

3. 溝通力是商業競爭的重要組成部分

　　溝通力是軟實力的重要組成部分，但在商業競爭中，卻可以看作硬實
力。商業競爭是為現實的利益而來，透過溝通力的實施，可以帶來巨大的
經濟利益，而且「兵不血刃」，可以有效地節約各種人力物力資源，是每
個有眼光的企業家所優先採用的策略方法。為了使自己的企業能夠在商業
競爭中，穩住陣腳，不被欺騙，至少不吃明顯的虧，企業應該重視公司內
部溝通力的培養，完善自己企業的人員配置。

　　巴西一家公司到美國去採購成套設備。巴西談判小組成員因為上街購物耽誤了時間。當他們到達談判地點時，比預定時間晚了 45 分鐘。美方代表對此極為不滿，花了很長時間來指責巴西代表不遵守時間，沒有信用，如果總這樣下去的話，以後很多工作很難合作，浪費時間就是浪費資源、浪費金錢。對此巴西代表感到理虧，只好不停地向美方代表道歉。談判開始以後美方似乎還對巴西代表來遲一事耿耿於懷，一時間弄得巴西代表手足無措，說話處處被動。無心與美方代表討價還價，對美方提出的許多要求也沒有靜下心來認真考慮，匆匆忙忙就簽訂了合約。等到合約簽訂以後，巴西代表平靜下來，頭腦不再發熱時才發現自己吃了大虧，上了美方的當，但已經晚了。

　　本案例中美國談判代表成功地使用策略，迫使巴西談判代表自覺理虧在來不及認真思考的情況下，匆忙簽下了對美方有利的合約。這也是一個關於國際的商業談判，在談判之前巴西代表沒有了解對方的文化，沒有想好一旦遲到應該如何是好，在被指責的時候處處被動。在談判中，有效應對這種文化上的差異也是非常重要的一環。

　　在商業競爭中，溝通力是取得商業競爭的重要組成部分，它可以帶來巨大的物質和利益，歷來得到世界上一些企業的重視，並屢用不鮮，水準更是不斷提升。加強自己職員溝通力的培訓和實戰的演練，培養相對專業化的談判人才，加強對談判策略和技巧的研究，掌握對手的關鍵資訊，在資訊傳遞的各個環節，採取有力的措施，防止資訊失真，爭取在談判和商務戰爭中取得相對優勢，是每個企業要考慮的。

第八章
與上司的溝通

利用情感互換效應與上司和睦相處

　　「情感互換效應」是指在人際交往中，彼此主動接受對方的幫助或者是付出，達到交流情感的目的。一方主動付出，獲得他人的好感，一方接受他人的幫助和付出，增加彼此的連繫。「情感互動效應」有溝通性和平等性的特點，即不能以一方的無償付出為主，而要照顧彼此的感情，以情感投資拉近彼此的關係。單純的公務交往很難打動上司，在企業的統籌活動中，身為下屬，保持與上司間進行有效的情感溝通，才會有彼此間的良好互動，才能得到來自上司的幫助和指導，使自己能夠快速提升水準和工作績效。

信任

從情感互換的角度來講，就是要努力付出自己的誠心，以期獲得上司的信任，當上司對自己有一點信任的時候，就努力維持它、強化它。有信之人更容易獲得上司的賞識，利用這種賞識付出更多的努力和情感，形成一定強度的情感效應，就能收穫職場的成功。

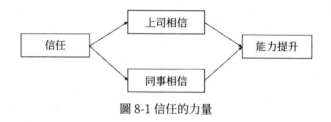

圖 8-1 信任的力量

1. 有信之人才可信

人與人之間的交往，關鍵是要講究信用。守信是古人非常重要的品行之一。如果不講信用，肯定沒有人願意與之交往，更不會贏得上司的信任。信任，實際是對其積極行為的強化，會激發可信行為的重複，如投桃報李一般，他人會付出更多的信任作為回報。

狼群中，小狼為了向領頭狼表示尊敬，要四腳朝天，把脖子和腹部露給領頭狼，領頭狼做撕咬狀，小狼不逃走，領頭狼才接納牠成為狼群中的一員。肝膽相照，是與上司溝通的最高境界。在與上司溝通中，很多時候應當呈全透明的狀態。企業中，一個全透明的下屬，才讓上司感到安全，才能認清你的能力和態度，才能更好地用你。讓上司看到你的優點，更

要讓上司看到你的缺點和「欲望」，你才有更多的機會。最好讓上司看透你，經常向上司彙報工作，甚至是私事也全透明，當然對「心懷叵測」的上司除外。

2. 信任和能力正相關

信任越多，能力提升就越快，能力越強，上司就會越發信任，這是一個正循環。上司信任，就有人用你；客戶信任，就有人支持你；下屬信任，就有人跟隨你；同僚信任，才有合作的機會。也許有太多的人做過這樣的夢：沒有過人的表現，就想得到上司的信任，上司某天會心血來潮委他以重任。這樣的夢，往往都是嘴角流著口水從夢中醒來。

懷疑和不信任是公司真正的人力成本。它們不是生產成本，卻會影響生產成本；它們不是科學研究成本，卻會止息科學研究的進步；它們不是行銷成本，卻會使市場開拓成本大大增加。作為一個企業，組織成員之間的信任是「和氣生財」、健康發展的前提，在組織的發展過程當中，遇到的最大難題其實並不在於外在的環境，而在於內在的氛圍 —— 員工與員工之間、員工與主管之間、主管與主管之間應該是「心心相印」，而不是疑神疑鬼。

3. 讓上司信任你

信任好比是燒製瓷器，燒製的時間很長，也非常花費金錢，但打碎它卻是一瞬間的事情。如果要上司接受你和你的意見，你必須要靈活辯論，讓上司自然而然地跟著你的思路走，接受你的思想並從你的角度想問題。而要是勸說不太管用，就得更加八面玲瓏地迎合上司的意見，繞個彎路，

以達到自己的目的。

　　與上司溝通，讓對方能夠認同自己和重視自己，最關鍵的是前期建立相互信任的關係，這也是溝通的法則之一。溝通的過程，如果以相互信任為基礎，則有助於創造良好的氣氛、調節雙方的情緒、增強溝通的效果。古代的君王只會聽取心腹信臣的意見，而對不信任的人，輕則置之不理，重則更加疏遠。人們只會相信自己人的話，只有相信你才會認同你，認同的會更加相信你，排斥異己是人性的一種天性反應。

　　同樣一個對企業發展很有意義的可行的方案，如果你的上司信任你，就容易被接受。如果上司不信任你，即便你再優秀，也很難在他手下發揮什麼突出的作用。生活中很多事情往往也都如此，一個誠實、正直而忠誠的人，非常容易獲得上司的信任。信任，是與上司溝通的「破冰之船」。

作秀

　　作秀，不是貶義詞，是把事情做好的一種境界。工作中需要表現，尤其是和上司相處，自己私下的付出要讓上司知道，這樣才不會埋沒自己的才華，才對得起自己的付出。想一想，電視選秀又是「未來少女」，又是「原子少年」，平民從此一躍成為「天王天后」。職場中人，不能恰到好處地表現自己，也是職場溝通和修行的大忌。選好時機表現自己，即便是為了取悅上司，用得好的話，也可以收到良好的溝通效果。

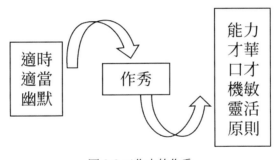

圖 8-2 工作中的作秀

1. 選好時機表現自己

　　從情感互換的角度來講，選好時機去表現，才能增進彼此的感情，否則就會惹他人生氣。表現是為了得到上司的認可和重視，一定要適當，見好就收。有人說，在工作中不知道如何展現自己優勢，以及過度表現而導致職場不順的人，占到三成以上。職場溝通，傳情達意，應該多表現，少一分低調。

195

　　某企業人力資源主管，做事兢兢業業，表現非常出色，可公司總經理卻認為是理所應當，不知此主管為此付出了艱辛努力。一連 3 年，該主管沒有加薪，也未得到任何獎勵。於是這位主管在最忙的年末休了 20 天的長假，公司就出了大亂子：勞動監察年底例行檢查，各級行政部門三天兩頭就上門詢問，人事部應付不了，總經理才深深意識到該主管的價值。總經理親自打電話，請他盡快回來上班，協助做好公司內部工作，並且，一過年就加了薪。

　　這也算是作秀，可這個表現就恰到好處。在職場，要學會暗示和提醒老闆看到自己的成績，但最有效的是透過業績來表現。只有讓老闆看到自己的業績，他才會在心理上尊重你。不妨把工作或者業績用量化的形式表現出來，對曾經參加過的項目、已獲得的經驗給予描述或展現，它們必須建立在真實的基礎上，不要太誇張或者較為明顯地炫耀，否則不但不會贏得老闆的尊重，還會被再一次的輕視。

2. 表現得有真本事

　　一般來說，職場新人有著更強烈的表現欲望，但大多並不懂得如何表現自己，很多新人都不知道在辦公室裡該做些什麼，不知道如何展現自己的素養和才華，讓上司和同事認同自己。從情感互換的角度來講，應該從細節入手，為什麼要從細節入手，因為只有從細節入手，才能表現真有本事，否則容易被識破機關。

　　就拿傳真來說，大多數人覺得很簡單，把檔案往機器上一放，按下「開始」就完事了，然後扭頭去做別的事情。但是如果你仔細檢查檔案資訊是否完整，然後標注出傳真檔案的總頁數，遇到重要的客戶，準備一個傳真封面，發完傳真，很快打電話給對方確認等，老闆就會稱讚你認真做事情、敬業，自然認為你的付出就會多一些了。

　　一位銷售經理，業務能力沒話說，同時也是個表現高手。總公司業務總監每季度會來視察一次，很多時候銷售經理特別主動。羽毛球是這位總監的最愛，晚上公司召集打球，銷售經理就當陪練，結果不是平手就是他稍微輸一點，這種表現的難度可不小。

　　工作做得好，表現也夠漂亮，這樣的員工想不受歡迎都難。當然，無論你的表現有多聰明漂亮，沒有真本事，也是枉然，反會讓人覺得你像個只會邀功拍馬屁的小丑，不管多麼賣力地「表演」，想讓大家對你刮目相看都是不可能的。

　　從情感互換的角度看，表現一定要適當，只有適當的作秀才會令老闆感到歡喜，因為既滿足老闆的虛榮心和自尊心，同時又把工作做得非常不錯，這樣的人老闆是最喜歡的，如果表現過了頭，老闆就會覺得華而不實，如果老闆就會覺得用你這麼一個人，是損失，慢慢地就會討厭你了。往往小事情可以展現一個人的辦事能力，所以建議在細節上下功夫，善於利用機會以間接和自然的方式「表面功夫」。老闆的眼睛都是極為敏銳的，只要你善於在細節上完善和表現，老闆一定可以看到你付出的努力和取得的成績。

請示

就是負責一個工作之後，有了一點想法，有了一點主意，想跟上司徵詢一下能不能去做，這是工作中常見的情景。因為只有具體的工作執行者在執行過程中才會產生好的主意或者根據問題產生好的創意，這個時候不能說按照上司怎麼交代就怎麼做，這樣也不合適。根據情感互動效應，在請示工作時，要有意識地拉近上司和自己的關係。

1. 至少準備兩個方案

請示工作一定要提方案，這是最核心的要點。首先在理由充分的基礎上，至少準備兩個方案給上司，其次不能因為逢迎而失去自己的立場和觀點。不能害怕自己的觀點和方案不被上司接受，就過於小心翼翼，不敢主動說出自己的觀點，不敢進行理性分析。同樣一個方案，同樣一個提法，換一個說法效果是不一樣的。

兩套方案或者是三套方案，這是讓上司選擇，為了是博得他人的認同和讚賞。上司的時間都是有限的，你騷擾他一次，要不肯定你一次，給你加分一次，不然就扣分一次，當你沒有準備好的時候就去找上司的時候，就在做一次自我否定，而且還是做一次主動的自我否定。

凡是好、不好、最佳、適合，主要是偏主觀性的答案，你自己覺得這是最佳的方案，但上司往往並不這麼認為，很多情況下會否定了你的方案。所以，方案的利弊分析要具體，原來負責什麼，是怎麼想的，現在打算怎麼做，為什麼這麼做，這麼做的好處是什麼，一定要做利弊的分析，

然後再說，個人傾向於 A 方案還是 B 方案。方案的好壞是比較出來的，最好有數據對比更容易說服別人。

如果這些方案中，有對上司的建議就要小心了。在亞洲，即使上司知道是自己的錯，也很難在下屬的面前說出，說了也未必是真的，不能激怒上司的情緒。所以別指望透過提建議給上司，獲得他的好感，而要透過把事情做得非常完美，來獲得他的賞識。為了不給上司你很厲害的感覺，說方案的時候，你也不要完全從自身的角度說，自身可以提一點，主要還是以第三方客戶的角度去說更為妥當。

2. 不過分揣測上司意圖

從情感和面子的角度看，主管都是害怕被揭穿的，更害怕成為一個透明的人，需要保持一定的神祕感和距離，以維持在下屬心目中的地位和權威。根據情感互換效應，根據主管的特點和自我的心理，請示工作應該在與上司溝通充分的基礎上去做事，而不是過度揣測上司的意圖而去擅做主張，那樣做事很容易事與願違，甚至帶來不可收拾的下場。

《三國演義》裡曹操怒斬楊修有一段是這樣寫的：操屯兵日久，欲要進兵，又被馬超拒守；欲收兵回，又恐被蜀兵恥笑，心中猶豫不決。適庖官進雞湯。操見碗中有雞肋，因而有感於懷。正沉吟間，夏侯惇入帳，稟請夜間口號。操隨口曰：「雞肋！雞肋！」惇傳令眾官，都稱「雞肋」。

行軍主簿楊修，見傳「雞肋」二字，便教隨行軍士，各收拾行裝，準備歸程。有人報知夏侯惇。惇大驚，遂請楊修至帳中問曰：「公何收拾行裝？」修曰：「以今夜號令，便知魏王不日將退兵歸也：雞肋者，食之無肉，棄之有味。今進不能勝，退恐人笑，在此無益，不如早歸，來日魏王必班師矣。故先收拾行裝，免得臨行慌亂。」夏侯惇曰：「公真知魏王肺

腑也！」遂亦收拾行裝。於是寨中諸將，無不準備歸計。

當夜曹操心亂，不能穩睡，遂手提寶劍，繞寨私行。只見夏侯惇寨內軍士，各準備行裝。操大驚，急回帳召惇問其故。惇曰：「主簿楊德祖先知大王欲歸之意。」操喚楊修問之，修以雞肋之意對。操大怒曰：「汝怎敢造言，亂我軍心！」喝刀斧手推出斬之，將首級號令於轅門外。

請示工作，盡量不說話，先去揣摩上司說話的意圖，以便自己「對症下藥」。但是即便知道了上司的意圖，也要裝著上司非常高深的模樣，好像是自己只知其一，不知其二。當然，不能有明顯的「拍馬屁」跡象，否則，上司越會覺得你是一個沒有主見、不能為他分憂和勇於承擔責任的人。曹操以「雞肋」為號，但未下令退兵，只是猶豫不決，楊修錯在自以為洞察其真實意圖，自作主張，視上司權威於不顧，以自己的看法、想法來替代上司的指令，不顧時機、場合和形式，不考慮上司的心情、感受，反倒落了個聰明反被聰明誤的下場。

請示工作關係到自己能夠獲得更多成長與發展的機會，也是自己免費學習的一個途徑。請示工作的時候可以說：「關於這個工作，有三個方案供參考，您看是否可行？方案一是……方案二是……方案三是……」下級向上級提出方案時，可能會被接受，也可能會遇到另一種情況，即制定出來的方案，上級很可能輕易地就否決了：「這個方案不成熟，不能接受」，這時一定要接受他的意見，不要過分揣測上司的意圖，否則以後的職場，就可能面臨被「修理」的危險。

彙報

一個優秀的職場人士，是一個善於彙報工作的人，工作完成時，立即彙報，工作完成到一定的程度，必須向上級彙報，預計工作可能拖延，要及時向上司彙報。只有這樣才能最大限度地得到上司的信任和倚重，開啟職場的成功之門。彙報工作也有方法和技巧，其中，先彙報結果，後彙報過程，就是其中非常重要的方法之一。

說話是講究順序的，順序不同結果就會不同。說話的順序是一個人邏輯的表現，不能分清說話的順序，代表邏輯不清晰。彙報工作看似簡單，實際上大有學問，它不只是在處理公務，也是在處理上下左右的關係。怎麼在彙報的時候，沒有貢獻卻像是有貢獻的，有責任卻像是沒有責任的，都是需要仔細揣摩的。

1. 先說結果：讓上司更明白

很多人在彙報工作的時候，往往有意無意地將工作結果和工作過程混淆在一起，以至上級聽得一頭霧水不知所云。先說結果，再說過程，領導可以更好地明白整個事情的重點，可以做到更加有的放矢。如果將結果和過程放到一起說，上司就不明所以，一頭霧水，他的時間很寶貴，一旦發現說話的邏輯不好，就會認為下屬沒有認真工作。

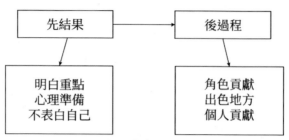

圖 8-3 彙報的技巧

有一個下級向上級彙報簽協議的工作:「王總,您昨天叫我去見那個客戶簽協議,我八點半就去了,我去的時候他還沒到。後來他來了,可是他說很忙,要開會,讓我等一會,結果沒想到等到一點多……」描述了半天,還是沒有彙報工作結果,協議是否簽訂才是要彙報的重點。

人有貪慕虛榮的心理,總想表示一下自己的成績,所以在彙報工作的時候,急於說明自己做了哪些事。但是,先說過程往往意味著工作結果不好,自己已經很辛苦了,卻彷彿是無意識地用描述過程來推卸責任。這種做法不是一個成熟職業人的做法,更不會成為上級重用你的理由,所以,身為職場新人尤其要注意這一點。

2. 後說過程:適當表示自己的貢獻

與前一種情況相反的做法是,雖然說出了工作的結果,卻不善於委婉地表達自己在工作中的業績,於是上司看不到自己的貢獻,還以為工作中你只是一個普通的角色而已。彙報完結果後,如果上級需要了解過程,再說過程,並且可以適當描述一下自己的工作。企業是靠著一個個良性的結果運轉的,身為主管,在完成工作任務後,肯定關心相關人員的表現,為公司的長遠發展尋覓人才。

將結果和過程,巧妙地結合在一起,是這個例子的亮點。定期將自己

的工作進度及所完成的任務上報，讓他看到你的存在及貢獻，隨時知道你工作的進度和狀態，對於彼此間的溝通十分關鍵和必要。不要和上司說工作過程多艱辛，多麼不容易，而要實事求是的說明自己的貢獻，最好舉個例子。舉重若輕的人上司最喜歡，一定要把結果和自己的工作反映給上司，這是做下屬和能快速成長的第一思維。

從情感互換的角度來說，要為老闆著想，老闆每天的工作很多，身為員工應為他節省時間。如果先講出一大堆理由來，等老闆不耐煩地擺擺手說「簡單點」，再把結論說出來，不僅使你顯得很難堪，而且老闆也會認為「這人太囉唆，做事不俐落」。特別是當工作失敗時，先說工作失敗了，然後再說明失敗的原因，這樣老闆才不會把失敗的責任全推到你頭上。同樣是一件事情，先說什麼與後說什麼，給老闆的印象會截然不同。如果在描述過程的時候，能適當表示一下自己的貢獻，就是完美的彙報了。

總結

工作總結要將重點放在流程上面。做工作總結要描述流程，不能只求先後順序邏輯清楚，還要找出流程中的關鍵點、失誤點、反思點，工作條理化是上司接受並認同你的理想通路。一切都是為了獲得上司的好感，如果在結果上面著墨過多，就會顯得總結華而不實。

1. 流程是標準化的思維

進行工作流程分析，確定各個職位做什麼。當各個職位都確定的時候，就形成了工作流程化。這是標準化的一種極為重要的思維，老闆喜歡看到令人眼前一亮的總結，這種思路和老闆的管理思維一拍即合，老闆看到就有興趣看。

肯德基的口味不管到哪裡都是一樣的，主要原因在於肯德基公司很好地把工作標準化了，透過把食物製作的過程進行標準化作業，確保所有的肯德基店做出來的口味都是一樣的，主要原因就是工作流程的標準化所發揮的作用。

為了使上司看到自己對工作的認真和細心，證明自己是用心在工作，不是拖延和敷衍，這種工作流程的方法是最好的，它證明自己的努力是有科學的方法作為後盾的，它可以提升員工的工作效率、穩定產品品質、減少企業生產成本，使企業獲得持續的發展。

2. 細節化工作過程和環節

流程雖然可透過檔案、制度的形式予以描述，但考慮到大多數員工並不善於運用流程的方法，所以很多制度宣傳的效果往往不是太好。如果把各種規定和行為用流程圖的形式提煉出來，再結合實際工作進行貫徹，效果要好得多。所以，細節化工作過程和環節，主管會加深對自己的印象。

從中西餐發展的對比就可以看出流程的重要性。西式速食為何能快速發展，且服務、餐飲品質相同？就在於他們有一套嚴格的流程和制度，細節化了每一個工作過程和環節，甚至是每多長時間掃一次地都有規定。為什麼中餐同一種菜，在不同的餐廳有不同的差異，是我們常聽到的「鹽適當、少許」等，沒有統一的標準所致。

細節化工作過程和環節的重點是，找出工作中的關鍵點，需要總結的經驗是什麼，需要吸取的教訓是什麼，工作有哪些值得反思的地方？工作流程可以給企業管理一定的啟示，所以領導者會更加重視其中的閃光點。沒有流程化，不同的師傅將帶出不同的徒弟，其結果就很難保持一致性。流程化主要是把企業成員所累積的技術、經驗，透過檔案的方式來加以儲存，而不會因為人員的流動而流失。

在平時的工作中，雖然時常在說流程，但並不一定引起人們的注意，尤其是領導者說過的經驗和創新的點，要結合相關情況，加以重點突出，表示自己是完全按著領導者的意思去辦的。對於領導者沒有注意到的事情，如果能將其合理化並委婉地表示出來，無疑對樹立自己在領導者眼中的形象極為有利。

總結工作多說流程，有益於公司達到精細化的管理，實現標準化的目標。

　　更重要的是，有了這些流程、規範，有利於幫助提升領導者的執行力，一方面可確保規範管理，另一方面可降低工作對工人個人技術和職業素養、品質意識的依賴，可降低用人標準，也可降低管理的難度，消除管理人員是「救火隊員」的現象，這種思維是領導者最為重視的。

接受

　　有擔當，主動為領導者分憂，就是主動為領導者付出，領導者自然會高興。在能力差不多的情況下，有擔當就是有競爭力，沒有擔當就沒有競爭力，就會失去大好的機會。接受，就是有決心、有毅力把它完成，不後退，不找藉口，一切都以完成工作為己任務，可以主動加壓，這樣的人往往是公司的骨幹。

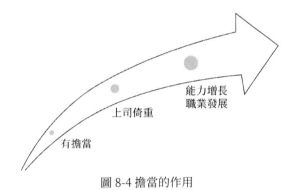

能力增長
職業發展

上司倚重

有擔當

圖 8-4 擔當的作用

1. 比說清楚更重要的是擔當

　　適當的時候，可以主動請纓，在力所能及的範圍內，向上司要求更多的工作與授權。這樣做至少讓上司感受到你的進取精神，也使自己有機會得到更多的鍛鍊和挑戰。工作需要展現激情和擔當，它可以強化你在上司心目中的形象，這也是很多公司考慮是否提拔重用一個人的重要指標。

　　有個寺廟，因藏有一串佛祖戴過的念珠而聞名。念珠的供奉之地只有廟裡的老住持和七個弟子知道。七個弟子都很有悟性，老住持覺得將來把

衣缽傳給他們中的任何一個，都可以光大佛法。不想那串念珠突然不見了。老住持問七個弟子：「你們誰拿了念珠，只要放回原處，我不追究，佛祖也不會怪罪。」弟子們都搖頭。

七天過去了，念珠依然不知去向。老住持又說：「只要承認了，念珠就歸誰。」但又過去了七天，還是沒人承認。老住持很失望：「明天你們就下山吧。拿了念珠的人，如果想留下就留下。」

第二天，六個弟子收拾好東西，長長地舒了口氣，乾乾淨淨地走了。只有一個弟子留下來。老住持問留下的弟子：「念珠呢？」弟子說：「我沒拿。」「那為何要背個偷竊之名？」弟子說：「這幾天我們幾個相互猜疑，有人站出來，其他人才能得到解脫。再說，念珠不見了，佛還在呀。」老住持笑了，從懷裡取出那串念珠戴在這名弟子手上。不是所有的事情都需要說清楚，比說清楚更重要的是擔當。

很多人在工作中能力上不去的主要原因，是不敢擔當責任，遇到一件事情，總是習慣於先把自己撇清，彷彿是自己沒有責任了，實際上自己也失去了得到鍛鍊的機會。如果一個人始終不敢擔當大事，那麼這個人在職場中，就會形成很頑固的職場瓶頸，長時間都無法突破。很多時候，說清楚一件事，把負面責任完全撇清，未必是好事，也並不重要，工作中需要有衝勁，需要一股不達目的不罷休的精神。

2. 有擔當就有競爭力

在職場中，缺乏競爭力，很大部分原因，在於缺乏責任意識，沒有以負責任的態度來對待工作。現在的家庭，很多都是獨生子女，從小到大都被哄著，被呵護，缺乏擔當精神，面對抉擇的時候，往往選擇了逃避。責任不僅僅是在履行自己的職責，能否在適當的時候勇於承擔責任，是一個

員工責任心和價值觀的展現。

　　小白和小明二人是工作搭檔，他們也一直都很認真努力工作。老闆對他們很滿意，但一個意外使二人走上了不同的職場道路。

　　一次，小白和小明負責把一車貨物送到目的地。這車貨物很貴重也很有價值，老闆反覆叮囑他們要小心。到了目的地，在小白把其中某件貨物遞給小明的時候，小明卻沒接住，貨物掉在了地上，裡面的東西摔碎了。

　　老闆對他們兩個進行了嚴厲的批評。小明趁著小白不注意，偷偷來到老闆辦公室對老闆說：「這真的不關我的事，是小白不小心弄壞的。」隨後，老闆把小白叫到了辦公室。「小白，到底怎麼回事？」小白就把事情的原委告訴了老闆，最後小白說：「這件事情是我們的失職，我願意承擔責任。」二人一直等待處理的結果。老闆把小白和小明叫到了辦公室，對他們兩個說：「其實，客戶公司的人看見了你兩個在遞接貨物時的動作，我也了解了當時發生的情況。還有，我也看到了問題出現後你們兩個人的反應。我決定，小白留下繼續工作。小明，明天你不用來工作了，關於賠償，公司會再與你協商的。」

　　工作找藉口，出了事不負責任，職場中為此而丟掉工作的例子屢見不鮮。人們習慣於為自己的過失尋找各種藉口，結果這樣不僅不會解決問題，反而經常製造摩擦和不愉快。員工與其為自己的失職找藉口，倒不如坦率地承認自己的失職，然後去分析它們，並為此承擔起責任，把出現的損失降到最低點。員工在工作過程中由於經驗、能力、環境等因素犯錯是常見的，老闆反而可能會因為你能勇於承擔責任而不責難你。勇於承認自己的錯誤、承擔應有的責任會留給主管深刻的印象，建立負責的形象，從而為自己的職場發展提供很好的機會。

　　掩蓋問題，推卸責任，帶給公司的將是毀滅性的災難，是領導者極為

反感和深惡痛絕的。從企業角度看，企業都會青睞忠於職守、不推諉、不偷懶、做事盡心盡力、盡職盡責的優秀人才。做這樣一名員工不但是必要的，更是自己獲得職業發展的關鍵。推掉一個責任容易，但是獲得一個機會卻並不是那麼輕鬆。督促自己，主動接受工作，勇於擔當風險，才是一個成熟的職場人士該做的。

第九章
與同事的溝通

以誠待人

　　同事之間相處，關係太遠，會被認為是高傲或孤僻，關係太近，容易被人誤解為「搞小團體」。若想使同事關係融洽，需要掌握好溝通的尺度。應充分運用以下的方針：積極主動、相互體諒；包容支持，大局為重；尊重理解，求同存異；學會欣賞，化解衝突；同心若金，相互扶持。

　　推心置腹是同事之間溝通的最高境界，同事溝通應呈半透明的狀態，級別相同的管理者，只能透過徵詢、建議、讚美、協調等形式進行彼此間的溝通。想要打好同事間的關係，就要以誠待人，「與人為善，和諧相處」，只有這樣大家才能享受愉悅的集體工作氛圍。

積極主動

　　積極主動，是強調同事之間的溝通狀態，要主動為他人著想，為他人送去關心和溫暖，不要事事等著他人來關照自己。互相體諒，是強調同事之間，不能處處計較，明爭暗鬥，而是要抱著寬容和大度的心態，去包容他人，主動原諒他人的過錯。同事之間合則兩利，鬥則兩傷，但是職場之中，偏偏硝煙瀰漫，很難得到心靈的安寧，工作本已辛苦，何必苦上加苦。只有積極主動，幫助他人，互相體諒，原諒他人，自己的心才能得到真正的安寧。

1. 積極主動，拉近距離

　　同事需要幫助的時候，應該積極主動地加以關心，盡其所能地幫助同事排除困難。任何努力都不會白白地付出，你來我往之間，不但可以融洽同事之間的感情，贏得同事的信任，更能為以後的共事和發展鋪墊良好的基礎。

　　國外有個知名作家，在他窮困落魄時，走在寒冬深夜的街上，一個乞丐向他伸出了乞求的手，而他此刻身無分文，面對那雙渴望得到的眼睛，他伸手握住了乞丐的手，說：「我沒有錢給你，只能送你一份祝福！」乞丐激動得向他鞠躬：「先生，你給我的，是比金錢更重要的東西，這是我收到的最珍貴的禮物。」

　　這個世界，什麼也不缺，就是缺少關心和愛，職場什麼也不缺，就是缺少真誠和體諒。主動的一次祝福，一次伸手，甚至比黃金還貴重。當同事有了優秀的表現時，要及時、主動地給予讚美，真誠地讚美同事，是

自己胸襟寬廣的展現，是拉近彼此關係的「快車道」，對方也會「投桃報李」，給予自己語言和行動上的回饋。

當自己在同事面前有過失的時候，要有勇氣擔當，選擇適當的方式道歉。無論是當面道歉，還是借人之口，或許是因為顧及顏面選擇文字等其他方式交流，都要表達出真心的歉意，那樣才會及時修復衝突的裂痕，拉近彼此的感情距離。

2. 互相體諒，珍惜緣分

身為同事，朝夕相處，沒有必要錙銖必較，把事情做得太絕。「海納百川，有容乃大，壁立千仞，無欲則剛」。同事之間在交往共事中，要體諒，不要斤斤計較。待人豁達大度、胸懷寬廣。每件事都應站到對方的立場上想一想，這是達到諒解的最有效方法。彼此之間能夠在一起，就是難得的緣分，世上這麼多人，一生能夠遇到多少？極少可以遇到的，即便是一面之緣，也很不容易。珍惜彼此的緣分，等到散場的時候，才能少一些遺憾，多一分懷念。

圖 9-1 同事之間要體諒

有一次，一位理髮師正在幫周總理刮臉，總理突然咳嗽了一聲，理髮師手一抖，就把總理的臉刮破了。這時，理髮師十分緊張，以為總理會怪罪於他。沒有想到的是，總理不但沒有怪罪他，反而和藹地對他說：「這並不怪你，我在咳嗽前沒有跟你講，你怎麼知道我要動呢？」

與同事的溝通

　　不管是高層主管，還是普通職員，主動原諒他人，是一種高風亮節的品行，當事人會感動你的寬容，其他人會佩服你的大度，自己的心也會更加柔韌和寬廣。不要小看一個小小的舉動，積少成多，當所有的同事都比較認可你的時候，尤其是他們有事，都願意向你傾訴的時候，職場就會成為你表現的舞臺，一切陰霾都會離你遠去，一切大門都會為你敞開。

　　古人曰：「君子要忍人所不能忍，容人所不能容，處人所不能處。」同事間，要善於溝通，珍惜緣分，互相幫助，互相配合，以誠相待，見賢思齊，在共同目標下求合作，在相互合作中要合力，在相互信任中同發展。敵人往往是自己樹立的，歷史上的成功人士則都具有化敵為友的本事，有容人、識人、用人的胸懷和雅量才能著實令人欽佩。

包容支持

　　職場中，摩擦和爭鬥處處存在，如果不能包容和支持，彼此拆臺，工作就會處處掣肘。以大局為重是工作中的一項主要的原則，當自己受委屈的時候，先要想到的是如何將事情完成，當他人擠兌自己的時候，先要想到的是，怎麼樣才能對公司和他人有益處。無法包容他人，處處以自我為中心，很難在職場中獲得容身之地，時間久了，就會被大家擠兌，直至離開公司。

1. 別太在意是非對錯

　　東方人求圓滿，不求是非對錯，是非對錯從更大的範圍來看，是很有局限性的。東方人最討厭沒是非觀的人，但是最不喜歡是非分明的人。辦理事情，是要講究方法和感情的，職場中，凡是是非分明的人，人緣都不好，事情就越是辦不好。西方人是直來直去的思維，對就是對，錯就是錯，在東方絕對不能這麼做，否則在職場中一定吃虧。東方人習慣要在圓滿當中區分對錯，在對錯中體會圓滿，如果因為分對錯分到不圓滿，那就前功盡棄了。

　　是非評價在溝通中是非常困難的一件事情，是中有非，非中有是，從一個角度看做對了，從另一個角度看就是做錯了。日常生活中有一個現象，經常犯錯的人反而沒有事，經常對的人反而搞得倒楣透頂，是不是很奇怪？要知道，越對得罪的人就越多。其實溝通中聽話要很小心，不是要你做同流合汙的慣犯，也不是要你投機取巧，只要求你一定要顧慮大家的

面子，要你能夠隨機應變，要你能夠忍一時之氣，否則是非永遠是講不通，而且會經常被是非左右，分不清職場中的要害之處。

同事之間由於工作關係而走在一起，就要有集體意識，形成「團隊形象」的觀念，多補臺少拆臺，不為自身小利而害集體大利，不將家醜外揚，保全老闆面子和公司形象，才能為自己製造升遷的條件。

2. 大局勝過一切

以大局為重，是領導者應具備的基本素養。領導者不可拘泥於眼前的枝節小事，而必須從大局著眼，從大局來判斷是非好壞。在許多不同的情況下，分得出什麼才是最嚴重的，或哪些是必須最先解決的，工作才能有下手之處。想要成為領導者，不斷地探求和追究，為了大局的圓滿，放棄個人的意見或利益，才能塑造自己的遠見，提升自己的心理承受能力。

戰國時候，秦國常常因自己強大而欺侮趙國。有一次，趙王派一個大臣的手下人藺相如到秦國去交涉。藺相如見了秦王，憑著機智和勇敢，幫趙國爭得了不少面子。秦王見趙國有這樣的人才，就不敢再小看趙國了。趙王看藺相如這麼能幹。就封他為「宰相」。

趙王這麼看重藺相如，可氣壞了趙國的大將軍廉頗。他想：我為趙國拚命打仗，功勞難道不如藺相如嗎？藺相如光憑一張嘴，有什麼了不起的本領，地位倒比我還高！他越想越不服氣，怒氣沖沖地說：「我要是碰著藺相如，要當面給他點難堪，看他能把我怎麼樣！」

廉頗的這些話傳到了藺相如耳朵裡。藺相如立刻吩咐他手下的人，叫他們以後碰著廉頗手下的人，千萬要讓著點，不要和他們爭吵。他自己坐車出門，只要聽說廉頗從前面來了，就叫馬車伕把車子趕到小巷子裡，等廉頗過去了再走。

廉頗手下的人看見宰相這麼讓著自己的主人，更加得意忘形了，見了藺相如手下的人，就嘲笑他們。藺相如手下的人受不了這個氣，就跟藺相如說：「您的地位比廉將軍高，他說您，您反而躲著他，讓著他，他越發不把您放在眼裡啦！這麼下去，我們可受不了。」

藺相如心平氣和地問他們：「廉將軍跟秦王相比，哪一個厲害呢？」大家說：「那當然是秦王厲害。」藺相如說：「對呀！我見了秦王都不怕，難道還怕廉將軍嗎？要知道，秦國現在不敢來打趙國，就是因為國內文官武將一條心。我們兩人好比是兩隻老虎，兩隻老虎要是打起架來，不免有一隻要受傷，甚至死掉，這就給了秦國進攻趙國的好機會。你們想想，國家的事要緊，還是私人的面子要緊？」

藺相如手下的人聽了這一番話，非常感動，以後看見廉頗手下的人，都小心謹慎，總是讓著他們。

藺相如的這番話，後來傳到了廉頗的耳朵裡。廉頗慚愧極了。於是他脫下戰袍，背了一捆荊條，直奔藺相如家。藺相如連忙出來迎接廉頗，廉頗對著藺相如跪了下來，雙手捧著荊條，請藺相如鞭打自己。藺相如把荊條扔在地上，急忙用雙手扶起廉頗，幫他穿好衣服，拉著他的手請他坐下。

藺相如和廉頗從此成了很要好的朋友。這兩個人一文一武，同心協力為國家辦事，秦國因此更不敢欺侮趙國了。

國家利益和個人的榮辱孰輕孰重，一目了然。在職場，利益關係在相對固定的基礎上，也有著巨大的複雜性和變化性，始終能以公司的利益為重，適當的時刻挺身而出，周全老闆和公司的利益，自己的職場生涯才能得到最大程度的保護。但很多情況下，員工都是從自我的利益出發，不善於和領導者配合，稍有不順心，就要鬧一下脾氣，還有的公開辭職，可想而知，這樣在職場上怎麼可能獲得突破和發展呢。

與同事的溝通

　　不要去想領導者可能不明白，自己不必為了公司犧牲自己利益。其實領導者心裡最清楚，每個人有幾斤幾兩，甚至每個人怎麼想怎麼做，領導者心理都像明鏡一樣，只要你為他著想了，為公司的利益付出了，他一定會將你記在心上。不過，回饋不是馬上可以實現和到來的，身為職場人士，只要記住一點，領導者絕不會虧待一個下屬，公司也不會虧待賣力的員工，付出什麼，最終都會得到什麼。

　　包容與支持，不是在同事交往中處處迎合別人。在不危及他人的自尊心的情況下，陳述與對方不同的意見，委婉地指出對方的缺點或失誤，並不會影響同事之間的關係。一味地迎合別人，也可能遭到別人的輕視。單位就是一個大家庭，每一位成員都是家庭的一分子，相互之間要多包容、少指責，相互「補臺」而不「拆臺」。特別是在與外單位人接觸時，要有團隊的觀念，相攜互助，以大局為重，不要為了自身小利而損害集體大利，切記不要說對公司和老闆不利、不滿的話，要知道任何話都可能到達上司的耳中，到時自己的公司形象就會嚴重受損。

尊重理解

　　尊重他人就是善待自己。贈人玫瑰，手有餘香。在工作中，每個人都渴望被別人尊重，但是我們是否想過，我們尊重別人了嗎？必須先要俯下身子真誠地尊重別人，理解別人，才能換來別人對自己的尊重，最終營造同事之間的平等和尊重的和諧氛圍。世界是一面鏡子，你對它哭它就哭，你對它笑它便笑。你如何對待世界，世界就會如何對待你。

　　茫茫人海，除去與家人的相處時間，同事間的相處時間便是最頻繁的了。在工作中除了做到相互尊重理解，還要做到求同存異，只有把求同存異運用到同事相處之中去，尊重理解才能落實到實處，溝通才能更加順暢，同事關係才能更加融洽。

1. 尊重他人是基本的職場素養

　　想要獲得他人的尊重，首先要學會尊重他人，這個道理人人都懂。不過，將尊重他人做好的人並不多，原因是什麼，因為沒有養成尊重他人的習慣和心理。沒有遇到事情的時候，處處展現自我的風采，遇到事情的時候，就去找別人幫助，事後給予別人一定的回饋。但是心態上，是極其頑固的，認為稍微損一下別人，對自己沒有傷害。

　　一個小孩在大山上喊自己的媽媽，一個聲音也學著他喊。小孩問：「你是誰啊？」對方也問：「你是誰啊？」小孩生氣說：「你討厭！」對方也說：「你討厭！」小孩憤怒了：「我恨你！」對方也說道：「我恨你！」

　　小孩害怕極了。他跑回來撲到媽媽懷裡哭起來。媽媽安慰他說：「孩

子，別怕，那是回音。只要你對它友好，它也就會對你友好。你再試試吧！」於是，這個小孩再次來到山邊，照媽媽說的做了。小孩微笑地喊道：「你好，我愛你！」回音也回應道：「你好，我愛你！」小孩開心地笑了。

尊重是有「回音」的，只要你肯付出，你就會擁有更多的尊重，獲得良好的人際關係。工作中，由於同事做事的方式與方法不同，看待和分析問題的角度不同，面對相同問題經常會有不同的看法。這並不代表對方的觀點和見解就是錯誤的，如果能夠站在對方的角度，分析其可取之處，求同存異地反思自己的觀點，不僅能夠完善自己，而且能拉近彼此的感情。

2. 求同存異是職場和諧的良方

求同存異，就是以共同的方面為交往的基礎，保留彼此的分歧處。支持並不意味著順應和認同，如果過度，就會導致盲從。涉及原則問題時，據理力爭，不隨波逐流，會顯得自己有主見。實在不能解決時，不妨冷處理，代表「我不能接受你們的觀點，但保留我的意見」，讓爭論與衝突淡化，又不失自己的立場，也是非常好的溝通方式。

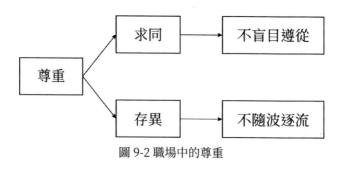

圖 9-2 職場中的尊重

　　孔丘昔年困於陳蔡，餓得奄奄一息，得知附近有家餐廳，便叫弟子仲由討碗飯吃。掌櫃的對仲由說：「我寫一個字，你若認得，我就免費招待。」仲由說：「我是聖人門徒，莫說一個字，就是十個字也無妨。」掌櫃的寫了一個「真」字，仲由說：「這連三歲娃都知道，一個『真』字罷了。」掌櫃的說：「明明白痴，還說大話，小子們，給我亂棒打出！」仲由狼狽而逃，回去稟告一切，孔丘說：「無怪你會挨揍，等我前去亮相。」掌櫃的仍寫一個「真」字，孔丘說：「這是『直八』呀。」掌櫃的大驚說：「名不虛傳，你的學問果然大得可怕。」酒足飯飽之後，仲由悄悄問：「老師，你可把我給搞糊塗了，明明是『真』字，怎麼變成『直八』了？」孔丘嘆道：「你懂個什麼，現在是認不得『真』的時代，你一定要認『真』，只有活活餓死！」

　　職場是利益和價值的聚集場，面對分歧，要學會冷靜客觀的分析，一切從原則和利益出發，不陷入追究對錯的泥淖。「沒有對與錯，只有不相同」，每個人都是獨立的個體，有著獨立的個性和不同的做事風格以及方式。我們要清楚地意識到，面對同一問題有不同的看法或是有分歧是正常的，只要我們能夠求同存異，努力尋找共同點，靈活處理，一定能夠化解異議的。

　　尊重理解，求同存異，這是職場順利發展的最基本的條件。尊重自己，尊重上司，也尊重自己的對手，這是遊戲規則的需要。職場奮鬥，目的是成就自己的人生，求同存異，將自己的能力練出來，將自己的人格樹立起來，別人才會尊重你。「百年修得同船渡」，同事之間既然能夠有緣「同船」，就應該懂得惜緣。惜緣，首先需要做到的就是尊重理解，求同存異，否則其他每一條都不會做得很好。

學會欣賞

培根說（Francis Bacon）：「欣賞者心中有朝霞、露珠和常年盛開的花朵，漠視者冰結心城，四海枯竭，叢山荒蕪。」職場不懂得欣賞，看不到他人的優點，只看他人的缺點，就容易引發各種形式的衝突。化解衝突非常好的方法，就是只看他人的優點，少看他人的不足。欣賞是一種給予，一種欣賞，一種溝通與理解，一種信賴與祝福。當一個人懂得欣賞工作，欣賞同事，他的內心就會非常平和，自然流露出的尊重和關心，會促使他主動關心他人。

1. 學會欣賞別人的優點

懂得欣賞同事的優點，最容易獲得對方的好感，這是使他人願意親近自己的法寶。學會欣賞別人，才會知道同事的很多事情，包括隱私，避免讓關懷成為惡意的刺探。職場不但要團結與自己意見相同的人，還要團結與自己意見不同的人一道工作，所以，既要明白自己一方的優缺點，也要明白對方的優缺點，讓溝通沿著自己設計的軌道發展。

小時候，希拉蕊和爸爸在郊區公園散步。她看見一個很滑稽的老太太。天氣那麼暖和，卻緊裹著一件厚厚的羊絨大衣，圍著一條毛皮圍巾。希拉蕊輕輕地拉了一下爸爸的手臂說：「爸爸，你看那位老太太的樣子多可笑呀。」當時爸爸的表情顯得特別嚴肅。他沉默了一會說：「希拉蕊，我突然發現妳缺少一種本領，妳不會欣賞別人。這證明妳在與別人的交往中少了一份真誠和友善。」

爸爸說：「那位老太太穿著大衣，圍著圍巾，也許是生病初癒，身體還不太舒服。但妳看她的表情，她注視著樹枝上一朵清香、漂亮的丁香花，表情是那麼地生動，妳不認為很可愛嗎？她渴望春天，喜歡美好的大自然。我覺得這老太太令人感動！」

爸爸帶著希拉蕊走到那位老太太面前，微笑著說：「夫人，您欣賞春天時的神情真的令人感動，您使春天變得更美好了！」那位老太太似乎很激動：「謝謝，謝謝您！先生。」她說著，便從提包裡取出一小袋甜餅遞給了希拉蕊「妳真漂亮……」

欣賞別人的優點，要有一雙善於發現的眼睛，每個人都在工作中努力展現著自己的工作方式，它是非常生動和活潑的，如果你不善於發現，你會像希拉蕊一樣，看到一些庸俗乏味的東西，但只要你善於發現，注意每個人的細節，你就會像希拉蕊的父親一樣，從單調的動作裡，看到一個生機勃勃的春天。

2. 彼此欣賞，才能化解衝突

公司衝突有兩種形式，一種是表面形式的和諧一致，避免直接的衝突，一種是你爭我奪、劍拔弩張的激烈形式。彼此欣賞，可以建立一種深層次的和諧，從根本上杜絕衝突的發生。最成功的企業家，都是最善於理解他人，化解衝突的人，他會在使命、目標等方面，允許適當討論，加深工作中的理解和信任，創造積極的正能量，即便存在衝突，也會成為良性的，有助於公司的長遠發展。

缺乏必要的溝通，會造成大家只看對方的缺點和不足，生怕別人超過自己，這樣發展下去，人心渙散、士氣低落是必然的。同樣的一件事物，不同的人對它的理解差別是非常大的，甚至可以理解為相反的意思。如果

　　不懂得欣賞彼此的優點，將大大影響我們溝通的效率與效果。當不理解達到一定的程度和水準，就會發生衝突事件。在我們進行溝通的時候，需要細心地去體會對方的感受，做到真正用「心」去溝通。

　　學會欣賞，不但可以化解衝突，還可以看到自己的不足，從與他人的溝通過程中，學到經驗和知識。用自己的欣賞和讚美，去換取他人的經驗，可以促進兩個人共同進步。凡事看心態，心態是積極的，即使方法不對，能力略差，只要謙虛，別人也會原諒；心態是自私的，總是將資源儲藏起來，只是想辦法去獲悉別人的經驗，這樣的行為久而久之，是不會受歡迎的。學習欣賞別人，懂得欣賞他人，其實就是在為自己找老師，本身就是進步的心態。學會欣賞別人吧！這樣會令你的心靈永遠沐浴在陽光下，享受愜意！你的能力會不斷地持續成長，你的人脈指數會向上不斷地攀升！

同心若金

千人同心，千人之力；萬人異心，無一人之用。希望自己的想法能夠獲得同事的支持，首先應端正自己的位置和心態。同事之間是合作與競爭的關係，凡事都會有優勝劣汰之分，做得好的、有優勢的同事就應該放低自己的姿態，真誠地去幫助需要幫助的同事提高和改善自己，這個時候如若過度地表現自己，只能帶給同事心理上的傷害。

1. 同心若金，攻錯若石

在企業和組織中，任何一個項目都是不斷糾正錯誤，探索完善的過程，這需要彼此之間的相互扶持，相互幫助。攻錯若石，是指在完成任務的時候，不用太過委婉，要明顯指出對方的錯誤，就像扔石頭一樣。這樣的溝通和交往，只能發生在兩人同心同德關係很好，或者組織內部極為和諧、融洽的情況下。同心協力，像黃金一樣堅固，指出錯誤，像扔石頭一樣毫不留情。如果同事關係不能達到這麼密切的程度，在交往的時候仍然要適度，替別人留夠面子。

一名客服員工正一如往常地玩著電腦紙牌遊戲，他的同事 A 則在旁邊忙得焦頭爛額。大家對他這種狀況已經習以為常，都知道他工作遊手好閒，麻煩不斷還不服管教。同事 A 和他關係較好，就絞盡腦汁試圖「挽救」他，希望他能對團隊有所貢獻，但收效甚微。後來在一次私下會面時，A 使用了「支撐性對抗」的方法，讓這名員工明白，公司快要失去耐心了，他想保住這份工作，就必須改掉身上的壞毛病，向同組的同事道

歉，與大家一起合作。為了保住飯碗，這名員工向其他組員表示，願意改正缺點。最後，大家終於同意再幫他一次，一旦發現他偷懶就會及時提醒。6個月後，他完全改變了原先的糟糕形象，贏得了同事們的認可，並經過不斷努力，最終成為了小組的主管。

嚴厲的批評不是不能用，如果彼此的關係確實比較好，完全可以用較為激烈的方法，督促對方改正缺點。對於企業來說，給後進員工一個明確的選擇，就可以提高後進員工的績效、重新確定其工作標準，以支持性的態度對抗其不良表現。把支撐性對抗作為挽救「迷途」員工的最後一搏，希望能藉此避免對之做出開除處理，也是較好的方法。

和某人對抗與給予其支持，從具體做法來說，兩者卻有著相當緊密的連繫。對抗可以透過攻擊性或支持性的方式進行，支持也可以透過袒護或批評性的方式來傳遞。只有將支持與對抗、誠實求真與體恤人情、親切友善與一絲不苟、直截了當與言簡意賅結合起來，才能將逆耳忠言說出口並為人所理解，同時使之成為資訊接收方個人發展的動力。

2. 三人同心，其利斷金

人與人之間的距離，是很難踰越的，所以即便想找到兩個關係極好的人，也是非常不容易的。在桃園三結義中，劉備等人就是靠著三個人為主力，打下三分之一的天下。在一個團隊中，核心的人員就幾個人，絕對不會很多個，這幾個人就決定了一個公司的命運。在一個國家，核心的領導人，也是幾個不會多，否則政出多門，權力分散，後果就不能設想。三人同心，其利斷金，只要找到兩個人和自己同心同德，永不背棄，人的一生絕對是會有一定成就的。

　　一夜暴風雪，離開狼群的三隻狼被困在了厚厚積雪的草原上。第二天，暴風雪停了。三隻迷失的狼開始了尋找狼群的艱難歷程。牠們必須找到狼群，否則以牠們三隻狼的力量根本沒有活下去的可能。為了減少體力消耗，牠們三個排成一列，領頭的是一隻很有野外生存經驗的老狼。後面兩個較年輕的狼依次踏著老狼的腳印往前走。突然，老狼摔倒了，牠的一條腿被埋在雪下面的一塊帶著尖的石頭劃了個大傷口，流了不少血。老狼是不能帶路了，一隻年輕的狼立刻走在了第一的位置，後面是老狼，然後是另一隻年輕的狼。就這樣，牠們不停地走著。老狼發揮牠經驗豐富的優勢，遇到危險和難關，就提醒牠們，而年輕的狼，發揮自己體力充沛的優勢，照顧老狼的身體和飲食，並透過不斷號叫，吸引狼群的注意力，牠們終於找到了狼群。

　　在一個組織中，每一個成員只有和大家凝聚在一起，才能發揮出巨大的力量。只要一個組織存在著猜疑和不信任，就會削弱組織的戰鬥力。就像三匹狼一樣，老的人員有經驗豐富的優勢，年輕的人員有精力充沛的優勢，當他們完全組合成一個整體的時候，一心一意去為公司的發展貢獻力量的時候，系統性的合力才能發揮得出來。同心就是彼此之間要信任，這是成功集結團隊的基本條件之一，失去了相互信任這一基本條件，想打造出一個成功的團隊是永遠都不可能的。

　　同事之間的溝通和相處，難點在於不同的心理和需求，當心理差異很大的時候，就分道揚鑣了，也就無法繼續在一起共事了。同心同德，是彼此關係的最高境界，想同事之所想，幫助其完成應該完成的事情，不求什麼回報，就是一心為公司付出的一種狀態，達到這種狀態，其實這個人就是一塊職場上的金子，不但同事會喜歡和他交往，上司也會非常欣賞這樣的人，因為他可以造成企業黏著劑的作用，可以降低企業的管理成本。

第十章
與下屬溝通

善用「自己人效應」

　　「自己人效應」是指在人際溝通中，如果一方或雙方把對方看作是自己人，所說的話更容易被對方接受，尤其是雙方都比較認可對方的話，溝通就會比較容易。「自己人效應」顯示：要使對方接受自己的觀點，就必須把下屬視為與自己一體，或把自己視為下屬的一員，這樣能拉近雙方的心理距離，溝通效果就容易事半功倍。溝通中，要想取得對方的信賴，先要與之處於平等地位，這樣能提升人際影響力，讓下屬充滿信任、心甘情願地跟著自己向前走。

恩威並濟

恩威並濟，是上級與下屬溝通的基本原則。恩威並濟用書面語解釋是：用威嚴和恩德管理下屬；通俗地說是：紅蘿蔔加大棒；中性地說是剛柔並濟：既要關心下屬，又要讓對方知道自己是他的上司。高明的領導者，都可以看穿下屬的心，利用恩威並濟的原則，獎懲並用，可以促使每個下屬發自內心地追隨自己。

1. 對立情緒不能有

「自己人效應」要求上級和下屬要像自己人那樣的親密，不能產生嚴重的對立情緒，否則工作就沒有辦法展開。將這個原則運用到恩威並濟裡面來，就是不管是「恩」也好，「威」也好，都不能讓對方產生對立的情緒，尤其不能產生上級與下屬不是一類人的想法。如果下屬認為上級就是自己的敵人，可能會對上級產生一定的負面影響。

管理下屬不能一味施威，也不能只賞不罰。歷史上有些領導者一味地強調「恩」，最後落得個眾叛親離的下場。比如，前秦皇帝苻堅講求恩德，把投降和俘虜的幾個皇帝都封了大官，有的甚至還讓帶兵打仗。可當苻堅淝水戰敗時，這些皇室及其後裔一個個反攻倒算，沒幾年前秦就被折騰得不像樣了。

只強調「威」、不強調「恩」也是危險的。

三國時張飛之死頗能說明這個問題。關羽死後，為替關羽報仇，張飛限令所屬三軍三日內建辦白旗白甲，掛孝伐吳。次日，部將范彊、張達來報，說三日內不可能備辦完畢，要求寬限時日。張飛聞後大怒，下令把二

人綁於樹上，各鞭背五十。范彊、張達懷恨在心，趁張飛酒醉時，將他的人頭割下，逃到東吳。

2. 與下屬打成一片

「自己人效應」要求下屬要對自己的上級有一定程度的了解，而不是不透明的狀態。有心有情，是與下屬溝通的最高境界。上司要不要和下屬打成一片？和下屬保持多大的距離合適？現今，多數上司與下屬溝通的時候，呈現的是半透明或者不透明的狀態。打得太熟，員工對你失去那種神祕感和神聖感，可能會產生一種「不過如此」的感覺。如果拒下屬於千里之外，下屬就會覺得上級「官僚」，從而疏遠你，導致雙方之間無法進行有效溝通。

身為上司，既不能太嚴，也不能太寬，需要掌握的尺度是恩威並濟，藉此來調動下屬的積極性。看史書或是電影，都會看到秦始皇的帽子上有個頭簾，為什麼要那個？那叫天威難測！平時有「架子」，偶爾和大家輕鬆交流，否則，就太隨便了。但有些時候，要靈活應用。比如你是基層主管，每天和員工在一起，你擺太高的「架子」，保持不透明的狀態，恐怕沒有人敬畏你。還不如乾脆和他們打成一片，個人的「小隱私」也讓他們知道點，在此基礎上，靠感情溝通、獎勵激勵和帶頭工作激勵大家，以達到工作目標。

3. 做恩威並濟的行家

恩威並濟運用得好，不但可以保住自己的地位，還可以從長遠謀劃，使企業世代興旺。很多企業是百年老字號，他們能做到這一點，恩威並濟應該是其中重要的一條原則。如果各自都為了自己的小算盤打算，企業就會迅速

走向下坡路，不可能長久興盛。歷史上恩威並濟的例子很多，且都收到了很好的效果。宋太祖趙匡胤「杯酒釋兵權」就是恩威並濟的典型例子。

趙匡胤當了皇帝之後，很擔心自己的手下尤其是石守信、高懷德等禁軍高階將領也效仿他來個「黃袍加身」，於是聽從宰相趙普的建議宴請石守信、高懷德等人，酒興正濃時，宋太祖突然屏退侍從，說道：「我若不是靠你們出力，是到不了這個地位的，為此我從內心念及你們的功德。但做皇帝也太艱難了，還不如做節度使快樂，我整個夜晚都不敢安枕而臥啊！人生在世，像白駒過隙那樣短促。所以，要得到富貴的人，不過是想多聚金錢、多多娛樂，使子孫後代免於貧乏而已。你們不如釋去兵權，到地方去，多置良田美宅，為子孫立永遠不可動的產業。君臣之間，兩無猜疑，上下相安，這樣不是很好嗎？」鑑於宋太祖牢牢掌握著軍權，不答應就可能身首異處，一班禁軍高階將領當即表示願意交出兵權，一場危機得以解除。

恩威並濟所強調的是：在實施控制時，既要施之以恩、施之以德，感化影響、說服指導，從而贏得部屬的信賴；又要施之以威、施之以權，查驗所為、獎優罰劣，使部屬有敬畏之感。在當今企業管理中，一邊打擊，一邊獎勵，一邊鼓勵，一邊限制等情況是經常發生的，這其實是恩威並濟的巧妙使用。要想管理好下屬，恩威並濟這一條是無論如何也繞不開的。

恩威並濟是從古至今從事管理工作者的一條基本原則，任何領域的管理，都不能違背這一原則。想要激發企業的原動力，就要向管理要效益。管理首先要溝通，要讓下屬覺得自己是自己人，不產生嚴重的對立情緒，也不要令下屬產生上級是不透明的存在，和自己完全是兩類人，從來不把自己當回事的感覺。將恩威並濟的原則應用於和下屬的溝通，嫻熟於心，使下屬忠實於自己的公司，才能為公司的發展集聚大量優秀的人力資源，為公司的長遠發展打下基礎。

關心下屬

「自己人效應」要求關心下屬,設身處地,將心比心,人同此心,心同此理。企業的凝聚力來源於員工對企業的情感認同,否則就是彼此「買賣」的關係,不能產生太大的凝聚力,到了合約期就各奔東西了。身為領導者,在處理許多問題時,要換位思考,放下架子,如果在處理糾紛時,站在下屬的位子上陳說苦衷,抓住了下屬的關注點,溝通就容易成功。

1. 對待小人物的方式反映個人的修養

根據「自己人效應」,領導者不能有上下尊卑的觀念,認為下屬低人一等,更不能做什麼事情都將官本位意識帶到工作中來。領導者與下屬在人格上本質上是平等的,職位的不同,不等於人格上的貴賤。有句話說:「偉大來源於對待小人物上。」尊重你的下屬,實際上所獲得的是不斷增進的威望。

某銀行行長,每次進單位大門的時候,總要對保全和收發室的臨時工問這問那的,表現得很隨和,使這些臨時工感到十分親切,和正式員工比起來,臨時工本來就有自卑感,常常被人看不起,但是,銀行行長的做法,大大感動了他們,更重要的是,這些所謂的小事,也成了人們讚譽的話題。

這個行長透過這些小事情和小人物,既提升了自己的個人威望,又確立了自己在員工中的良好形象。

事情往往就是這樣奧妙,你越是在下屬面前擺架子,讓下屬服從你這位大主管,就越被下屬看不起,認為你是「小人得志」。你越是對待「小

233

人物」放下架子，尊重他們，你在他們心中就越顯得偉大。當然，領導者也不能做「老好人」，什麼事情都護著下屬也是不行的。

2. 關心下屬，方能收穫人心

關心下屬，大致上有以下幾種，一是關心工作，二是關心生活，三是關心職業發展，四是關心主角意識和團隊精神。一般意義上的關心，是指第一種，即工作上的關心。領導者要多付出仁愛，關心下屬的成長，為他們爭取福利。關懷和獎勵的方式有很多種，下屬辛苦了，哪怕你說一句「兄弟你辛苦了」，也是一種獎勵。當你懷著一顆仁愛之心時，對方就會感受到心靈的溫暖。體貼和關懷下屬是上司分內的工作，而且這麼做的時候，自己也會感到很快樂。

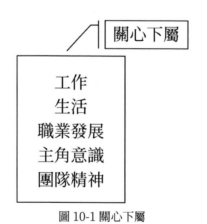

圖 10-1 關心下屬

素有「經營之神」之稱的松下幸之助有一次在一家餐廳招待客人。等六個人都吃完主餐，松下讓助理去請烹調牛排的主廚過來，他還特別強調：「不要找經理，找主廚。」助理注意到，松下的牛排只吃了一半，心想一會的場面可能會很尷尬。「我只能吃一半。原因不在於廚藝，牛排真

的很好吃，你是位非常出色的廚師，但我已 80 歲了，胃口大不如前。」主廚與其他的五位用餐者困惑得面面相覷，大家過了好一會才明白是怎麼一回事。「我想當面和你談，是因為我擔心，當你看到只吃了一半的牛排被送回廚房時，心裡會難過。」

如果你是那位主廚，聽到松下先生的如此說明，會有什麼感受？是不是覺得備受尊重？客人在旁聽見松下如此說，更佩服松下的人格並更喜歡與他做生意了。

時刻真情關懷下屬感受的上司，才能完全捕獲下屬的心，並讓下屬心甘情願地為他赴湯蹈火。不關心下屬的上司，即便各項福利措施都符合標準，也不能完全收穫下屬的心，還是有人會選擇和你不一樣的道路，甚至退出公司。對別人表示關心和善意，比任何禮物都能產生更多的效果。

3. 搬開下屬腳下的石頭

在人生的大道上，肯定會遇到許許多多的困難。在前進的道路上，搬開別人腳下的絆腳石，有時恰恰是為自己鋪路。要讓下屬感到你在關心他，就要在適時的時候，幫助他一把。上司是透過下屬來工作的，只有真心關心下屬，下屬才會更好地投入工作。這個道理很多人都知道，但在具體操作時卻往往做得不一樣。

在一場激烈的戰鬥中，上尉忽然發現一架敵機向陣地俯衝下來。照常理，發現敵機俯衝時要毫不猶豫地臥倒。可上尉並沒有立刻臥倒，他發現離他四五公尺遠處有一個士兵還站在那。他顧不上多想，一個「魚躍飛身」將士兵緊緊地壓在了身下。此時一聲巨響，飛濺起來的泥土紛紛落在他們的身上。上尉拍拍身上的塵土，回頭一看，頓時驚呆了：剛才自己所處的那個位置被炸成了一個大坑。

　　故事中的士兵是幸運的，但更加幸運的是故事中的上尉，因為他在幫助別人的同時也幫助了自己！你關心對方，但對方沒有察覺，原因可能是關心的「劑量」不夠，關心內容不是他的實際需求。當你的關心達到一定的劑量，滿足了下屬的實際需求，那麼下屬的回報自然就會到來。

　　關心下屬，是增強企業凝聚力的基本方面，它展現了領導者的個人修養和魅力，是捕獲人心的基本要求，一個不得人心的領導者是不能長久的，一個不得人心的企業也是不會獲得長遠發展的。不過關心下屬也不能千篇一律。如果千辛萬苦做出來的工作，得不到應有的褒獎，下屬就會覺得勞而無功、無所適從，對工作的親近感、熱情心就在一次次上司的空洞指導下逐漸消失，甚至產生反抗心理。

不官腔

打官腔的企業，領導者和下屬很難產生親和力。領導者打官腔，下屬就會拍馬屁，在這種情況下，企業就會處於「兩張皮」的狀態，領導者往往覺得下屬低人一等，下屬往往懷疑領導者沒有真本事。說官話不是不可以，關鍵是分清場合，在員工活動的地方，就要學會說「小話」，說員工耳熟能詳的話，讓員工覺得是「自己人」。

1. 無情的制度，有情的老闆

企業管理中，制度可以無情，領導者卻不能無情。與下屬溝通時，首先針對不同的狀況、事件與情境，要適當的使用三種管理指令，即命令、指導和建議。命令，是程度最高的一種指令，必須無條件服從；要求，程度稍輕的一種指令，可以靈活發揮。建議，是程度最輕的一種指令，可根據具體情況決定是否服從，比如對工作方法的建議。在具體使用這些指令的時候，要努力做到：絕情的制度、有情的領導者。

根據「自己人效應」，無情的領導者，下屬不可能將你當作是自己人，反而會離你而去。領導者和下屬是績效共同體。績效彼此依賴，互相依存，誰也離不開誰。嚴格說，領導者既是上司，又是夥伴，既是管理者，又是參與者，彼此之間是平等的、協商的關係，不能將領導者和下屬的關係看作是簡單的居高臨下發號施令的關係。所以，對下屬溝通不能單單是指責批評，既然是夥伴，就要從對方角度出發，考慮下屬面臨的挑戰，及時為下屬制定績效改進計畫。

2. 不打官腔，才能平等交流

由於職位的不同，下屬對上司常常會有一種畏懼心理，最在意的就是上司對自己的態度。領導者和下屬是平等的關係，就共同的目標而言，領導者和下屬不是職位懸殊的比較，彼此應該是心與心的交流，領導者不能以高高在上的心理自居。

一隻羊站在高高的屋頂上，看見一隻狼從屋旁走過，於是罵道：「你這隻笨狼，你這隻傻狼……」狼向上望了望，對羊說道：「你之所以能罵我，只不過是因為你站的位置比我高罷了。」

與下屬溝通時，不能擺架子。有道是：「人格無貴賤，人品有高低。」在與下屬溝通時，應用平等的心態去交流，上司越官腔十足，下屬就會越反感，與上司的距離就越遠。上司要把姿態放低，所謂「大海的心態，源頭的價值」，即是以海納百川的低姿態才能包容萬物，源頭的不斷給予的價值才會彼此更快的成長。

3. 別做昂頭的稗子

「天不言自高，地不言自厚」，成功的人是不說自己成功的，官大的人也是不說自己官大的，擅自表露的往往是膚淺之輩，涵養深沉的往往是大器之人。打官腔的人，不但沒有親和力，還會被人厭惡，甚至會被人認為是貪官汙吏之列。作為一個人，謙虛一點會被人尊重，作為一個企業，不要張揚才會生存的更加持久。在團隊建設中，忌諱只打官腔，不做實事，否則，一個團隊是很難建設持久的生命力的。

我的一位朋友是一家四星級飯店的總經理。到飯店快半年了。與之前工作的國際品牌飯店比起來，飯店的經濟效益不錯，但對管理層與員工的士氣總覺得缺點什麼。我的這位朋友決定做點什麼。在一次晨會上，他安

排了一項任務給各部門經理：每人每天要表揚五位員工，明天的晨會檢查執行結果。各個部門經理「噓」了一口氣，這是什麼任務啊？

　　第二天的晨會結束之前，他詢問任務完成得怎麼樣了？出乎意料的是，九位部門經理沒有一位完成任務的。「我沒有看到屬下有值得表揚的地方啊。」房務總監先說。其他經理紛紛表示贊同，對呀，根本找不到值得表揚的地方，不責罵就不錯了。「好吧，那就繼續尋找值得表揚的員工來表揚，明天我們再檢查，散會！」

　　三天之後，大部分經理完成了任務，他們每天表揚了至少五名員工。兩週後，每位經理每天都完成了任務。四週後，表揚員工已經成了部門經理的特長，他們隨時隨地表揚做事正確的員工。員工很開心，他們說，我們的經理變了，變得平易近人了，變得和藹可親了，變得能看到我們做事辛苦了。部門經理的心態也平和了許多，他們和員工的距離接近了。他們明白了總經理的管理之道，明白了他分配這項表揚員工任務的「苦心」所在。

　　俗語說得好：「低頭的稻穗，昂頭的稗子。」越是成熟飽滿的稻穗，頭垂得越低。只有那些空空如也的稗子，才會顯得招搖，始終把頭抬得很高。人就好比是這稻穗，這裡的垂頭實際上就是一種謙虛的人生態度，一種真正領悟了為人處世的內涵後所表現出來的謙遜，只有這樣才會贏得下屬的心。那些只靠端架子、耍威風來樹立自己威信的人，最後只能成為孤家寡人，內心注定不會輕鬆。

　　團隊建設中，關鍵靠領導，如果一個領導者習慣打官腔，那麼團隊的凝聚力就不容易建立起來。對於打官腔的領導者，人們習慣用「事務性」的方式應對，很少和打官腔的人交朋友的，除非有非常屬害的利益關係。制度往往是無情的，但領導者必須要做到有情，才能讓員工死心塌地地跟隨領導者打江山、拚事業。流水的營盤，鐵打的兵，員工可以不斷地換，但是一個團隊的精氣神不能丟，這個精氣神就來源於領導者。

不理所當然

　　不想當然，就是一切事情都要以事實為依據，不做捕風捉影的事情。不想當然，要求關心下級的整個工作過程，在過程中以溝通為方法，使下屬掌握發現問題、分析問題和解決問題的能力，同時注意聆聽他們的回饋，改進工作方法，使工作更有說服力。關注結果的時候，也要善於總結，及時做出反應，明確讓下屬感觸和感動的點和面。

1. 看得見的管理

　　「己所不欲，勿施於人」。很多時候，也許是職位高低的不同，使得管理者產生了優越感。所以，大多數管理者都會犯一個毛病，就是在溝通的時候，容易把自己的觀點強加給對方，想當然地認為他們能夠做到。安排工作要透過溝通確定好標準。工作有安排就有考核，考核就要建立工作標準，做到什麼程度才是最合適的，否則下屬不知道如何做。

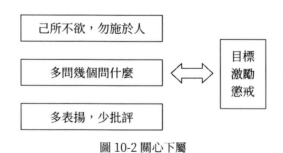

圖 10-2 關心下屬

　　標準既確立了規範，又劃定了工作的邊界。沒有發現問題，意味著沒有改進的機會。問題其實是理想和現實的差距。沒有發現問題在管理溝通

中，最主要的兩大原因就是缺乏現場巡視管理和工作溝通標準。

現場巡視管理又叫「看得見的管理」。具體的作用和目的是了解情況，掌握動態；發現問題，糾正偏差；解決困難，協調關係；聯絡感情，現場激勵；指導工作，發現典型；及時補位，現場輔導。絕大部分企業都不會認為這是什麼問題，但是這的確存在「問題」。因為，如果沒有出現問題，或者看起來運轉的很正常，企業從某種意義上來說將停滯不前。

2. 多問幾個為什麼

豐田公司之所以強大，原因之一在於它建立了一個良性循環的問題曝光和問題解決的機制，在豐田沒有人會說工作中不存在問題，因為他們認為今天總是最差的，明天一定會更好，他們每天都在更新自己的目標，不斷前進。「沒有問題」等於「問題」，豐田公司不但善於發現問題，而它的另一種文化更加「可怕」：凡是遇到問題，每個人都要先向自己 15 個為什麼？試想，什麼問題經得住這樣的「思考」呢？

某飯店響應和提倡綠色環保行動，其中有一項內容是住客兩天不更換布毛巾，給予小禮品的獎勵。在床頭櫃上放了一張卡片，內容是：如果您當天不更換布巾，請將卡片放於床上。結果，好長一段時間過去了，沒有什麼效果。經過對這個現象的分析，將卡片上的內容更改為：如果您當天想更換毛巾，請將卡片放到床上，結果成效甚好。

一件類似的事情，換了一種說法，效果就大相逕庭。管理也一樣，如果僅僅從問題的表面看，即便是結果差不多，具體的過程和細節也可能風馬牛不相及，所以說不能想當然，而要善於從相同中發現不同，從不同中發現相同。這樣對一個員工的了解就會比較全面和深化，在和員工交流的時候，自己的語言就會更有說服力，更容易打動他們。

3. 立即反應，多表揚，少批評

善於運用目標、激勵、懲戒三個步驟，與下屬溝通工作。在現場布置工作任務的時候，爭取一分鐘內用最簡明扼要的文字告訴下屬。人都有一個心理舒適區，表揚是低成本的心理激勵。如果員工的優秀表現就在你眼前，應立即給予表揚，千萬不要等到年終總評。有人出錯立即做出反應，在過程中輔導，指出錯在何處，說明你的要求，以鼓勵作結尾，這樣管理的效果就非常好，如果先表揚又批評，效果幾乎等於零。

用事實說話，就是一個發現問題，分析問題，解決問題的過程，這個小餐廳運用「集體解決問題法」將問題細節化到了從點菜到出菜的各個環節，基本上每個環節都有問題，可見，一件事情，一個問題產生的原因是非常複雜的，如果想當然的話，就會只看到一點，看不到全面，就會忽略其他很多問題，從而使問題得不到圓滿的解決。

老闆要打造自身的魅力，必須讓人信服，處處以事實說話，才更有說服力。在於員工的交流中，要讓自己的管理看得見，透明化，注意每個事件的過程，多問幾個為什麼，出了事情，立即反應，將問題解決在無形之中。看到值得表揚的員工，要馬上給予表揚，不能吝嗇，這樣才能收到表揚的效果。團隊的打造，是如何說服員工的問題，讓每個員工贊同企業的文化和管理，願意為公司的目標而不懈努力，用事實說話，不想當然，才能實現說服的目的。

解決問題

　　與下屬有效溝通，可以促使下屬的工作目標更加明確，工作手法和方法更加得當。從工作的角度來講，是為了與下屬做最好的績效夥伴；從個人的角度講，是為引導下屬的成長，形成彼此的恩德關係。解決不了下屬的問題，前面所有的努力，都將大打折扣，只有解決了員工的問題，員工才能從根本上沒有後顧之憂，才能真正把主管視為「自己人」。

1. 不解決問題，就沒有主動性

　　當下職場，成功對個人主觀因素方面提出了更高的要求，很多時候單憑勤勤懇懇、任勞任怨做事並不能取得成功，還可能得不到賞識。有些人的工作是「擠牙膏」式的，或者叫「癩蛤蟆」式的，施加壓力就動一動，不分配工作就不多做一點。每個員工的問題不一樣，身為領導，只有從員工的特點和問題出發，真正站在他們的立場上看問題，為了他們的職場發展，給予非常實際的解決方法，員工才能從內心深處佩服你，在以後的工作中，才能做到更主動。任何一個下屬，只要工作態度是消極的，必將被職場競爭所淘汰。

▶（1）如果能力比較強，要鼓勵下屬自己去解決問題

　　對於那些能力強的員工，最好讓他們自己去解決問題。而鼓勵和給予壓力是兩把劍，可以直接把他們的激情和鬥志激發出來，從而使他們以後更加自信地去解決問題。比如說一些鼓勵的話，鼓勵員工搞定幾個客戶，多出一個單子，當遇到困難的時候，給予一定的指導。

▶（2）如果是能力還不夠強的，要適當給予引導

有些員工成長較慢，可能是本身沒有找到方法，或者是基礎比較弱。如果這個員工實際上暫時還無法解決這個問題的話，就必須要適當給予引導。不過，首要的還是鼓勵，鼓勵他們去突破自己，鼓勵他們去嘗試藉助其他一些力量來解決問題。比如，給他一個客戶，只要搞定就可以，並不限定時間，當他把一個客戶搞定了，能力就上了一個臺階。

▶（3）對於那些新人，要給予方法，甚至要親自輔導

可以考慮先鼓勵，再引導，甚至在緊要關頭，需要帶他們一起見客戶，樹立新人的信心，同時給予他們一些實在的方法。如果一個員工表現消極，這個時候主管要適時去調整策略，一定不能放任自流。主管對解決的事情要有更多的辦法，要更加專業，否則親力親為的時候，就可能弄巧成拙。

2. 警惕下屬的請示

下屬出現問題的時候，就是解決員工問題的時候，也是提升領導者影響力的時機。下屬一般都無法自己做主，都要請示領導者，這個時候就要注意了，因為任何事情都會牽涉到責任問題，處理問題的時候要防止發生責任轉移。一般回答下屬的問題有三種情形。

第一種情形：不能馬上回答下屬的問題。假如這件事情下屬並沒有處理好，可能會批評下屬工作不得力。下屬完全可能回答：這件事我請示過你，也是你確認過的。言外之意，責任在你。

第二種情形：沒有馬上回答下屬的問題，而是說先考慮考慮。假如是這樣的話，你會發現下屬等著你的答覆。假如答覆得不夠快的話，下屬可能會怪你對他的問題不夠重視。

第三種情形：並沒有回答下屬的問題，給了一些建議，讓他們自己去解決問題。很多時候員工並不是解決不了問題，而是害怕承擔責任，請示也就等於是推卸責任。這種方法，給了下屬很大的權利，他們可以自己提出方案，自己解決，這就鍛鍊了他們的能力，也提高了他們的職業精神和主角意識。

一個人沒有承擔全部的責任，通常是不會全力以赴的，所以，當下屬提出方案時，主管一般不要說：「好！沒有問題，我同意你的方法」，假如這麼說，下屬會認為經理都認可了，即使有問題，責任也不在自己的身上。只有下屬自己提出方案並承諾完成，下屬才承擔所有的責任，才會全力以赴地認真完成。

授權給下屬，既可以鍛鍊下屬的能力，又可以為企業創造更大的價值。授權的作用在於它是一種開發員工潛能的方法，治理一個企業不完全是領導的責任，全體員工都是企業發展的主體，每個員工都要承擔一定的責任，都有一定的權利，他們才能更加主動地做事，即便是主管沒有交代。

企業是在解決問題和挑戰的過程中，不斷走向發展和壯大的，個人也是在不斷克服自身的弱點和突破自身的局限中，不斷進步的。不解決下屬的問題，上司就沒有真正的影響力，員工就會視你為無物。當所有問題你都能較好地解決，當所有的人有問題，都願意找你商量的時候，一定是職業發展獲得突破性進展的時刻。當到達這樣的高度，一個人發揮的影響力也就是最大的。

第十一章
談判溝通

利用同理心分階段建立合作關係

　　同理心是指站在當事人的角度和位置上，客觀地理解當事人的內心感受及內心世界，同時把這種理解傳達給當事人。分階段建立合作關係，是指透過日常練習、模擬演練、主動出擊等環節，最終達成合作意向，簽訂商業合約的過程。在這個過程中，透過各種數據分析當事人的目標、任務、人員、技術等方面的詳細情況，利用同理心，充分考慮到雙方的需求和利益，爭取談判的有利地位。

日常練習

所謂日常練習，是指在平常的談判過程中，注意學習談判知識，並從各種案例中學習各種實戰的經驗，將準備工作做到有備無患。不打沒準備之仗，所謂「凡事豫則立，不豫則廢」，要想把談判練好，平時必須注意累積和諳熟各種談判的技巧，否則，心裡沒底，到了真正談判的時候，難免非常緊張，本來優勢明顯的談判，也贏不了。

1. 你想得到什麼

準備工作的第一步，就是要確定目標，然後根據目標制定一個精心策劃的計畫，才能達到既定的目標。要把目標分為三級，最優目標是己方利益最大的一個方案，現實目標是從雙方的角度而言最可能實現的一個方案，最低限度目標是談判成功所需的最低限度的要求。

阿尼爾將接受大世界技術公司的一份新工作。公司給的薪水會逐年增加並重新定級。唯一的缺點是公司不準備將他列入公司的養老金計畫，但會在另外一個養老金計畫中付給他一筆數目相當的錢（這個情況沒有說明）。他發現這種方式對他有損失，因而堅持只有參加公司的養老金計畫才受聘。大世界技術公司撤回了聘書，因為如果遷就他的話就要改變其他人的養老金計畫，而公司不打算這樣做。由於大世界技術公司沒有充分說明情況，談判破裂了。

在談判中，要評估優先順序，在阿尼爾看來，一份像樣的養老金比這份工作的其他方面都重要，在大世界技術公司這一方，改變養老金的麻煩

和花費超過了獲得一位優秀人才，當找不到妥協的理由時，談判就會破裂，這在談判中是經常看到的情形。在評級的時候，可以運用一些模型進行推演，也可以採用打分制，賦予一定的數值給每個子項，最後取各個子項數值的和，作為最優項的標準。

2. 巧用資訊，一招制敵

談判前，要進行非常詳細的數據收集工作，要精心準備，深入調研，找出各種數據和數據來支持自己一方，全方位地摸清對方的情況，研究對方的強項和弱項，找到反駁對方的理由和依據。不管是對己方還是對方，都要在四個方面努力做到全面而深入：一是強硬的實證數據，二是資料合乎邏輯，三是技術可行，四是道德上可以接受。

3. 知彼知己，才能全勝

談判的背景資訊非常重要。所謂「知彼知己，百戰百勝」，戰場上的所有重大勝利，幾乎都是建立在對己方和對方有充分了解和掌握的基礎上取得的，那些對敵方了解不明的將帥即便是擁兵百萬，也難免落得身敗名裂的下場。在正式談判之前，如果沒有對對方資訊的有效收集和綜合選擇，就無法確定談判的方案，如果對對方的談判人員、談判風格等都沒有足夠的了解，相應的談判就沒有足夠的把握。

「全世界最佳談判專家」賀伯・科恩（Herb Cohen），累積了 40 多年的談判經驗，是知彼知己、在談判中穩操勝券的典範。一次，科恩先生在向一家工廠推銷產品時，在和領班聊天時，掌握了談判取勝的關鍵資訊。領班無意中講了幾句重要的話：「我們試過幾家公司的產品，唯有你們的

產品能通過試驗鑑定，符合各項規範和要求。你看下個月的談判要到什麼時候才能有結論呢？我們廠裡的存貨快用完了。」科恩對領班的話看起來是如此的漫不經心，但實際上他在悉心聆聽，心中充滿了興奮和喜悅。根據領班透露出來的資訊，科恩知道談判已經成了。科恩在與該廠採購經理談判時，各種條件、要求都提得很高，還不斷地討價還價。由於廠方確實急需科恩的產品，又存貨不多，時間壓力也很大，所以在談判中處處處於被動地位。賀伯·科恩利用聊天時掌握的關鍵資訊，極其完美地取得了談判的勝利。

在這個例子中，科恩根據領班無意中透露的關鍵資訊，掌握了談判的絕對主動權，因為只有科恩一家的產品符合鑑定要求，並且這家工廠的存貨已經快用完了。在談判程序中，如果對變化中的動態資訊，如目標的變化、策略方法的調整、競爭行情的變動以及其他制約因素的變動等，不能及時有效地捕捉和分析，就無法做到隨機應變，靈活掌握程序，在談判不斷發展的程序當中就會失去主動權，無法獲得理想的談判結果。

高明的談判者，會在日常的練習中下足夠的功夫，特別是在利用資訊、掌握資訊上面，更是傾注極大的心力。在談判之前，蒐集和掌握的談判資訊越多、越準確，就越能增加自己在談判中的勝算。要確保所利用的資訊準確無誤，不確切甚至錯誤的資訊不但無助於談判，反而會為談判帶來麻煩和失敗。如何掌握談判的資訊呢？掌握談判資訊的方法和管道是多種多樣，談判者應該根據各自不同的情況加以選擇和利用，諸如報紙、廣播、專業書籍、暗訪等等。

模擬演練

　　模擬演練是談判準備階段最後進行的一項工作，可以選擇做或不做。做一次成功的實戰演習，需要充足的人手配合。要求每個人必須全身心投入到演習中，不僅要使用談判中所要使用的詞語，更重要的是要演練雙方的臉部表情、態度等。還要充分考慮好對方可能使用的言語，爭取在演練中發現新的問題，得到對方新的資訊，並對此做出相應的策略調整，模擬演練可按以下三步進行。

1. 制定談判計畫

　　談判計畫可以分為以下幾個步驟：第一，集中思考。目的就是迅速地歸納談判中可能出現的問題，形成自己的思路，要思考己方的想法和建議，也要思考對手的問題和解決之道。第二，確定談判目標。即談判的主導思想，所要達到的目的，最佳目標是什麼，現實目標是什麼，最低目標是什麼。第三，寫出詳細談判計畫，並仔細斟酌。最好談判小組成員能夠坐在一起討論，不斷完善自己的計畫。

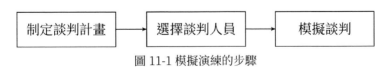

圖 11-1 模擬演練的步驟

　　談判的準備工作主要是制定一個簡明而又富有彈性的計畫。談判計畫要盡量簡潔，便於參與人員可以記住其中的內容，並把主要內容和基本原則牢牢記在心中，真正談判的時候能夠得心應手地與對方周旋。談判計畫

雖然不用事無鉅細地都列舉出來，但是每個大的框架一定要有。計畫要富有彈性，參與人員必須善於領會對方的意圖，並根據談判中隨時可能出現的問題，做出靈活的反應。

在制定談判計畫的過程中，要注意研究對方成功的原因和失敗的原因，這樣更容易看出對手的個性。如果能夠仔細研究對手失敗的原因，則一般會熟悉他的想法和他的心理傾向，而這些足以告訴己方，對方需要的到底是什麼，從而使自己在談判的博弈中立於不敗之地。

2. 選擇談判人員

談判人員的選擇具有重要意義，什麼人適合談判，什麼人可以做副談，什麼人適合做檔案處理工作，需要多少人參加談判，都是談判前需要考慮的問題。人員的確定需要根據談判的重要性、談判的困難程度以及談判時間來確定。一般的談判都需要多人一起參加，單獨一人參加談判會顯得勢單力薄。團體談判要求成員必須服從統一指揮，同時選擇人員時不能選擇那些工作能力相差太大的人，在同一條「船」上，任何一個技術低劣的水手都不會受到歡迎。

對於團體談判，選擇主談和選擇輔助者都是有一定技巧的。有些人喜歡讓好多人都去參加談判，而實際上真正能和對方交涉的人只有幾個，其他人根本說不上話。一旦對方要求其中作陪襯的人員回答問題，往往會令其手足無措，造成己方尷尬的局面。一個成功的組織者應該讓每位參與談判的人都負有義務，諸如讓某個人負責觀察和傾聽對方，隨時向主談報告對方意圖，比較對方的長處和弱點等。這樣，參與談判的每個人都可以在談判中得到鍛鍊，透過團隊中每個成員的共同努力完成談判的最終目的，

這是合作的力量。團體談判的好處是可以充分利用不同的談判技巧,事先可以集思廣益,給對方一種威懾力。

3. 召集人員排練

人員和角色選好之後,就把他們召集起來排練。防止角色之間有脫節和重複的地方。排練的時候,要用形象的輔助工具來鼓勵在實戰中做記錄,對暴露的己方缺點,要引起足夠的重視,出現新的問題,要馬上予以解決,對探知到的對方的想法和策略,要進行重點的研究,以期將所有的問題在排練階段就全部掃清。

排練時,穿著要整潔而穩重,就像是正式的談判一樣,不能過於鬆懈。談判時的穿著打扮,是談判時的第一印象。談判剛剛開始,得體的著裝可以影響人們看己方的方式和威信。鼓勵組員以同樣的方式著裝,如果想看起來正式一些,就要穿西裝。如果沒有把握,穿得保守一些。總之不要奇裝異服,防止引起對方的敵對情緒。

要保證團隊至少有一次使用真實數據和直觀資料的正式演練。記錄演練過程,以分析怎樣提升策略與戰術。最要避免是出現自相矛盾的情況,那會嚴重損害己方的威信和形象,關鍵是在模擬的時候,如果發現不了,正式談判的時候被對方提出來,往往會一招斃命。

想要洞察對手的真實想法,僅憑想當然是不行的,必須建立在科學嚴謹的分析和論證基礎之上。進行模擬演練,主要目的是檢驗己方前期的準備工作做得如何,己方人員配備是否合理,談判的策略和方法是否存在漏洞,是否能有效應對對方的反駁和攻擊,以及在實戰的過程中,發現對手的一些問題,進行分析和研究,弄清楚對手的真實想法,制定科學合理的方案和計畫,給予精確的反擊,確保談判時候的主動性地位。

4. 案例

以下是模擬談判的一個案例。

談判 A 方：某品牌綠茶公司（賣方）；

談判 B 方：某建材公司（買方）。

▶（1）A 方背景數據

1. 品牌綠茶產自美麗而神祕的某地，在那裡優越的氣候條件下生長出優質且純正的綠茶，它的茶多酚含量超過 35%，高於其他茶類產品。茶多酚具有降脂，降壓，減少心臟病和癌症的發病機率。

2. 已註冊生產某一品牌綠茶，品牌和創意都十分不錯，品牌效應正初步形成。

3. 已經初步形成了一系列較為順暢的銷售管道，在當地某一知名連鎖藥房及其他大型超市、茶葉連鎖店都有設點，銷售狀況良好。

4. 品牌的知名度還不夠，但相信此品牌在未來幾年內將會有非常廣闊的市場前景。

5. 缺乏足夠的資金，需要吸引資金，用於：擴大生產規模；擴大宣傳力度。

▶（2）A 方談判內容

1. 要求 B 方出資額度不低於 2,500 萬元；

2. 對資產評估的 1 億 5 千萬元進行合理的解釋；

3. B 方要求年收益達到 20% 以上，並且希望 A 方能夠用具體情況確保其能夠實現；

4. B 方要求 A 方對獲得資金後的使用情況進行解釋；

5. 利潤分配問題。

▶（3）B 方背景數據

1. 準備用閒置資金進行投資，由於近幾年來保健品市場行情不錯，投資的初步意向為保健品市場。

2. 投資預算在 7,500 萬元以內。

3. 希望在一年內能夠見到回報，並且年收益率在 20％以上。

4. 對保健品市場的行情不甚了解，對綠茶的情況也知之甚少，但 A 方對其產品提供了相應數據。

5. 據調查得知 A 方的綠茶產品已經初步形成了一系列較為暢通的銷售管道，在當地某一知名連鎖藥房銷售狀況良好，但知名度還有待提高。

▶（4）B 方談判內容

1. 得知 A 方要求出資額度不低於2,500萬元；要求由 A 方負責進行生產，宣傳以及銷售；

2. 要求 A 方對資產評估的 1 億 5 千萬元進行合理的解釋；

3. B 方要求年收益達到 20％以上，並且希望 A 方能夠用具體情況保證其能夠實現；

4. 利潤分配問題。

▶（5）談判目標

1. 解決雙方合資（合作）前的疑難問題；

2. 達到合資（合作）目的。

▶（6）模擬談判計畫書格式

1. 談判主題。

2. 談判人員構成。

3. 談判背景介紹。

這三部分也可在模擬現場以雙方合作的形式用 PPT 的形式展示給觀眾，好讓觀眾對整個談判有一個大概了解。

4. 談判設計。

我方、對方優劣勢分析，我方目標層次分析（頂線目標、底線目標、可接受的目標），可由每一個小組的兩方各自撰寫。

5. 談判合約。

談判全程結束後可能達成的協議，實質上是對於整個談判結果的猜測。

6. 補充說明。

談判時間 30 分鐘左右。

談判結束時請簡要總結此次談判達成的協議和可能遺留的問題。

合約精神

　　合約精神是一種自由、平等、守信的精神，它是現代商業經濟的核心。合約，約定了雙方的合作形式、權利和義務，是合約精神的產物，更是商業談判的核心。在談判的過程中，要對合約的主要條款，進行重點的關注，防止對己方形成不利的影響。同時，合約一旦確立，就一定要尊重合約的內容，履行合約的合約精神。

　　合約精神的核心是誠信，反對欺詐和詐騙。合約精神強調的是合作和共贏，不允許犧牲別人的利益來滿足自己的利益。但同時合約精神，也是追求利益和價值的產物，它是更好的一種價值安排，它可以在共識的基礎上，將利益放在誠信和合作的天平上，保證大家和整個社會的總體價值不斷地得到滿足和提升。

1. 以誠為本

　　遵守合約的本質要求是以誠為本。多數談判者，故布疑陣，讓對方感到難以捉摸，這種風格很多時候，不僅無法達到矇蔽對手的作用，反而引起反感和牴觸情緒，阻礙雙方真實資訊的交流和進一步合作。

　　隨著合作領域的不斷增加，談判事業的不斷發展，一種推誠相見、開誠布公的談判風格正在越來越受到談判者的青睞與重視。成功的談判專家往往將與對方開誠布公作為一種談判技巧與方法來使用，這樣反而能夠達到事半功倍的效果，能盡快促成雙方達成一致。

　　A 是義大利一家國有公司的總經理，公司正處於瀕臨破產的邊緣，幾

乎每年都要虧損 1 億歐元左右。A 上任伊始發現公司年年虧損的一個主要原因就是，這是一家國有公司，員工生產積極性非常差，編制冗餘，很多員工不僅不能夠創造出生產效益，反而成為公司的累贅。

為了讓工會與公司達成裁減員工的協議，A 決定改變過去的談判方式，採用開誠布公的方式與工會進行交流。A 精心制定了一個提前退休的基本方案，根據方案公司負責支付一筆數額不菲的解僱費給每個解僱人員，並與他們簽訂合約。他還派人通知公司員工們，如果不採取行動，由於公司每年的鉅額虧損，在不久的將來公司的裁員幅度會更大。

在直接談判的過程中，A 再次採取直截了當的方式，對工會和員工進行曉之以理、動之以情的磋商，權衡利弊以圖解決問題，內心怎麼想的就怎麼說，公司有什麼實際情況就實事求是地告訴員工和工會。這樣反而使員工消除了疑慮和不滿，心悅誠服地表示同意與公司進行配合，雙方順利地達成了協議，兩年之內將 15,000 名員工削減到了 9,000 名。最終，裁員不僅使公司減輕了巨大的負擔，同時提高了生產效益，改善了勞資雙方多年的緊張關係。

從這個例子中，可以看到由於一方採取了開誠布公的談判方式，制定了提前退休的基本方案，並與員工簽訂了合約，表現了對另一方的尊重，既向員工通報了自己的真實處境，解除了員工的疑慮和戒備心理，使員工感到公司的做法合情合理，無形中贏得了同情和信任，順利達成了協議。

2. 把握合作原則

契約是雙方合作的產物，談判不是對立與互相索取，而是一項合作性很強的工作。有一些談判者，過於強調談判雙方之間的競爭性，而忽略了談判的合作性，如果雙方都以競爭者和對抗者的姿態進行談判，只顧及自

己的利益，則只能導致談判的破裂。很多談判不歡而散，造成兩敗俱傷的不利結果，除了一些客觀上的原因，很多時候與談判主體沒有把握合作性有直接關係。

合作性的原則對談判的成功至關重要，無論哪個領域的談判，只要雙方都抱著合作的態度，為了解決問題而不是想擊敗對方，談判就容易取得成功，而成功的談判總是會為各方帶來想要的利益。所以，高水準的談判者總是以非常合作的態度投入談判，並試圖獲得自己所需要的談判利益。

一家日本商人來到一家著名的羽絨服生產廠進行業務談判，要求定做一批按照他的樣品要求的羽絨服套裝。廠家從談判中了解到，日本商人需求的產品數量不多，難以進行批次加工生產，加工的難度又很高，除此之外，日本方要求的交貨期又非常的短，他跑了許多地方，沒有一個羽絨服廠家採取合作的態度。

如果工廠接受了這批訂單，幾乎沒有什麼利潤可圖，如果不接受這批生意，損失的是雙方今後的合作前景。對方談判代表從對方的利益出發，本著合作的原則急人所急，與日本商人簽訂了加工合約，並且保證一定按質按量按時交貨。對方的合作與豁達爽快的談判態度，深深地打動了日本商人的心。後來日本商人隨即決定增加貨品的數量，加工數量由開始簽訂的 5,000 件增加到 10 萬件，想在日本做大批次的促銷。廠家由於產生了批次生產的效益，不僅使得成本大大降低，而且利潤也相當可觀。

如果僅從一次性合約來看，是對廠家沒有利益的，但從合作性的原則出發，本著長遠發展的角度，以誠心換取了對方的信任，使得對方主動提出改變需求量，最終取得了這場談判的勝利。如果不是本來合作性的原則，日本廠商會和先前的數次遭遇一樣，雙方不但達不成任何協議，而且彼此還將失去一個重要的合作夥伴。

3. 將利益放在契約之上

合約精神，是維持社會中人們進行判斷、預測以及比較的基礎，是一個商業社會最基本的文化。商業契約，就是說話算數，一旦做出承諾必須不打任何折扣地履行。市場是多元主體之間交易和交換的一個過程，只要將彼此的利益放在契約之上，這種約定和調整就是有效和可行的，以傷害彼此的利益而達成的約定，是不可持續的。

在利益和契約之間，選擇利益的有，選擇契約的有，將兩者結合起來，將利益放在契約之上，無疑是更好的選擇。在實際溝通過程中，既能得到利益，又能收穫良好的名聲，才是更加高明的談判人員。有時候，犧牲一點無關緊要的小利，得到大公司、大集團的賞識，無疑也是非常不錯的選擇。如果死守著契約不放，既不能得到實際的利益，也不能較好地維持彼此的合約關係，無疑並不是什麼好的決定。

根據合約精神的要求，談判過程中，要以合作為主要原則，以達成對雙方都有益處的方案為主要目標，而不能以滿足一己私利，甚至以損害對方的利益為代價，簽訂合約。將利益放在契約之上，不是為了利益損害契約，而是這種做法既滿足了己方的利益性要求，又符合商業時代的主流精神。在談判不能達成一致，以誠為本，開誠布公，是最有希望獲得對方的理解和支持，化解彼此對立狀態的方法，這種談判風格，正越來越受到談判人員的青睞。

主動出擊

　　主動性是職場成功的精髓，談判中要想取得有利地位，更需要發揮主動性的作用。談判是彼此博弈的過程，充滿著各種智謀的運用，很多機遇稍縱即逝，坐以待斃，不但會錯失良機，還會將己方推上極為被動的地位。根據己方的條件和對方的需求，主動出擊，爭取談判的有利地位，才能表現己方的誠意，才能牽著對方按照己方的思路和方案走，最終簽訂符合己方要求的合約。

1. 窮追不捨，往往有成

　　談判是一項極為艱鉅的工作，身為一名合格的談判者，很重要的一點是要具備自信、頑強和窮追不捨的談判品格。如果缺乏這種窮追不捨的精神和品格，點到為止，知難而退，任何簡單的談判任務都是很難完成的。談判需要盡可能多地為公司爭取利益，並得到對方的認可，這是一件很不容易做到的事情。在普通人看來，一方的損失，就是另一方的勝利，在這種充細對抗性的競賽中，爭取到對方的一點點妥協，往往都要付出極大的代價。

　　A 國急需從國外引進一套高效的生產設備，為此與某國的一家公司的代表進行談判。A 方代表肩上擔著一副沉重的擔子，因為年底前必須簽約，如果不能夠順利完成交易，將面臨著來年計畫無法順利實施的窘迫局面。經過多輪洽談，幾次壓價，A 方已經很滿意，可是主談代表經過認真測算，認為對方的要價還是高了，還可以降價 1,000 萬歐元。雙方再次坐

在談判桌前進行談判。按照 A 方代表所言，這已經是外商「最後的談判機會」了。對方代表仍然感到「難以接受」，不過口氣已經沒有那麼強硬。A 方主談認為對方已經開始鬆動，繼續對外商實施窮追不捨的策略，一口咬定對方必須將價格降到 A 方提出的價格上來，否則談判將變得非常艱難，談判結果也將不可預測。迫於無奈，對方告訴 A 方主談，再次將價格下調，不過不是 1,000 萬歐元，而是 500 萬歐元。這已經是 A 方爭取到的最好的結果了，A 方主談仍然堅持必須降價 1,000 萬歐元，如果不能夠降低 1,000 萬歐元，很難與對方簽約。對方越來越不能堅持，但仍然對 1,000 萬歐元的降價表示不認可。A 方主談趁機提出修改降價幅度，最終雙方在降價 870 萬歐元的情況下簽訂了協議，兩雙手緊緊地握在一起，談判宣告結束。

這是一則很緊張的談判案例，主談堅持降低 1,000 萬歐元，窮追不捨。由於 A 方成功地運用了相應的談判技巧，迫使對方再次答應了降價要求。雖然沒有達到預期的結果，但是這已經是 A 方能夠接受的最低的價格了。如果 A 方代表不能夠堅持到底與對方糾纏和周旋的話，很可能就會以比最終成交價格高出 870 萬歐元的價格和對方簽約，這就不能算是成功的談判了。

2. 實力說話，最為可靠

談判雖然是在場內進行的，但是談判根本上還是實力的較量，這種較量既包括場內的實力，也包括場外的實力，談判技巧和方法也包括場內的和場外的，兩者要相互配合和支持，相互呼應和補充。實力對抗，指的是談判者為了達到某種談判目的，在談判的過程中，為己方累積足夠強大的談判實力，在對抗和較量中取得優勢，進而贏得談判的成功，實現己方的

談判目標。如果沒有足夠的實力使己方在談判中處於優勢，談判就很難取得成功。

　　某市準備舉辦電腦高階程式輔導班，A大學學生科技諮商開發中心、某市電腦研究所、市青年科協等在內的眾多單位一起談判協商關於程式輔導班的承辦事項。在談判協商的過程中，大家都為爭取這個機會而爭吵得非常激烈。A大學學生科技諮商開發中心談判代表站了起來：「我們已經有300多人報名了，據我所知，B電腦培訓部才50多人報名，市電腦培訓中心還不到10人報名，某市電腦研究所也才五六個人報名，市青年科協雖然在報紙上做了廣告，但報名的人並不多。」談判對手都感到十分吃驚，他怎麼把我們的底細知道得這麼清楚。原來電腦水準測試考試實施辦公室把所有已經通過初級測試的人員名單找來，發了一封信給每人，還改進了開班的時間、地點、方法，在市區的東頭、西頭各設兩個教學點，同時開設了幾個班，有白天班，有晚上班，有平日的，有週末的，可以讓學員根據自己的時間自由選擇。另外他們還精心編寫了培訓教材，而且這本教材，是該領域第一本教材。面對強大的對手，其他幾個單位的代表徹底服氣了，最後，大家一致同意這個電腦高階程式輔導班全部讓A大學來辦，已經報名的人員也全部轉給A。

　　在這場多方爭奪的談判中，A大學之所以能夠取得談判的成功，原因就在於他們具有強大的談判實力，最後擊敗了對手。強大的談判實力需要付出相應的努力或者代價才能獲得，詳實的準備工作是在談判桌上能夠展現談判實力所必不可少的。使用實力對抗法的談判策略，還需要時刻注意分寸，不要損害談判各方的人際關係，而要以理服人而不是專橫霸道，否則實力對抗的談判策略也會帶給談判者不良的後果。

3. 找準需求，征服對方

行為科學曾得出過一個公式：工作成績＝能力 x 積極性。積極性與人的需求強度相關。把上述行為科學的公式轉換到談判領域中，可以得到：談判成果＝能力 x 需求性。掌握「需求理論」能使談判當事人知己知彼，找出與對方相連繫的需求，以便選擇最佳的談判方法。

滿足談判者的各種基本需求是達到己方實現最高需求的前提。在談判的過程中，應讓談判者相互間關係輕鬆，感覺不到拘束，建立一種良好的商談氣氛。例如，在物質需求上安排好住宿、飲食，包括點心、茶水等，創造一個有安全感的環境來滿足談判者的最基本需求。在統一意見的階段，更要增加社交活動來滿足談判者個人的需求。

根據需求理論，有些學者按照控制力量大小不同，劃分出以下六種基本的談判方法：談判者順從對方的需求，談判者站在對方的立場上，順應對方的需求，從而使談判獲得成功，這種談判最容易取得成果；談判者使對方服從其自身的需求，這是一種定向誘導的談判策略，表面上非常熱情，實際上是為推銷自己的商品；談判者同時服從對方和自己的需求，指談判雙方從共同利益出發，採取符合雙方利益的策略，這種策略在談判中被普遍用於建立各種聯盟；談判者違背自己的需求，這是談判者為了爭取長遠利益，拋棄某些眼前或無關緊要的利益和需求的談判策略；談判者不顧對方的需求，即談判者只顧自己的利益，完全忽視或者不顧對方的需求而實施「魚死網破」的手法，它違背了談判雙方對等與互惠互利的原則，容易導致談判失敗；談判者不顧對方和自己的需求，主要是談判者為了達到某種特定的預期目的，完全不顧雙方的需求與利益，實施一種雙方「自殺」型的談判方法。這六種不同類型的談判策略，當人們運用它們去實現

某種目的時，談判的控制力量從第一種到第六種依次逐漸減弱，而談判桌上的危機則逐漸加重。

談判中的策略戰術非常多，但是基本的一條心理原則，就是要具備極為主動的精神，除了談判之前做好充分的準備工作之外，在談判過程中，遇到什麼問題，就要解決什麼問題，不能有消極懈怠的情緒，更不能怠忽職守，帶給企業損失。主動出擊，窮追不捨，只要有談判的希望，就不放棄自己的努力。

掌控節奏

控制節奏，是指在談判進行的過程中，當形勢對己方有利的時候，對方關鍵性要求較符合己方的要求，那麼就可以加速談判的進度，推動談判向己方設想的方向發展，儘早取得實質性的成果；當談判的形勢對己方不利的時候，諸如對方的資訊不明確，對方的實力也像冰山一角一樣，只顯示了一部分，在這種情況下，就要延緩談判的節奏，防止出現對己方不利的談判局面。

1. 別在寒暄中失去先機

寒暄階段其實是談判的匯入階段，在此階段，談判雙方見面，寒暄，打招呼，相互問候，談論一些與談判無關的輕鬆話題。寒暄雖然本身並不表達特定的思想，但是它在整個談判中的作用卻是不可缺少的，對談判雙方的思想、情緒和行動都有著相當大的影響。寒暄是營造和諧氣氛的契機，主動寒暄就是向對方開啟心扉，願意與對方建立良好人際關係的一種表示。但是不能在寒暄中，透露一絲一毫的商業祕密。

日本松下電器公司創始人松下幸之助先生剛「出道」的時候，曾被對手以寒暄的形式探測到了自己的「底細」，使自己的產品受到較大的損失。剛一見面，批發商就友善地對他寒暄說：「我們是第一次打交道吧？以前我好像沒見過您。」對方用寒暄託詞來探測對手究竟是老手還是新手。由於松下先生缺乏經驗，回答道：「我是第一次來東京，什麼都不懂，請多多關照。」這番極為平常的寒暄答覆卻使批發商獲得了重要的資訊：

對方原來只是一個新手，而新手是很好騙的。批發商接著問：「你打算以什麼價格賣出你的產品？」松下又如實地告知對方：「我的產品每件成本是 20 元，我準備賣 25 元。」

　　批發商了解到松下幸之助在東京人地生疏，又急於為產品開啟銷路，趁機殺價，結果沒有經驗的松下先生在這次交易中吃了虧。究其原因，老練的批發商透過表面上的寒暄探測到對方的虛實，在談判中贏得了主動。松下先生在寒暄之中暴露了自身的底細，導致在談判中處於被動的地位。因此，在雙方寒暄之時就要避免無意之中自身關鍵資訊的洩露。

　　一個有經驗的談判者，能夠透過相互寒暄時的那些應酬話，掌握談判對象的背景資料和關鍵資訊，諸如性格愛好、處事方式、談判經驗及作風等，進而找到雙方的性格缺陷，運用一定的共同語言，為相互間的心理溝通做好準備，這些都對談判成功有著非常重要的積極意義。那些沒有談判經驗的新手，就要極為小心了，要採取循規蹈矩的方法，不要顯示出自己的稚嫩，否則極易被對方找到談判的心理漏洞，導致談判的失敗。

2. 控制「換檔」的速度

　　「換檔」即談判中遇到對自己有利或不利的事情時，顧左右而言他，不直接回應。「換檔」包括談判的進度，也包括談判的意向、內容、主題的改變。「換檔」要求反應敏捷，眼明手快，熟練自如。當對方想要達成某種協議的時候，可以立即慢下節奏，不讓對方了解自己的意圖。「換檔」就是在言行與真實目的之間撒上一層霧障，使對方難以辨別。這樣，自己就可以爭取主動，一步一步把對手引入圈套。

　　日本有幾個人是世界上著名的談判專家，他們的訣竅是具有很強的耐心，對許多問題絕不會立即作答。有一次，日本一家航空公司就引進法國

飛機的問題與法國的飛機製造廠商進行談判。法國方面做了大量的準備工作，各種數據一應俱全，而且急於求成，一開始就口若懸河，滔滔不絕地進行講解。日本人埋頭做筆記，仔細聆聽，一言不發。法方最後問道：「你們覺得怎樣？」日本代表有禮貌地回答道：「我們不明白。」日方代表總是以微笑作答：「不明白，一切都不明白。」法方代表看到一切要前功盡棄，付之東流，沮喪地說：「那麼……你們希望我們怎麼辦？」日方提出：「你們可以把全部數據再為我們重新解釋一遍嗎？」法方不得已，又重複一遍。反覆幾次，法方已經極不耐煩，日本人趁機把價格壓到了最低點。日本抓住代表急於達成協議的弱點，以「不明白」為藉口，施以拖延戰術，迫使對方接受較低的價格。

這個例子中，日方採用的是「拖」的戰術，如果對己方有利的話，完全可以採用「催」的戰術，採用比較急迫的方法和手法，逼對方盡快做出決定。「換檔」不但可以緩和緊張氣氛，緩解自己尷尬的情形，然後成功地將一個話題轉移到一個話題上，一步一步靠近自己的目標。當「換檔」成功的時候，由防守轉為進攻也就自然而然實現了。但是，「換檔」要準、快、適時，要靈活自如，不露痕跡。

控制談判的節奏，是取得談判主動權，施加壓力給對方的有效方法。一項談判往往需要透過長時間的努力才能達成，沒有耐心是辦不成事的。具有耐心，善於使用各種談判的戰術，以達到控制談判節奏的目的，才能使己方在談判中占據主動地位，然後再適時，答應對方一些條件，則更容易達成協議。

細節決勝負

在談判中，涉及重大利益的關鍵點，針鋒相對是難以避免的。採用細節致勝的策略，多在小事上下足功夫，在一定程度上，可以避免針鋒相對情形的發生。激烈情形的發生，除了涉及利益之外，還在於彼此缺乏了解和互信，一味追求自己一方的利益。彼此對行業情況、彼此底細、對方底線等情況，都了解得比較詳細的話，就會多一分尊重，少一分挑剔。

1. 關心對方的利益

談判者中的一方不能追求通吃，在自己追求利益的時候，也要指出一條獲利的道路給對方。談判者應將彼此看作風浪中同舟共濟的夥伴，為了自己能夠生存下來，還得設法讓對方也能生存下來。為了增強抗禦風浪的實力，雙方要共禦風險，共享利益，哪怕是分享最後一塊麵包，分喝最後一瓶淡水，在談判桌上，當你要喝湯的時候，不要忘記對方手中也有一把勺子。

美國現代成人教育之父戴爾·卡內基每個季度有 10 天租用紐約一家飯店的舞廳舉辦系列講座。後來，他突然接到這家飯店的一封要求提高租金的信，而且對方要求將租金提高 2 倍。卡內基當然不願意支付提高的那部分租金。幾天後，他去見飯店的經理。他拿過一張紙，在紙的中間畫了一條線，左邊寫「利」，右邊寫「弊」。

「利」，他寫下了「舞廳，供租用」，舞廳空置，可以出租供舞會或會議使用，這是「利」。如果在一個季度中連續 20 個晚上占有舞廳，飯店就

失去了一項有利可圖的生意。「弊」，首先飯店並不能從卡內基這裡獲得更多的收入，因為他付不起你要求的價，所以只能被迫改在其他的地方辦講座。其次，這個講座吸引了很多有知識、有文化的人來飯店。這是一個很好的廣告，實際上，飯店花 5,000 美元在報上登廣告，也吸引不了更多的人來這個飯店。

卡內基把這兩項「弊」寫下來，說：「我希望你能仔細考慮一下，權衡一下利弊，然後告訴我你的決定。」第二天，卡內基收到一封信，通知他租金將只提高至原來的 1.5 倍，而不是 2 倍。

戴爾·卡內基一句也沒有提自己的要求，自己的利益，只說自己拿不出那麼多錢，他始終在談對方的利益和如何實現對方的利益，但卻成功地達到了自己的目的。關心對方的利益，站在對方的角度設身處地地為對方著想，指出他的利益所在，對方就會欣然與你合作。成功談判的關鍵在於找出什麼是對方的真正需求，這種需求是對方不大會注意，或者是沒有意識到的，如果是對方已經明顯意識到的，就不能再繼續誇大了。

2. 感情投資後絕路逢生

感情投資最難，得益也最大，在普通的交流中，這是很不容易做到的。如果能在談判中，從情感上打動對方，或者從情感方面，贏得對方的好感，無疑會對己方的談判帶來很大的益處。如果能獲得談判的主要領導的好感或者認同，談判的成功就有了很大的希望。

飛機推銷商拉堤埃到新德里，想在航空市場上占有一席之地。沒想到，擁有決策權的拉爾將軍在再三要求下，才勉強答應給他 10 分鐘的會面時間。儘管成功的機會不大，但拉堤埃也不能輕易放過這個難得的機會，他要利用這有限的 10 分鐘扭轉乾坤。當他跨進將軍的辦公室時，滿

面春風地說：「將軍閣下，我衷心地向你感謝。因為你使我得到了一個十分幸運的機會，在我過生日的這一天，又回到了出生地。」

將軍半信半疑，他已經消除了負面情緒，隨後拉堤埃藉機開啟了話匣子，諸如自己父親是誰，感謝印度人民的照顧，小時候的一些事情等。10分鐘過去了，將軍絲毫沒有結束談話的意思，他被拉堤埃繪聲繪色的講述深深吸引住了，反而向拉堤埃發出了邀請：「你能來印度過生日太好了，我想請你共進午餐，表示對你生日的祝賀。」午餐自然是在無比親切融洽的氣氛中進行，拉堤埃和將軍儼然像一對久別重逢的老朋友。兩人越說越投機，當拉堤埃告別將軍時，不用說，這宗本來希望渺茫的大買賣已經拍板成交了。

拉堤埃這次談判絕路逢生的奧妙就是用「感情」打動了對方。在經濟談判中，如果能博得對方的好感，讓對方喜歡你、信任你、接受你，成功的機會就能大大增加。優秀的談判人員都懂得要與對方建立良好的感情關係，以創造融洽的談判氣氛。拉堤埃先以自己出生在印度而博得將軍的好感，逐步贏得將軍的尊敬和信任，買賣也就在不知不覺中做成了。如果拉堤埃一開始就談飛機生意，必定會遭到拒絕。

在談判中，與對方建立情感關係的機遇不是很多，但只要肯動腦筋，還是會有的。關鍵是奉行互利原則，善於給予對方利益，指出並強化對方的利益所在。當談判僵持不下，往往是只看到了利益的一個方面，而忽視了更主要的方面。很多關鍵的資訊在細節方面，需要用一雙敏銳的眼睛仔細觀察才能得到，所以不要忽視細節，否則就會有可能和重要的資訊失之交臂。

第十二章
藉由高效溝通，邁向成功的事業與人生

<u>利用社會心理學讓溝通無往不利</u>

　　心理學和社會學上的溝通法則很多，這裡選取了時效性較強的一些溝通法則，作為介紹。溝通法則是溝通領域的原則和定理，是人們在長期的溝通實踐中總結出來的極具指導意義的知識。快速提高溝通能力的祕訣，就是熟記這些溝通法則，並將其熟練地應用在日常的溝通行為中。溝通需要不斷地練習，運用溝通法則恰恰是一個相反的過程，它可以幫助溝通者省去後期提煉昇華的總結過程，但前期的練習仍然不可以偏廢。

情感互換效應

「情感互換效應」是指在溝通的時候，主動接受別人的幫助，主動尋求別人的幫助，以增進彼此的感情。「情感互換效應」的目的是增進情感的交流，所以在沒有什麼像樣的理由的情況下，不宜回絕別人的幫助，他人尋求幫助的時候，也不宜拒絕，因為這兩種情況都會拉大彼此的距離，使彼此的關係變得疏遠。

人與人之間需要「互相麻煩」，幾番來往就可以使關係變得更加親密。養成萬事不求人的性格，就等於把自己的關係和機會的大門都堅決關掉了。人與人之間的關係是在彼此連繫中得到加強和改進的，尤其是對於領導，對於上司，你不麻煩他，他還感覺不到存在的價值和意義，你麻煩他恰恰是尊敬他。

學會欠人情，也是打好人際關係的開始。總不求別人的幫助，別人也不好意思求助你，久而久之，就會被孤立起來。相互交往的切入點沒有了，怎麼可能會有良好的人際關係呢？欠了別人的人情，別人自尊心就得到了滿足，再找到其他的機會予以彌補，別人就會對你有好感。

幫助你越多，感情就會越融洽。想取得別人的支持和信任，就去請求他幫助你。人際交往的需求就是在互動中展現彼此的價值和快樂。想讓別人對你記憶深刻，就去主動幫助別人和接受別人對你的幫助吧。只有彼此互動交流了，「溝通」才能真的「通」了。

對顧客服務多了，會讓顧客感覺到虧欠，他就會經常光顧；對上司彙報多了，上司已經習慣了當你的主管了，久而久之就會把你視為自己人；

和同事多談幾次天，先做了朋友，把協調配合好，關係就會漸漸變得融洽；多幫助女友幾次，幫助多了她會感到你的用心，最後會接受你的感情，你就成了她的男朋友了，彼此的心也就平衡了⋯⋯

透過「情感互換效應」我們要深刻意識到，對一個人最大的傷害就是不理一個人，對溝通最大的傷害就是彼此不再麻煩。要知道，當父母不再麻煩你的時候，可能已經不在人世了；當孩子不再麻煩你的時候，可能已經長大成人遠離你了；當愛人不再麻煩你的時候，可能已經去麻煩別人了；當朋友不再麻煩你的時候，可能關係已經不那麼密切了。

人其實就是生活在相互的「麻煩」之中，在麻煩之中解決事情，在事情之中化解麻煩，在麻煩與被麻煩中加深感情，展現價值，這就是生活，這就是溝通。理解了這一點，並積極去運用，去實踐，將其融入生活，融入工作，才算真正明白了溝通的含義。

自己人效應

在人際交往中，如果雙方關係良好，一方就更容易接受另一方的觀點，甚至對對方提出的難為情的要求，也會礙於情面給予回應。這在心理學上就叫做「自己人效應」。「自己人效應」要求採取一定的措施，使對方覺得自己是他們中的一員，自己和他們不是互相對立甚至衝突的存在，從而激發情感的認同，緩解緊張的情緒。

為矯正國中生早戀傾向，有位教師在一次講座的開場白是這樣的：「記得自己年輕時，班上有一位異性，不知怎麼的，我總是會想到她，在上課時也會禁不住看她一眼。」然後，教師指出這是青春期性萌動的正常反應，再接著談自己對早戀的看法。這樣的效果是很好的，因為教師是以學生時代的狀態來講的，中學生會覺得更加親切可信，從而願意接受這位教師的建議。

在工作中，把下屬看作是自己人，就可以大大減少對立情緒。當你提出什麼要求和方案的時候，下屬就比較容易接受。心理學家哈斯（Scott Haas）曾說過：一個造酒廠老闆可以告訴你為什麼一種啤酒比另一種啤酒好，但你自己（無論你的知識淵博還是膚淺）卻可能對朋友選擇哪一種啤酒更加關注。同樣一個觀點，如果是自己喜歡的人說的，接受起來就很快和容易。如果是自己討厭的人說的，就可能加以抵制。

溝通者無論在年齡、性別、籍貫、經歷、興趣等任何方面與對方存在相似性，都會使其產生親切感，從而把溝通者與自己視為一體，這是「自己人效應」的突出特點，也就是說可以造成「自己人效應」的東西林林總

總，千變萬化，並不拘於一定的形式。溝通時引出話題的方式很多，而巧用「自己人效應」對話題的引出和切入，可以消除對方的反抗心理，拉近彼此的心理距離，使對方更容易接受你的觀點而達成一致，具有事半功倍的效果。

林肯出身於一個平民家庭，在參加總統競選時，他的一個非常富有的競爭對手曾對其貧寒的出身進行攻擊。然而，林肯卻以巧妙的回擊爭取了主動，贏得了人心。他在一次演講中說：「有人問我有多少財產。我告訴大家，我有一位妻子和一個兒子，都是無價之寶。此外，也租了一個辦公室，室內有一張桌子，三把椅子，牆角還有一個大書架，架上的書值得每個人一讀。我本人既高又瘦，臉蛋很長，不會發福。我實在沒有什麼可依靠的，唯一可依靠的就是你們。」

林肯對「有多少資產」的答覆，最後一句話「我實在沒有什麼可依靠的，唯一可依靠的就是你們」就是利用了「自己人效應」來傳情達意，是暗示人們：你們是我唯一的財富，我離不開你們。選民們聽了之後，自然會體驗到林肯熱愛民眾的深厚情感。

要使對方接受你的觀點、情感，就必須把對方視為與自己一體，或把自己視為對方的一員，這樣就把雙方的心理距離拉近了。溝通中，要想取得對方的信賴，先得和對方縮短心理距離，與之處於平等地位，這樣自然就提升了自己的人際親和力和影響力，讓對方充滿信任地聽你說話，心悅誠服地與你交談。

保齡球效應

「保齡球效應」是指在溝通中，正面激勵的效果更大，多讚賞別人的優點，少批評別人的短處，往往可以收到非常好的效果。在工作中，「積極鼓勵」是一項開發「寶藏」的工作，受到鼓勵的員工，會強化自身的優點，工作熱情會越來越足，員工身上的閃光點會逐漸放大，從而「擠掉」不良的行為。

根據心理防衛機制，當員工帶有牴觸情緒的時候，造成的管理效果是不明顯的。積極鼓勵和消極鼓勵之間具有不對稱性，如果不能真正意識到自己錯誤和缺點，不但不能改正錯誤，反而會學會如何逃避處罰。一個成功的管理者，會努力對下屬親切，鼓勵部下發揮創造精神，幫助部下解決困難。

兩名保齡球教練分別訓練各自的隊員。他們的隊員都是一球打倒了 7 支。教練甲對自己的隊員說：「很好！打倒了 7 支。」他的隊員聽了教練的讚揚很受鼓舞，心裡想，下次一定再加把勁，把剩下的 3 支也打倒。

教練乙則對他的隊員說：「怎麼搞的！還有 3 支沒打倒。」隊員聽了教練的指責，心裡很不服氣，暗想，你怎麼就看不見我已經打倒的那 7 支。結果，教練甲訓練的隊員成績不斷上升，教練乙訓練的隊員打得一次不如一次。

「保齡球效應」告訴我們，肯定和鼓勵比批評與指責更有助於下屬改正自己的過錯。甲乙的訓練效果為什麼差別這麼大？就是積極鼓勵和消極鼓勵在發揮作用，受到鼓勵的甲，熱情不斷提高，願意花更多的時間來練

習,意志較健全、健康,相反受到批評的乙,沒有意識到自己錯在哪裡,心理並不服氣,反而生了抗拒的心理,練習的熱情就降了下來,成績也大不如前了。

　　人性的弱點是喜歡聽到讚美的語言,討厭聽到批評的語言,這在溝通中表現得淋漓盡致,聽到他人讚美自己馬上就心花怒放,聽到他人讚美別人就心生嫉妒,聽到他人批評別人就高興,聽到他人批評自己就心生不滿,這就是讚賞與批評在溝通中的顯著差異。因為溝通的目的不是要震懾對方、擊敗對方,而是要讓對方意識到錯誤,改正缺點,所以應根據每個人的認知水準和接受程度來決定,究竟是讚美他,還是批評他。

　　一位家庭主婦端飯給客人,客人稱讚說:「這飯真香!」主婦興奮地告訴客人:「是我做的。」客人吃了一口,又問:「怎麼糊了?」主婦的臉色驟變,趕緊解釋道:「奶奶燒的火。」客人又吃了一口:「還有沙子!」主婦又答:「姑姑洗的米。」人的根性顯露出來了,對於讚賞,主婦是那麼爽快地接受了下來;對於指責,就千方百計的推託。

　　當下屬在工作中出現失誤與過錯後,如果上司只是一味地批評指責,就易引起下屬的反抗心理,甚至導致其破罐子破摔。相反,如果上司能夠首先肯定下屬積極的工作態度,然後再與下屬一起找出產生失誤與過錯的原因,引導其總結經驗教訓,不僅會使下屬心悅誠服地接受批評,而且有助於堅定下屬工作的信心和決心。

肥皂水效應

美國前總統約翰・卡爾文・柯立芝（John Calvin Coolidge, Jr.）提出了「肥皂水效應」，它是將批評夾在讚美中的一種溝通方法。將對他人的批評夾裹在前後肯定的話語之中，可以減少批評的負面效應，使被批評者愉快地接受對自己的批評。「肥皂水效應」是以讚美巧妙地取代批評，以看似簡潔的方式達到直接的目的。

1923 年，柯立芝成為美國總統，他有一位漂亮的女祕書，工作中常因粗心而出錯。一天早晨，柯立芝看見祕書走進來，便對她說：「今天妳穿的這身衣服真漂亮，適合妳這樣漂亮的小姐。」這句話出自總統之口，讓女祕書簡直受寵若驚。柯立芝接著說：「我相信妳同樣能把公文處理得像妳一樣漂亮的。」女祕書有些臉紅，愉快地接受了批評。從那天起，女祕書在處理公文時很少出錯了，工作效率也提升了不少。很顯然，柯立芝的恭維話造成了不凡的作用，讓女祕書不但接受了批評，而且沒有厭煩心理。

一位朋友問柯立芝：「這個方法很妙，你是怎麼想出來的？」柯立芝說：「這很簡單，和刮鬍子是一個道理！」理髮師刮鬍子先幫顧客塗上肥皂水，然後再動刀，刮起來才不會痛。如果不經任何潤滑就直接動刀，不僅鬍子刮不掉，皮膚還會刮出血。這與和人溝通也是類似的道理，意見不一怎麼辦？人人都會犯錯，別人的錯誤就相當於臉上的鬍子，你不可能按自己的設想一刀刮掉，那樣容易刮痛對方，非但解決不了問題，反而激化矛盾。

這是「肥皂水效應」的來歷，充分運用這個原理，逆言不刺耳、忠言更順耳的效果。嚴厲尖銳的批評，可以透過表揚、稱讚的方式出現，做到

「忠言」不「逆耳」、「良藥」不「苦口」、「逆言」也受聽。逆言不刺耳，
簡單一點，委婉一點，可以說側面；嚴厲一點的話，可以反著說話，讓對
方自己揣摩，自我檢討，直到發現錯誤。忠言更順耳，就是即使是好話，
對對方有利的話，也要側面說，委婉著說，不刺激對方的心理底線，不傷
害對方的自尊。

齊景公貪玩好動，常常上樹掏鳥，晏子想批評他改掉這個惡習。一天
晏子聽說景公掏了小鳥，又放回巢裡。晏子問景公：「國君，你為什麼累
得滿頭大汗？」景公說：「我去掏小鳥，可小鳥太弱了，我又把牠放回巢
裡了。」晏子稱讚道：「了不起，您真是具有聖人的修養啊！」景公不解：
「這怎麼是有聖人的修養呢？」晏子說：「國君，您把弱小的雛鳥放回巢
裡，代表您深知長幼的大道理，有可貴的同情心。君王您對禽獸都這樣仁
愛，何況於百姓呢？」景公聞言，十分高興。以後再也不掏鳥玩耍，而對
百姓的疾苦則特別地關心了。

常言道「伴君如伴虎」，得罪了上司，上司就要給你穿小鞋，不知哪一天
就有一個小故事發生在你身上。所有得罪人的事，不管是古代還是現代，基
本上以語言為大，「禍從口出」，守不住一張口，在現代是沒有好工作，待遇
不好，在古代就是要殺頭。所以，任何溝通方法和技巧，都特別強調說好聽
的話，說忠實的話，說對方愛聽的話。側面責備，讚美中帶著批評，讓對方
自己去感悟，感悟到了，不但不會怪你，自己還會為自己挺聰明感到高興。

批評是進步的明燈，因為有批評才有進步。有了過錯，就得有人來指
正，這樣才會有進步。不過「當局者迷，旁觀者清」，在當事人還很迷糊
的狀態下，旁敲側擊更有效。讚美要看時機，批評要靠技巧。不要用惡語
中傷他人，勸告他人時，如果能態度誠懇，語出謹慎，我們就會得到更多
的友誼，為我們的人緣加分。

馬蠅效應

「馬蠅效應」本意是再懶惰的馬，只要身上有馬蠅叮咬，牠也會精神抖擻，飛快奔跑，後來這個原理指運用一定的激勵方法，激起員工的競爭意識，藉以提升公司的管理績效。「馬蠅」指激勵性措施，「馬」不單單只是指能力較差的員工，也指那些能力較強但卻危害性較大的人，牠們雖然經常搗亂，但也是企業經營不可缺少的重要力量。

林肯少年時和他的兄弟在一個農場裡犁玉米地，林肯喊馬，但那匹馬很懶，慢慢騰騰，走走停停。可是有一段時間馬走得飛快。到了當地，林肯發現有一隻很大的馬蠅叮在馬身上，他就把馬蠅打落了。看到馬蠅被打落了，兄弟就抱怨說：「哎呀，你為什麼要打掉牠，正是那傢伙使馬跑起來的嘛！」

沒有馬蠅叮咬，馬慢慢騰騰，走走停停；有馬蠅叮咬，馬不敢怠慢，跑得飛快。這就是「馬蠅效應」：一個人只有被叮著咬著，他才不敢鬆懈，才會努力打拚，不斷進步。這個小故事啟發管理者，越是有能力的員工越不好管理，這些人有很強烈的占有欲：或既得利益，或權勢，或金錢。如果他們得不到想要的東西，他們要麼會跳槽，要麼會搗亂。要想讓這些人安心、賣力地工作，就一定要有足夠的激勵性因素。這種激勵因素就是那隻「馬蠅」。

在古希臘，很多年輕人來找蘇格拉底（Socrates）學習。一天一個年輕人來了，想要學習哲學。蘇格拉底一言不發，帶著他來到一條河邊，突然用力把他推到了河裡。開始年輕人以為蘇格拉底在跟他開玩笑，並沒發

怒。但是蘇格拉底也跳到水裡，拚命地把他往水底壓。年輕人真的慌了，求生的本能使他拚盡全力將蘇格拉底掀開，迅速地爬到岸上。年輕人不解地問蘇格拉底為什麼要這樣做，蘇格拉底回答說：「在沒有受到外力威脅的情況下，一個人是不會使出十二分的努力來做事情的，只有他覺得有人給自己壓力的時候，才會萬分地努力。」

這個故事和「馬蠅效應」說的是同樣的道理。激勵作用對於人的行動和成長的重要意義是不可忽略的。優秀的管理者都深諳此術，用以激起員工的競爭意識。在工作中，只有跑得更快一點，才不會被他人追上，跑得最慢的那個人，就像草原上的羚羊，一定會被公司拿掉。所以，要把員工激勵到只有比別人跑得快才能生存下來的時候，管理才是雙贏的，企業效益才是最大化的。

因為人的需求是千差萬別的，所以激勵措施也是千差萬別的。有的人比較堅持理想，更看重精神上的東西，比如榮譽、尊重等；有的人比較注重功利，更看重物質上的東西，以得到更多的金錢為目標。針對不同的人，要對症下藥，投其所好，用不同的方法去激勵他。總之，要讓馬口渴喝水，而不是按著牠的腦袋去喝水。

「馬蠅效應」是企業主要的管理方法，每個公司都會最大限度的應用。身為一個管理者，最大的成就是構建一支具有強大戰鬥力和高度合作精神的團隊，不斷挑戰更高的工作目標。為此，你需要勤奮，需要知識，需要資源支持，但更重要的是要善於運用自己的智慧，利用「馬蠅效應」，把一些很難管理、然而又十分重要和關鍵的員工團結在一起，充分發揮他們的作用，不斷為公司創造更大的績效。

彼得原理

「彼得原理」是美國學者勞倫斯・彼得（Laurence Johnston Peter）研究組織中人員晉升的相關現象後得出的一個結論，他認為，在各種組織中，由於習慣僅對在原職位上稱職的人員進行提拔，因而雇員常會被晉升到其不稱職的地位。「彼得原理」有時也被稱為「向上爬」理論，這種現象在現實生活中非常多：一名稱職的教授被提拔為大學校長後無法勝任；一個優秀的運動員被提拔為主管體育的官員，導致無所作為。

許多主管已到達他們不勝任的階層。表現是員工已經達到最大負荷，他們無法改進現有的狀況，為了再增進效率，只好僱用更多的員工。員工的增加可以使效率暫時提升，但是這些新進的人員最後將因晉升過程而到達不勝任階層，唯一改善的方法就是再次增僱員工，如此循環下去的結果，往往使組織中的人數超過了工作的實際需要。

孔明揮淚斬馬謖，是因為馬謖剛愎自用、紙上談兵。細思量後，其實這是個人的能力特點與職位不相配的悲劇。劉備臨死之時對諸葛亮說：「馬謖言過其實，不可大用，君其察之！」

馬謖在諸葛亮平定南中的過程中，定下攻心之計，與諸葛亮的策略思想相一致，在七擒孟獲的過程中，馬謖又屢屢出謀劃策，在諸葛亮擔憂北魏的威脅時，馬謖又獻策使北魏罷免了大將司馬懿，去除了蜀國的最大威脅。所以在諸葛亮北征時，他被提拔為安遠將軍，街亭一戰，他自告奮勇為先鋒去守街亭，最終犯下大錯，導致蜀軍大敗。

馬謖言過其實，紙上談兵可以，但是作為主帥帶兵打仗就不行了，是

職位不相配，能力不勝任的原因。對個人而言，雖然每個人都期待著不停地升遷，但不要將往上爬作為自己的唯一動力。與其在一個無法完全勝任的職位勉強支撐、無所適從，還不如找一個遊刃有餘的職位好好發揮自己的專長。

為了避免人們都成為職業梯隊上的排隊木偶，扭轉「體系蕭條」的頹勢，彼得提出了「彼得原理」，提供了 65 個改善生活品質的原理，每個人可以透過自我表現，發揮自己最大的潛能，不斷向前追求更美好的生活。「彼得效應」不是一味地向上攀緣，最後爬到無法勝任的職位，而是提升自己的勝任力，滿足職位和職位的要求。

以下是摘自網路的「彼得原理」。

- 原理 1：彼得熱身運動 —— 重振活力在於運動。
- 原理 2：彼得靜心術 —— 每天度個心靈假期。
- 原理 3：彼得全面檢視原則 —— 列出你最喜愛的活動，有選擇地實施。
- 原理 4：彼得潔淨計畫 —— 清除過去生活所造成的陰影。
- 原理 5：彼得追求法 —— 做自己心目中的英雄。
- 原理 6：彼得驕傲感 —— 時時犒賞自己。
- 原理 7：彼得實用主義 —— 經常為他人服務。
- 原理 8：彼得座右銘 —— 再度肯定自己。
- 原理 9：彼得檔案法 —— 回溯個人歷史。
- 原理 10：彼得探尋法 —— 檢查讓你滿足現狀的原因。
- 原理 11：彼得延伸法 —— 了解在你上面的職位的壓力和報酬。
- 原理 12：彼得釋放法 —— 免於不相關勢力的影響。

藉由高效溝通，邁向成功的事業與人生

- 原理 13：彼得波卡舞曲 —— 跨越障礙是成功第一步。

- 原理 14：彼得人格面貌 —— 描繪一個理想的自己。

- 原理 15：彼得專精法 —— 將注意力集中於自己熟練的領域。

- 原理 16：彼得優先法 —— 選擇持久的樂趣。

- 原理 17：彼得潛力法 —— 尋找實際可行的替代方案。

- 原理 18：彼得先知法 —— 預知自己的能力範圍。

- 原理 19：彼得預測法 —— 做事情前預測後果。

- 原理 20：彼得可能法 —— 可能的話，嘗試轉業。

- 原理 21：彼得收容所 —— 拒絕「升遷」。

- 原理 22：彼得短劇法 —— 如果上司逼你接受一個你缺乏興趣的職位，你就假裝能力不足。

- 原理 23：彼得迴避法 —— 不要對「樓上的人」太認真。

- 原理 24：彼得巧言法 —— 用言語去澄清而非混淆觀念。

- 原理 25：彼得預想法 —— 認清目標。

- 原理 26：彼得議案法 —— 建立衡量成就的標準。

- 原理 27：彼得討論會 —— 讓員工參與制定目標的過程。

- 原理 28：彼得政策法 —— 使團體目標與個人目標相容。

- 原理 29：彼得定位法 —— 從需求而非形式角度理解目標。

- 原理 30：彼得實用性 —— 訂立可行的目標。

- 原理 31：彼得目標表達法 —— 將目標訴諸言語和行動。

- 原理 32：彼得參與法 —— 讓他人參與建立階段性目標的過程。

- 原理 33：彼得精確法 —— 用明確、看得見或測得到的方式表達目標的具體內涵。

- 原理 34：彼得和平原則 —— 和善地待人處事。

- 原理 35：彼得處理法 —— 決策過程中運用理性。

- 原理 36：彼得時效法 —— 當機立斷、及時行動。

- 原理 37：彼得平衡法 —— 要在恐懼與急躁中取得平衡。

- 原理 38：彼得精簡法 —— 以解決問題作為決策導向。

- 原理 39：彼得分離法 —— 將解決問題作為決策導向。

- 原理 40：彼得承諾原理 —— 當心做出一個沒有人讚同的決定。

- 原理 41：彼得效力法 —— 勇於行動。

- 原理 42：彼得或然率 —— 科學方法與預言的天賦都只能概略描繪出來事物的輪廓。

- 原理 43：彼得明確法 —— 在選擇或提拔每名人選之前，先認清工作性質。

- 原理 44：彼得證明法 —— 購買前先試用。

- 原理 45：彼得預演法 —— 暗中進行考驗。

- 原理 46：彼得戲劇法 —— 模擬未來狀況。

- 原理 47：彼得請願法 —— 嘗試臨時實驗性升遷。

- 原理 48：彼得宣導法 —— 培養新的勝任人選。

- 原理 49：彼得理解法 —— 用第三隻耳朵傾聽。

- 原理 50：彼得教學法 —— 強化孩子所有合乎人道的行為。

藉由高效溝通，邁向成功的事業與人生

- 原理 51：彼得配對法 —— 將有效的強化因子和預期產生的強化因子配對出現。

- 原理 52：彼得薪資法 —— 只要表現優異就能獲得薪資。

- 原理 53：彼得升遷法 —— 當升遷人選足以勝任新職位時，他才會將升遷視為一種報酬。

- 原理 54：彼得地位法 —— 有系統地提升優秀員工所在職務的地位，以資鼓勵。

- 原理 55：彼得效率法 —— 鼓勵員工以效率為報酬之依據。

- 原理 56：彼得賞罰法 —— 依表現優劣，賞罰分明。

- 原理 57：彼得利潤法 —— 讓所有員工共同分享利潤，使員工成為和諧一致的團隊。

- 原理 58：彼得保護法 —— 福利應該能為員工提供實質的安全感及有意義的享受。

- 原理 59：彼得美食鋪 —— 讓每名員工有權選擇他或她想得到的報酬。

- 原理 60：彼得目的法 —— 若想鼓勵和強化員工的表現，就明確地告訴他們工作目標，並提供足以回報他們貢獻的獎勵機制。

- 原理 61：彼得參與法 —— 獎勵團體表現。

- 原理 62：彼得授權法 —— 為有能力者提供發揮創意的機會。

- 原理 63：彼得讚美法 —— 傳達你對員工傑出表現的讚賞。

- 原理 64：彼得聲望法 —— 和各階層的優秀員工溝通。

- 原理 65：彼得趨近法 —— 透過強化的手法，不斷趨近理想目標，可以改造一個人的行為。

古狄遜定理

「古狄遜定理」是英國證券交易所前主管 N‧古狄遜提出的，他認為管理是讓別人做事的藝術，不能做一個累壞的主管。管理的真諦不是管理者自己來做事，而是管理別人來做事。所以，管理者要學會自我抽離，不做萬事通，把該下屬做的事情，放手交給下屬去做。

一個累壞了的管理者，往往是一個最差勁的管理者。在現實生活中，你會發現不少管理者常常忙得焦頭爛額，不得不跑來跑去地幫下屬「救火」，以致最後事情的責任都在他身上。一個稱職的管理者最好是一個業務通，並且善於管理的人，單單是技術性很強，並不一定是一名優秀的管理者。

陳平是劉邦手下的重要謀士，曾多次出謀劃策，幫助劉邦化險為夷。呂后執政以後，呂氏親戚包攬了國家軍政要職，引起劉氏宗族和大臣的不滿。陳平等趁呂后去世之機，發動軍事政變，迎劉邦的庶子、代王劉恆至長安，立為天子，是為漢文帝，陳平任左丞相。

一天，皇帝問陳平，全國一年審了多少案件？全國一年的財政收支有多少？陳平從容地說：「這些事有人主管。」皇帝又問：「誰主管？」陳平答道：「陛下要了解司法問題，可以問廷尉；陛下要了解財政收支，應該問治粟內史。」皇帝又追問：「如果什麼工作都有人主管，那麼你管什麼？」面對皇帝咄咄逼人的問話，陳平不慌不忙地說：「宰相者。上佐天子，理陰陽，順四時，下遂萬物之宜；外鎮撫四夷諸侯；內親附百姓，使卿大夫各得任其職也。」帝乃稱善。

　　有些管理者總是擔心下屬完成不了任務,於是把有困難的工作留給自己去做,其實這都是管理者的主觀意識在作怪,覺得親自去做更有把握。即使任務是管理者擅長的,管理者也還是應該將任務分配給下屬去做,發現能做事的人,對於管理者而言比處理困難的工作更有意義。而要做到這一點,一方面是給下屬成長的機會,增強他們的辦事能力,另一方面是要懂得授權。

　　管理的祕訣在於合理地授權。授權是指為幫助下屬完成任務,領導者將所屬權力的一部分和與其相應的責任授予下屬。之後,領導者做領導的事,下屬做下屬的事。合理地授權可以使領導者擺脫很多日常任務,專心處理涉及重大決策的問題,也有助於培養下屬的工作能力。優秀的領導者都懂得區分合理性授權的界線,「下君盡己之能,中君盡人之力,上君盡人之智」,合理性授權也是區分管理者才能高低的重要象徵。

5W+2H 法

對於選定的工作或任務，從原因（何因 Why）、對象（何事 What）、地點（何地 Where）、時間（何時 When）、人員（何人 Who）、方法（何法 How）、成本（多少錢 How much）七個方面提出問題，並解決問題，圍繞此原則與下屬進行溝通，下屬對工作的理解會更加準確，對於提升工作績效而言，往往有事半功倍的效果。

- Why —— 為什麼要做，即是工作任務的性質和重要性。
- What —— 做什麼，合格的標準是什麼。
- Where —— 在哪做，是地點。
- When —— 什麼時候做，是時間。
- Who —— 誰來做，是執行對象。
- How —— 怎麼做，是方法。
- How much —— 需要多少資金。

5W+2H 法的目的就是對工作進行科學地分析，對某一工作在調查研究的基礎上，就其工作內容、責任者、工作職位、工作時間、怎樣操作以及為何這樣做，與下屬進行有效溝通，並按此溝通的描述進行操作，達到完成任務的目標。

不同的下屬需要不同的溝通風格，同一下屬在不同發展階段也需要不同的溝通方法。可是，許多上司就一種溝通風格，反而認為「我就這樣，變不了，我一切都是為了工作，誠心誠意為了下屬，時間長了他們會理解

的。」豈不知，你是好心。但是，正是因為你的溝通風格過於「強硬」或過於「放縱」，從而導致無效的、失敗的局面。

胡適擔任國民政府駐美大使期間，他認為蔣介石對各部門都有干涉很不妥，曾寫文章勸告蔣介石：「最高領袖的任務是自居於無知，而以眾人之所知為知；自處於無能，而以眾人之所能為能；自安於無為，而以眾人之所為為為。凡察察以為明，瑣瑣以為能，都不是做最高領袖之道。」他還勸蔣介石不要忘了「無知、無能、無為」這六字要訣。有多少人能悟到這六個字中的禪機，而甘願去奉行呢？

管理者若要奉行「無知、無能、無為」的六字要訣，前提條件就應該是讓下屬有獨立擔當各自工作所具備的能力。5W+2H 法的關鍵是實現上司不在現場輔導也能投入工作、獨立操作的目標。離開上司的輔導，能夠獨立完成作業。其具體溝通操作的步驟是：告訴他該做什麼，告訴他標準是什麼，訓練他如何做好等，讓他們去做。

尊重下屬的意見，可以促進和提高下屬的自我管理水準，更加離不開互動與交流的溝通。身為上司，應該尊重並鼓勵員工提出建議、說出想法，無論最終是否採納和認同，都應該及時的回饋，經常與下屬保持互動溝通。萬萬不可對下屬的建議和心情狀態不理不睬，從而打擊和打消下屬的熱忱和積極性，這將是一筆巨大的損失。

NLP 溝通

　　有效的契合不是讓你觸動某個事件，而是觸發某種情感。契合之所以有效，是因為人們習慣將自己的情感和外界連繫在一起。當你想要喚起對方的積極情緒時，就要在各個方面達到與對方契合，也就是觸動到對方業已建立的「心錨」。假如你要和客戶談判，最好事先掌握對手所喜好的物品、顏色、食物、音樂等，當人們見到、吃到或聽到自己喜歡的東西時，就會產生出快樂的情緒，而忽略戒備，這些其實就是「契合」使彼此相通的有力說明。

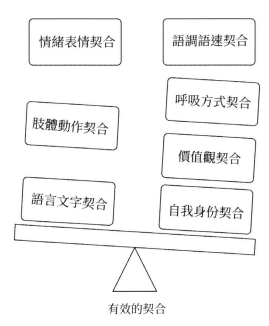

有效的契合

藉由高效溝通，邁向成功的事業與人生

1. 情緒表情契合

能夠感化人心的事物，沒有比情先的，沒有比言早的，沒有比聲近的，沒有比義深的。因此在與人溝通時，首先應站在對方的角度，做到心中有情；善於運用有感染力的語言，做到說話動情；與其建立共同、共有和共享的情感，做到與其共情。實現情感上的「共振」，讓情感保持一種和諧與默契。

人具有兩種表情。一種是在意識控制下的假表情，即是偽裝的表情；另一種是無意識反應下的真實表情。溝通中，真假表情不能定義優劣對錯，只要應用得當，就會產生好的結果。真假表情最大的不同，就是情緒和表情的不一致。所謂的情緒與臉部表情的契合，就是有意識控制自己的表情與情緒達到與溝通的對方一致，比如說當你很開心的時候，聽好友的痛苦傾訴，此時你就必然要換上與好友情緒相符的表情，這樣才能讓好友感覺到你是知己，你才能夠真正地走入對方的內心世界，對方也會很樂於為你開啟自己的心門。

2. 語調語速契合

讓你的語氣、語調、語速完全與對方同步。對方講話速度很快，你也就很快；對方講話速度非常慢，你也變得非常慢；對方講話語調很高，你也就很高；對方講話聲音很輕，你也就非常輕；總之與對方越接近越好。

投機的談話，必定是語氣相襯、聲調相和，連說話的快慢和聲音大小都差不多。絕不會是一個急促，一個緩慢，一個熱情奔放，一個冷若冰霜。要是那樣的話，早該不歡而散了。假如你有件急事正在打電話給對

方，說話自然是又快又急。碰巧對方說起話來慢條斯理，不管你怎麼急，他還是不慌不忙。你會有什麼感覺？我們再轉換一下角色，假設你正在悠閒地在喝茶，這時候想打個電話給對方詢問一些事情，結果對方正在忙得焦頭爛額，說話慌裡慌張，也許你該沒有興趣和耐心再繼續了吧？

3. 肢體動作契合

溝通的時候，可以模仿對方所有的肢體動作。比方說對方經常捋捋頭髮，你也可以做類似的動作；對方經常整整領帶，你也可以拉拉衣領。值得提醒的是：契合不代表同時和全面的進行。

精神科醫生講了一句話，在他們的眼裡，精神病人與常人的區別在於，有人發病和有人沒有發病而已。精神病醫生在為一個精神病人治療的過程中，精神病人站著，醫生就站著；精神病人躺著，醫生就躺著；精神病人趴著，醫生就趴著。他們要讓每個精神病人覺得全世界就兩個正常人，其他的人都是精神病，他才可能跟你進行溝通，這就是肢體動作契合的妙處所在。

契合的頻率適當與間歇進行即可，無須刻意全面和時刻的模仿。只需要做一些類似的動作，並且不要同時做。只要達到與他的習慣動作契合，對方就會有「自己人」的心理產生。

4. 語言文字契合

如果論述只有你自己一個人接受，即使話題再生動或有意義，也不會很好地引起共鳴。如果不想把與對方的溝通變成自己的「獨角戲」，就應該多用對方熟悉的語言甚至是與對方同步的語言在你的溝通裡。

優秀的雄辯天才菲利普斯（Phillips）舉過一個相似的例子：「當我踏出朋友的家門的時候，天氣十分晴朗一小時後，我走出門說快要下雨了，開始，他不相信我的話，我告訴他，西方烏雲滾滾，閃電劃空，冷風四起，他便相信了我的話。我是如何說服他的呢？我只是向他說了烏雲、閃電和冷風三種事實而已，而這三種事實是與他之前經歷過的風雨即將來臨時所有現象都相同。因此，他便相信了我的話。」

菲利普斯得出一個結論：如果要他人相信和接受你，關鍵是要列出與聽者的經驗相似的事實和慣用的語言。

5. 呼吸方式契合

隨著對方的喜而喜、憂而憂，即為呼吸同步。在與孩子的溝通交流中，與孩子呼吸同步契合，才可以真正地走入他們的內心世界。

梁秋實垂暮之年梅開二度，愛上了比他小 30 歲的韓菁清。一天，他們在臺北梅園餐廳共餐。梁秋實點了「當歸蒸鰻魚」，韓菁清關切地說：「當歸味苦啊。」梁秋實若有所思地說：「我這是自討苦吃。」韓菁清笑道：「那我就是自投羅網。」兩人相視哈哈大笑，真是心有靈犀一點通啊。梁秋實透過「自討苦吃」暗示自己已經陷入愛情的漩渦，韓菁清一句「自投羅網」給了一個很好的回答。兩人之間心靈默契、呼吸同步，由此共浴愛河。

在工作中，適當運用，達到很好的契合時，你已經潛移默化、奇妙般地進入了對方的內心世界當中。彼此間都會感覺到很好的、很真實地感受著彼此的心情，瞬間，雙方彷彿已經成為了彼此了解的知音，從此彷彿變成無話不談的好朋友一般。

6. 價值觀契合

　　人與人之間的衝突，85％來源於價值觀的衝突。如果你要真正地、全方位地進入對方的頻道、進入對方的心靈，你就必須首先認同對方的價值觀和規則。

　　有兩個徒弟跟著一個師父學習修禪，兩徒弟在之前都喜好抽菸。有一天，兩徒弟商量著能不能在這抽菸，商議之後決定去請教師父。小徒弟去問了，被師父訓了一頓。隨之大徒弟去問師父，回來之後笑逐顏開，說師父同意了其抽菸！原來，小徒弟問師父：「修禪的時候可以抽菸嗎？」師父說當然不行，還訓了小徒弟一頓。而大徒弟問師父：「抽菸的時候可以修禪嗎？」師父說當然可以了。

　　同樣的一件事情，由於表達的差異，側重點的不同，造成了兩種截然不同的結果！

　　值得提醒的是：理解不代表認同；認同不代表接受；接受不代表妥協。請切記理解、認同、接受與妥協並不是一個相同的概念，溝通的著重點在於改變價值觀與價值觀如何能夠相溶。

7. 自我身分契合

　　同步化是溝通的一種必要的技巧，更是一種重要的溝通方式，因為契合即是相容。站在對方的角度先認同他，「忘記」自我進入對方的角色世界。

　　春秋時期，有一則著名的「絕纓之宴」的故事。一次楚莊王依靠名將養由基平定叛亂後大宴群臣，寵姬嬪妃也通通出席助興。楚王命點燭夜宴，還特別叫最寵愛的兩位美人許姬和麥姬輪流向文臣武將們敬酒。忽然

藉由高效溝通，邁向成功的事業與人生

一陣疾風吹過，筵席上的蠟燭都熄滅了。這時一位官員斗膽拉住了許姬的手，拉扯中，許姬撕斷衣袖得以掙脫，並且扯下了那人帽子上的纓帶。

楚莊王為了保全那位官員的面子，大聲說：「寡人今日設宴，與諸位務要盡歡而散。現請諸位都去掉帽纓，以便更加盡興飲酒。」聽楚莊王這樣說，大家都把帽纓取下，這才點上蠟燭，君臣盡興而散。這名官員叫唐狡，為感謝楚莊王的恩情，七年後，楚莊王伐鄭，他主動率領部下先行開路，拚力死戰，大敗敵軍，直殺到鄭國國都之前。

古人講：「君則敬，臣則忠」，楚莊王保全了下級官員的面子，才有了後來的下級官員拚力死戰，作為報答。理解並接受對方所認同的自我身分和他秉持的觀點和習慣，站住對方的心理位置，才能更好地感知對方，創造彼此和諧的基礎。

在神經語言程式學中，模仿是其中的一個很重要的技巧，契合是其技巧中的核心精髓。透過溝通雙方在 7 個方面進行有效模仿對方，達到契合的狀態，進入對方心靈頻道從而實現彼此的內心共鳴與共振，達到溝通的目的和效果。契合，可以製造和諧氣氛，使彼此有「合拍」的感覺，最大程度的與對方保持一致，能夠較為容易地進入對方的心靈頻道。

「八觀八驗」

　　觀察和驗證能力，可以說成是「看到未能解決的神祕問題的結局」的能力，也可說成「發現溝通的根源」的能力，亦可說成是「對溝通現象能夠『一針見血』地洞悉其本質」的能力。透過「八觀」與「八驗」的方法，能使我們透過現象看本質，解開假象的面紗，從蕪雜中尋找規律來指導我們的溝通。

1. 八觀

　　要想溝通成功，就必得先學會識人。從細微之處識別一個人，無疑是一種準確、快捷且成本較低的辦法。因為生活中的細枝末節往往最能展現一個人心靈深處的意志和日常生活中的修養。

　　人的一言一行、一舉一動無不對映出其人的學識修養；人的一顰一笑、一悲一喜無不顯現出其人的良莠善惡；一字一句、一絲一毫不需一朝一夕，可謂「落一葉而知秋，飲一瓢而知河」、略窺一斑已是足夠了。

　　八觀，就是依據人在不同環境的表現來識才。《呂氏春秋》中的「八觀」包括以下八方面。

1. 通則觀其所禮。一個人發達了，要看他是否還謙虛謹慎、彬彬有禮、遵守規則。
2. 貴則觀其所進。一個人地位高了，要看他推薦什麼人。他提拔什麼樣的人，他就是什麼樣的人。

3. 富則觀其所養。一個人有錢了，要看他怎麼花錢，花給誰，花在什麼地方。人窮的時候節儉不亂花錢，那是資源和形勢造就的；人富了以後還能保持節儉，才是品行的展現。

4. 聽則觀其所行。聽完一個人的話，要看他是不是那樣去做的。不怕說不到，就怕他說了做不到。

5. 止則觀其所好。透過一個人的愛好，能看出這個人的本質。

6. 習則觀其所言。第一次跟一個人見面的時候，他說的話不算什麼。等相處得久了，再聽聽他跟你說什麼，是不是跟當初一致，跟當初的差別越大，人品越不好！

7. 窮則觀其所不受。人窮沒關係，窮人不占小便宜，這樣的人本質好。

8. 賤則觀其所不為。人地位低沒關係，不卑不亢，保持自己的尊嚴，這樣的人本質很好。

2. 八驗

不怕別人不了解自己，怕的是自己不了解別人。在管理中如何用人，生活中如何與不同的人交往的藝術，充分說明了驗人在溝通中的核心地位和價值。

《莊子》一書中也提出了一個看人標準，叫「八驗」。

1. 遠使之以觀其忠。把一個人派到很遠的地方，做一件很小的事，看他能不能達成目標，以此來判斷一個人的忠誠度。

2. 近使之以觀其敬。把下屬放在身邊工作，工作之外相處多一點，看他對你是不是夠尊敬，以此來考察他的自我定位。讓下屬明白，跟上司的關係再好，該尊敬還要尊敬，工作還要達到目標。下屬必須清楚自己的角色定位。

3. 煩使之以觀其能。老闆不斷地對下屬施壓，看他的能力傾向。身為員工應該記住，老闆在提拔你之前，一定會不斷對你施壓。

4. 猝問之以觀其智。突然問下屬一個問題，看他的反應速度、智謀、思想的成熟程度和工作能力。突然發問，下屬沒有時間準備，依此來看這個人的水準。

5. 急與期以觀其信。突然約會，看一個人的信譽。突然的約會不要隨便答應，如果你在約定的時間根本到不了還爽快地答應人家，說明你信譽不好。

6. 醉以酒以觀其性。一個人喝醉之後，可以看出他的性格。如果醉酒之後的行為跟清醒時差別很大，那麼這個人很可能性格扭曲、心理陰暗，很可怕，不能用。

7. 雜以處以觀其色。把下屬放在複雜的人際關係裡，看看他跟別人打交道的能力如何。

8. 示以利以觀其廉。給下屬一點好處，看他是不是喜歡占便宜。

在溝通大師的眼裡，觀人、驗人都是極其準確的，在他們的眼裡人沒有好壞之分，因為他們懂得「因人而異」實施溝通行為，一樣可以達到化干戈為玉帛，談笑間「檣櫓灰飛煙滅」的溝通境界。正如武功高手，不需名貴寶劍，摘花飛葉即可傷人，關鍵是看如何觀人、驗人，如何運用與人的溝通之道。

觀察與驗證能力有先天和後天之分，且能力的結構和水準也因人而異，因時因環境而異。先天的東西是我們不可控的因素，而後天的能力培養則事在人為，要提升觀察與驗證能力，最理想的應是「內」與「外」的雙修。內，從人的先天工具開始——眼、耳、鼻、舌、身和意識的感受

與認知、統計與分析的能力。外，要廣泛而針對性地收集相關資訊，進行
萃取，挖掘出不被人發現的訊號，並充分地應用到實踐，去體驗和尋找其
中的規律。

後記　江湖險惡，唯有一開口就折衝樽俎

家事國事天下事，觥籌交錯，迎來送往之間，難免隱藏著冷酷和殺機。趨炎附勢的有，左右逢源的有，扶搖直上的有。職場就是江湖，初入職場的人想以年少老成的樣子達到自己的目標，但不懂溝通的技巧，職場往往成為賁張熱血、浪漫理想的墳墓。

春秋時期，強國晉國謀劃攻打齊國，為了探清齊國形勢，晉平公派大夫范昭出使齊國。齊景公盛宴款待范昭。席間，正值酒酣耳熱，范昭藉著酒力向齊景公說：「大王，請您給我一杯酒喝吧。」齊景公對左右的人說：「把酒倒在寡人的酒杯裡拿去。」范昭接過一飲而盡。晏嬰看到後，厲聲命令侍臣道：「快扔掉這個酒杯，再換一個給大王。」

依照禮節，君臣各用各的酒杯。范昭故意違反禮節就是要試探齊國君臣的反應，但被晏嬰識破了。范昭回國後向晉平公報告：「現在還不是攻打齊國的最佳時機，我試探了齊國君臣的反應，結果被晏嬰識破了。」范昭認為齊國有這樣的賢臣，現在去打，絕對沒有必勝的把握。

這個故事，像職場上的碰杯交盞、迎來送往一樣，大意的話，難免有人肆意緊逼。職場上，不出樽俎之間，折衝千里之外，除了溝通，難以達到這樣的效果。（折衝是一種戰車，它能遏止別人的衝鋒。樽俎，古時盛酒食的器具。折衝樽俎，就是指用武力和酒席談判制敵取勝）

不懂溝通節奏的人，怎麼可能掌握微妙的溝通技巧呢。溝通不是說說而已，而是實在的辦事能力。在摩擦之中堅強，在攻擊面前堅韌，不消極不悲觀，理想雖然會碰壁，但終究會獲得成長，「青山遮不住，畢竟東流去」，多麼險惡的江湖也有人走過。過了人際溝通的這面牆，你就迎來了職業翻盤的機會。

職場策略溝通，贏得同事尊重與升遷成功：
從理解到實踐，精通每一次職場對話

作　　者：白曉亮

發 行 人：黃振庭

出 版 者：財經錢線文化事業有限公司

發 行 者：財經錢線文化事業有限公司

E-mail：sonbookservice@gmail.com

粉 絲 頁：https://www.facebook.com/sonbookss/

網　　址：https://sonbook.net/

地　　址：台北市中正區重慶南路一段六十一號八樓 815 室

Rm. 815, 8F., No.61, Sec. 1, Chongqing S. Rd., Zhongzheng Dist., Taipei City 100, Taiwan

電　　話：(02)2370-3310

傳　　真：(02)2388-1990

印　　刷：京峯數位服務有限公司

律師顧問：廣華律師事務所 張珮琦律師

定　　價：399 元

發行日期：2024 年 03 月第一版

◎本書以 POD 印製

Design Assets from Freepik.com

國家圖書館出版品預行編目資料

職場策略溝通，贏得同事尊重與升遷成功：從理解到實踐，精通每一次職場對話 / 白曉亮 著 . -- 第一版 . -- 臺北市：財經錢線文化事業有限公司 , 2024.03

面；　公分

POD 版

ISBN 978-957-680-790-9(平裝)

1.CST: 溝通技巧 2.CST: 職場成功法

177.1　　113001717

電子書購買

臉書

爽讀 APP